Rezeptionstheorie

LEIPZIGER SKRIPTEN

EINFÜHRUNGS- UND ÜBUNGSBÜCHER

Herausgegeben von Irmhild Barz, Heide Eilert,
Ulla Fix und Marianne Schröder

Band 3

PETER LANG

Frankfurt am Main · Berlin · Bern · Bruxelles · New York · Oxford · Wien

Tina Simon

Rezeptionstheorie

Einführungs- und Arbeitsbuch

PETER LANG

Europäischer Verlag der Wissenschaften

Bibliografische Information Der Deutschen Bibliothek
Die Deutsche Bibliothek verzeichnet diese Publikation in der
Deutschen Nationalbibliografie; detaillierte bibliografische
Daten sind im Internet über <http://dnb.ddb.de> abrufbar.

Gedruckt auf alterungsbeständigem,
säurefreiem Papier.

ISSN 1437-529X
ISBN 3-631-39239-7

© Peter Lang GmbH
Europäischer Verlag der Wissenschaften
Frankfurt am Main 2003
Alle Rechte vorbehalten.

Printed in Germany 1 2 3 4 6 7

www.peterlang.de

Reden schwanken so leicht herüber hinüber,
wenn viele sprechen und jeder nur sich im
eigenen Worte, sogar auch nur sich selbst im
Worte vernimmt, das der andere sagte. Mit
den Büchern ist es nicht anders. Liest doch
nur jeder aus dem Buch sich heraus, und ist
er gewaltig, so liest er in das Buch sich
hinein, amalgamiert sich das Fremde.

J. W. Goethe

Habent sua fata libelli.

INHALT

1 Vorbemerkung

„Richtiges Lesen ist Bürsten gegen den Strich." Doris Lessing

Dieses Buch erscheint als Band III der Reihe *Leipziger Skripten*. *Einführungs- und Übungsbücher* und versteht sich, ebenso wie Band I *Textlinguistik und Stilistik für Einsteiger* und Band II *Wortbildung – praktisch und integrativ*, als Studienmaterial für Studenten der Germanistik.

Der Band III, *Rezeptionstheorie*, gehört thematisch in den großen Bereich der Analyse, Interpretation und Deutung von literarischen Texten. Aus der Vielfalt der zur Verfügung stehenden Methoden und Theorien der Texterschließung will der vorliegende Band eine vorstellen, die die **Kompetenz des Lesers** gegenüber den Entstehungsbedingungen und den Struktureigenschaften von Texten hervorhebt.

Mit dem Leser rückt die Rezeptionsphase, die Annahme- und Übernahmephase des Textes, in das Zentrum der Betrachtung. Da Textdeutung stets an die Fähigkeiten des Lesers gebunden ist, wird der Leser selbst dafür verantwortlich, mit welchem Ergebnis ein vorliegender Text in eigenen Bewusstseinsinhalt übertragen wird.

Die Deutung des Textes aus seinem Entstehungszusammenhang heraus, als historischer oder biographischer Beleg der Autorsituation, tritt dabei in den Hintergrund, ebenso die Textdeutung, die sich allein an formalen und inhaltlichen Textmerkmalen orientiert.

Der Leser ist hier die Instanz, die einem Text Sinn und Bedeutung gibt, denn was der Autor schrieb und was der Text enthält, existiert nur potenziell als Kunstwerk.

Die Produktivität des Lesers, u. a. Bezüge zu seiner aktuellen, individuellen und gesellschaftlichen Realität herzustellen, ist eine Konsequenz aus seiner zeitlichen und Standortfixierung. Diese Bindung des Lesers an konkrete Rezeptionsbedingungen führt auch zur Frage, welche Werte oder Wirkungen oder gar welcher „Nutzen" ihm aus der Rezeption entstehen.

Die Frage nach dem Nutzen, der Aktualisierbarkeit des literarischen Textes, ist jedoch keine Frage nach der Phantasie oder Willkür des Lesers, sondern eine nach der Art und dem detaillierten Prozess des Zusammenspiels von Textvorgabe und Leservermögen.

Die Rezeptionstheorie will das **Geschehen der Textverarbeitung** beim Lesen erforschen und die Bedingungen der Textdeutung erhellen. Sie betrachtet Text- und Lesevermögen und macht die Interaktion zwischen Text und extratextueller Welt des Lesers zum Gegenstand der Untersuchung.

Wenn nun nicht mehr allein der Autor und die Entstehungsbedingungen oder das Werk selbst, als abgeschlossener Gegenstand mit seinen strukturierenden Eigenschaften, die Interpretation prägen, sondern wenn hier der Leser zum Maßstab der literaturwissenschaftlichen Betrachtung eines Werkes wird, ist es nötig, diese Rezeptionsleistung des Lesers genauer zu ermitteln.

Das Lesen einer literarischen Schrift als Akt der „Revitalisierung" dessen, was ein Autor einem Bogen Papier anvertraut hat, ist eine gewohnte, automatisierte Tätigkeit, die als komplexer Prozess weitgehend unbewusst verläuft. *Dass* die Ergebnisse dieser Wiederbelebung von Text im Rezeptionsprozess sehr unterschiedlich sein können, ist bekannt und unbestritten. *Wie* aber nun genau diese individuellen Rekonstruktionen ablaufen, ist als Forschungsinteresse noch recht jung und in den Beschreibungsversuchen längst nicht einheitlich. Was dazu in diesem Buch vorgestellt wird, orientiert sich an den Theorietexten und Darstellungen, die ins Zentrum der Rezeptionsforschung gerückt sind und die zumindest einen hohen Grad an Akzeptanz haben.

Die Erarbeitung von Voraussetzungen, Bedeutung und Praxis der Rezeptionstheorie ist in diesem Buch auf drei Schritte verteilt, die gleichsam als drei ihrer Wirkungsbereiche aufgefasst werden können.

Der **Einführungsteil** versucht zunächst, kurze Antworten auf folgende Fragen zu geben: Wie hat sich das Lesen entwickelt und wie haben sich Lesemotivation und Lesepraxis verändert? Was ist Lesen und wieso funktioniert Lesen anders bei literarischen und Sachtexten? Wann und wie kam es zu ersten rezeptionsästhetischen Ansätzen in der Literaturbetrachtung?

Im ersten Teil – **DER ZUSAMMENHANG** – wird der Bereich der germanistischen Literaturwissenschaft umrissen, auf den sich die Rezeptionstheorie bezieht. Hier soll Verständnis für die Betonung der Leserposition geschaffen und die Voraussetzung für den Paradigmenwechsel der Literaturwissenschaft hin zum Leser nachvollziehbar gemacht werden.

Daran schließt sich die Integration des Wirkungsbereichs der Rezeptionsästhetik in den Gesamtzusammenhang der Textanalyse und Deutungsmöglichkeiten. Um abzugrenzen, aber auch Überschneidungen deutlich zu machen, werden der produktionsästhetische, der werkimmanente und der rezeptionsästhetische Ansatz vergleichend skizziert. Darauf folgt ein Anwendungsteil, in dem dieser Vergleich an einem kurzen epischen Text veranschaulicht wird.

So wird erkennbar, wie sich die verschiedenen Textdeutungsansätze in der Interpretationspraxis auswirken und welche Kompetenz gerade der rezeptionstheoretische Ansatz hat.

Die Profilierung dieser drei Ansätze und ihre Umsetzung am literarischen Beispiel kann für das Erwägen der Zweckmäßigkeit des einen oder des anderen Ansatzes hilfreich sein.

Grundsätzlich wird an dieser Stelle jedoch einsichtig, dass eine Textinterpretation, die der Komplexität eines Kunstwerkes gerecht werden will, oft mehrere und verschiedene Ansätze berücksichtigen muss. Diese verschiedenen Textzugriffe ergänzen sich oder gehen als Bedingung und Folge auseinander hervor. Der zweite Teil – **VORAUSSETZUNGEN und KONSEQUENZEN** – stellt vier Texte aus der rezeptionsästhetischen Theorie in den Mittelpunkt. Die Textauszüge von Hans Robert Jauß, Jean-Paul Sartre, Roman Ingarden und Manfred Naumann, die den Paradigmenwechsel zur leserseitigen Textdeutung auf den Weg brachten bzw. differenzieren halfen, können begründen, warum die Rezeptionsphase erst das Kunstwerk konstituiert. Sie fragen danach, wie der Text beschaffen sein muss, um diese Leserleistung zu ermöglichen. Außerdem zeigen diese Texte die notwendigen Folgen der rezeptionsästhetischen Perspektive etwa für Literaturkritik und Literaturgeschichte. Diese kleine Auswahl aus dem umfangreichen Theorietextfundus zur Rezeptionstheorie kann ihren Geltungsrahmen um einzelne Perspektiven erweitern, indem sie auf texttheoretische, aber auch auf soziologische, historische, psychologische und didaktische Momente des Rezeptionsprozesses verweist. Vor allem aber ist damit ein Einblick in die Heterogenität des Gegenstandes Rezeptionstheorie gewiesen. Die Originaltexte sind im Interesse der Handhabbarkeit stark gekürzt wiedergegeben. Diese Kürzungen sind im Hinblick auf das jeweilige Erarbeitungsinteresse vorgenommen. Die vollständigen Texte bleiben jedoch unbedingt der Lektüre anempfohlen.

Der dritte Teil – **DER REZEPTIONSPROZESS** – soll nun tatsächlich den Prozess, den ganz konkreten Verlauf des leserseitigen Texterschließens, erklären. Von der Textvorlage bis zur Konstitution von Sinn und Bedeutung gibt es verschiedene Beschreibungsversuche dazu, was beim Lesen genau passiert, welches Geschehen dabei in Gang gesetzt wird. Für dieses Buch ist die Beschreibung von Wolfgang Iser[1] ausgewählt, die in der Nachfolgeliteratur die größte Resonanz erfuhr und in vieler Hinsicht maßgeblich wurde. (Auf die verschiedenen Kritikpunkte und Ergänzungen, die sich auf Isers Argumentation beziehen, geht dieses Kapitel nicht weiter ein, sie sind für die Phase der Einführung in die Rezeptionstheorie noch zu vernachlässigen.) Seine Darstellung zeichnet die Geschlossenheit und Konsequenz aller Phasen des Rezeptionsprozesses auf, von der Wahrnehmung von Wort und Satz beginnend, über das Entstehen und Abbilden von Sinn im Bewusstsein bis zur konkret folgenden Leserreaktion. Dabei wird einsichtig, wie Text und Leser strukturell zusammenwirken.

In dieser Gesamtkonzeption kann das Buch einen einführenden Zugang in ein interessantes literaturwissenschaftliches Teilgebiet leisten, es ist jedoch nicht zu übersehen, dass der Gegenstand ambivalent ist, immer wieder heftig diskutiert wird und dass mit einer solchen Darstellung nicht an jedem Punkt ein Konsens zu erreichen ist. Das Vorgehen ist erkenntnislogisch begründet und nachvoll-

---

[1] Wolfgang Iser: *Der Akt des Lesens*. Fink-Verlag München, 4. Auflage 1994, UTB 636.

ziehbar und kann somit als *ein möglicher Zugang* zur Rezeptionstheorie akzeptiert werden.

Eine Art **Fragemethode** steuert die Erarbeitung der einzelnen Kapitel wie auch der Theorietextauszüge. Die gerahmten voran- oder nachgestellten Fragen und Arbeitsanweisungen können helfen, die jeweiligen Abschnitte gezielt auf deren Hauptaussagen hin zu studieren und damit die Konzentration der Erarbeitung auf den jeweiligen Schwerpunkt zu lenken, oder sie geben Hinweise zum praktischen Nachvollzug der erarbeiteten Thesen.

Das vorliegende Buch ist zum **Selbststudium** geeignet, die drei Hauptteile sind in sich geschlossene Darstellungen und können auch einzeln studiert werden.
Im Anhang finden sich ein **Glossar**, das die wichtigsten Begriffe auflistet und kurz im thematischen Zusammenhang klärt, und ein gegliedertes **Literaturverzeichnis**, das bei der Orientierung für weiterführende Beschäftigung hilfreich ist.

Grundlage für die Gestaltung des Buches bilden die Erfahrungen aus Proseminaren zur Rezeptionsästhetik am Institut für Germanistik an der Universität Leipzig. Studentenbeiträge, Reaktionen und Fragen aus den Seminaren wurden an einzelnen Stellen einbezogen, soweit sie die Erarbeitung in diesem Buch voran bringen und einzelne Schritte veranschaulichen können.
Den aktiven Studenten aus diesem Seminar ist hiermit herzlich gedankt, ebenso Susanne Sittner, die die gesamte Texterfassung und -gestaltung bewältigt hat.
Bei den Herausgeberinnen der Reihe *Leipziger Skripten* möchte ich mich für die Möglichkeit bedanken, diesen Gegenstand, der mir in der literaturwissenschaftlichen Lehre immer noch unterrepräsentiert scheint, weiter in den Vordergrund zu rücken.

Leipzig, März 2003   Tina Simon

2 Rezeptionstheorie. Eine Einführung

„Ein Buch ist ein Spiegel, wenn ein Affe hineinsieht, so kann kein Apostel herausgucken."
Georg Christoph Lichtenberg

2.1 Kulturleistung Lesen

1. Welche verschiedenen Bedeutungsebenen hat das Lesen als Wahrnehmung?
2. Wie hat sich die Lesepraxis verändert? (Recherchieren Sie selbst.[2])
3. Wann und durch welche Voraussetzungen gewann die fiktionale Literatur an Bedeutung? Welche Auswirkungen hatte das auf die Selbst- und Welterfahrung der Lesenden?
4. Formulieren Sie Thesen aus der dargestellten oder aus Ihrer eigenen Erfahrung zur gegenwärtigen Lese-Situation.

Lesen ist eine der ältesten Kulturtechniken. Die Geschichte des Lesens im allgemeinsten Sinn setzt nicht erst als Spiegel der Geschichte der Alphabetisierung ein. Gelesen wurde schon vorher; ob Hieroglyphen oder Keilschrift, ob Tierspuren im Sand, Wolkengebilde, Höhlenmalereien, Minenspiele in menschlichen Gesichtern oder Bildgeschichten in Bauernkalendern für Analphabeten.

Lesen ist so gesehen ein relativ verbindlicher Übersetzungsakt von Vorgegebenem in Eigenes und so gehört Lesen, als Rezeption begriffen, zu den Aneignungsakten, wie alle aufnehmenden Sinnesorgane zugleich Rezeptionsorgane sind.

In einem etwas engeren Sinn ist Lesen die Übertragung von optisch wahrnehmbaren, sinntragenden (An-)Zeichen in Sprache und in Bewusstseinsinhalt.

Lesen unterhält, informiert, bildet, befriedigt, motiviert Emotionalität, bisweilen verhilft es zu Orientierung oder verschafft Bestätigung und einiges mehr.

Auf verschiedene Weise lassen sich Dinge *lesen*, also übersetzen wir diese optisch wahrnehmbaren (An-)Zeichen in Sprache, in Bewusstsein, schließlich in Erkenntnis und Erfahrung. Nur was zuvor in diesem erweiterten Sinn gelesen wurde, hat Präsenz im gegenwärtigen Bewusstsein. Das macht Lesen zu einer Form mittelbarer Weltwahrnehmung. In dem Moment, da Welt-Stoff verschriftlicht wurde, als Erfahrung konserviert, ist die Voraussetzung für spätere Lesbarkeit dieses Stoffes für die Aneignung dieses entfernten Weltgegenstandes gegeben.

Lesen soll uns hier aber im engen Sinn beschäftigen; als Übertragung von *Schrift* in Bewusstseinsinhalt. Lesen von fiktionalen Texten „als die individuell-aktuelle (Re-)Konstituierung (Aufführung) der Sprach- und Stilwirklichkeit und

---

[2] Interessante Einblicke bietet Alberto Manguel: *Eine Geschichte des Lesens*. Berlin 1998.

des Bedeutungsprogramms bestimmter Texturen"[3] ist Verstehen plus produktive Imagination.
Die Lesepraxis hat sich historisch vielfach gewandelt. Von den mündlich vor-getragenen antiken Epen oder der gesungenen Minne des Mittelalters, vom Vorlesen im geselligen höfischen Kreis bis zum Individuallesen gab es ein-schneidende Brüche wie allmähliche Veränderungen. Eine dauernde Tendenz (wie die Zunahme der Alphabetisierung und damit des Anteils der Lesebefähig-ten) ist auch der Rückgang des Öffentlichkeitscharakters der Lesetätigkeit, etwa vom Textvortrag durch einen Leser, einen Sänger, also einen Interpreten, zum individuellen Lesen und Realisieren von Text[4].
Die Umbruchzeit des 18. Jahrhunderts beeinflusste die Leseentwicklung nach-haltig, der Anteil der Lesefähigen stieg, Bibliotheken entstanden, der Buchdruck wurde intensiviert und privater Buchbesitz setzte sich durch[5]. Das Bekenntnis zur Nationalsprache beschleunigte die Entwicklung der Lesefähigkeit und des bürgerlichen Selbstbewusstseins.
Um 1770, bedingt durch die besondere Situation des deutschen Bürgertums[6], stärkt das bürgerliche Selbstbewusstsein die Individualität und auch die indivi-duelle Imagination. Literarischen Ausdruck findet dieses neue Selbstverständnis u. a. in den Werken des Sturm und Drang.
Es war die Fiktionalität, die Entdeckung der potenziell möglichen Welten, die der ästhetischen Erfahrung Raum verschaffte und zur Schreibgrundlage und bald zur Forderung der Leser wurde. Der Roman trat seinen Siegeszug an und Leih-bibliotheken wurden zu intensiv frequentierten öffentlichen Einrichtungen. Die-ser massive Wandel des Leseverhaltens fand seinen Ausdruck in der „Lesewut" der Deutschen, die bis weit in das 19. Jahrhundert reichte.
Die Sucht nach Fiktionalem, wie sich dieses Phänomen beschreiben lässt, be-zeugt „die Wandlung vom rhetorischen zum subjektiven Paradigma, von ontolo-gisch legitimierbarer Objektivität zur Leitvorstellung subjektiv genialer (natura naturans) und psychisch emotionaler, d. h. produktiver Konstitution von Wirk-lichkeit, analog dazu ästhetischer Fiktionalität und Autonomie". Die veränderte Lektüre-Motivation und das veränderte Lese-Vermögen entwickelten ein „stoff-lich, imaginativ, identifikatorisch und solipsistisch orientiertes Lesen"[7], das da-zu beitrug, dass sich ein elitäres Bewusstsein herausbildete, unter denen, die die Fähigkeit besaßen, sich im Lesen fremde Erfahrungen, andere Seelenzustände, neue Welten und mehr zu erschließen.

---

[3] Fischer Lexikon Literatur. Hg. Ulfert Ricklefs, Fischer Taschenbuch Verlag 4565 – 4567, Bd. I – III, Frankfurt a.M. 1996, Bd. II, S. 961.
[4] Einzelne Formen des Selbstlesens gab es längst, schon im Hellenismus des 3. Jahrhunderts vor Christus oder in der spätmittelalterlichen Literaturpraxis beim Übergang vom Epos zum Prosaroman sind Formen des (häufig lauten) Alleinlesens überliefert.
[5] Dennoch waren die publizierten Bücher noch fast ausschließlich „öffentlichen" Inhalts und auch ein Teil der medizinischen, theologischen und juristischen Fachliteratur lag noch in Latein vor, das man erst seit Ende des 17. Jahrhunderts durch Deutsch als Nationalsprache zu ersetzen begann.
[6] Auch beflügelt von Herders hermeneutischem Welt- und Textverständnis.
[7] Fischer Lexikon Literatur. Bd. II, S. 976.

Heute ist das stille Alleinlesen nicht nur der Normalfall der Buchrezeption[8] sondern auch die Bedingung für das Verständnis von Lesen als Einzelleistung. „Zu den Vergnügungen, die uns offenstehn, gehört ja, neben der Lektüre selbst, das Nachdenken – nicht nur übers Gedruckte, auch über den Autor, uns selbst und das Muster, das sich konstellationsartig daraus ergibt. Wir verlieren uns an ein Buch, lassen uns fesseln davon und schätzen es in dem Maß, wie ihm das gelingt. Gleich Süchtigen und Hypnotisierten verfallen wir dem Roman, alles versinkt um uns, wir vergessen uns selbst und leben nur noch in der imaginierten Welt seiner Figuren und Schicksale. Wir bewundern den Autor, der Hörige aus uns macht, Vasallen seiner Phantasie. Die Opiate, die er verabreicht, sind oft umso wirksamer, je lebensnäher und wirklichkeitskonformer die Fabel daherkommt."[9]

Lesen ist Konzentration auf den Text und auf sich selbst. Die Abgeschlossenheit des *Raumes*, in dem sich Lesen vollzieht, bedingt andererseits, dass der Lesende sich vom gegenwärtigen Geschehen ausgrenzt. Gleichzeitig vollzieht sich in diesem Raum, den man sich kaum zu groß denken kann, die Öffnung zu überwiegend Unbekanntem aus dem Buch, zu nicht selbst Erfahrenem, die Öffnung zu dem, was ein Fremder erdacht oder empfunden hat.

„Lesen bedeutet Zugang und Partizipation an der unsichtbaren, ohne Lektüre in Latenz und Potentialität verharrenden Welt, deren sichtbarer Korpus die Bibliothek der je erschienenen Bücher bzw. überlieferten Manuskripte ist. Diese *Bücherwelt* bietet sich dar als materiell unerhebliche, spirituell unabsehbare Gegenwelt zum Universum der sichtbaren Dinge und vergangenen Ereignisse."[10]

Lesen verschafft somit Eingang in eine andere Wirklichkeit. Das ermöglicht die Verbindung aus Text auf der einen Seite und Interesse, Notwendigkeit, Erfahrung und Vorstellungskraft des Lesenden auf der anderen Seite – etwas Wunderbares, dessen Entdeckung eben Ende des 18. Jahrhunderts unter den nunmehr großen Massen der Lesebefähigten die beschriebene Lesesucht auszulösen vermocht hat.

Überspringt man einmal leichtsinnig das 19. Jahrhundert und die Lesesituation während der Weltkriege und die der Nachkriegszeit und erfragt die gegenwärtige Lesesituation, scheint diese *Sucht* geheilt. Es erheben sich eher ernst zu nehmende Klagen über einen allgemeinen Rückgang der Lesebereitschaft bei dennoch mindestens konstantem Respekt gegenüber eines Menschen *Belesenheit*.

Wie das? Wenn Erfahrung und Umgang mit vielseitiger Lektüre in verschiedenen gesellschaftlichen Kreisen so hoch im Kurs steht, gefragt ist und auch häufig erfragt wird, also offensichtlich doch etwas Achtenswertes signalisiert, warum wird dann tendenziell weniger gelesen?

---

[8] Die Darstellung Lesender in der bildenden Kunst des 20. Jahrhunderts zeigt überwiegend in Lektüre versunkene, von der lebendigen Umgebung abgewandte Figuren (August Macke: *Frau des Künstlers*. Ernst Barlach: *Lesender Klosterschüler*, u. a.)

[9] Aus: Alfred Behrmann: *Der Autor, das Publikum und die Kunst. Nachdenken über Werke und Wirkungen.* Berlin 1999, S. 13.

[10] Fischer Lexikon Literatur. Bd. II, S. 965f.

Die Gründe sind bekanntermaßen vielfältig, liegen auf einem weiten Feld verstreut, das längst von Soziologen, Entwicklungspsychologen, Erziehern und Buchmachern, aber auch von Autoren und begeisterten wie frustrierten Lesern beackert wird, um nach Auswegen zu suchen. Es gibt derer viele. Im Angesicht eines unüberschaubaren Buchmarktes wandelt sich die Sucht nach dem eigenen Leseerlebnis oftmals zum Bedürfnis nach Mitwissen. Nicht mehr die eigene Leseerfahrung sondern das Handhaben der *Erkenntnis* aus dem Buch wird anerkannt. Leseleistung drückt sich im Verfügen über Sachkenntnis zu literarischen Texten aus. Die (weniger tatsächlich gelesenen) Werke fungieren – auf ihren vermeintlichen Aussagewert reduziert – als Argumente im Dienst von öffentlicher Meinung, angestrebtem Image oder Ideologien.

Der *Glaubenskrieg* zwischen der Original- und Informationslektüre beginnt in der Schule. Statt *Der Zauberberg* im Original zu lesen, werden nur die Lektürehilfe, der Leitfaden zur Interpretation oder andere Sekundärstoffe bemüht, in der Annahme, darin werde erklärt, wie man den Text zu verstehen und zu deuten habe. Hier entscheidet oft das Effektivitätsdenken des einzelnen Lesers.

Der ambivalente Aspekt der Kanonbildung leistet diesem *Sekundärlesen* erheblichen Vorschub. Wenn sich das Leseziel im Nachvollzug des kollektiven Gedächtnisses, der Fortsetzung der traditionellen Interpretationspraxis erschöpft, kann der Weg dahin freilich abgekürzt werden; der Leser greift schnell zum Literaturlexikon, zur Rezension oder zum Romanführer.

Für den Zweck unseres Buches soll eine andere *Lesehemmung* in den Vordergrund gerückt werden, die jedoch mit der o. g. Tendenz verwandt ist. Der Individualleser als Ziel des Buches ist unwichtiger geworden, er zieht sich langsam zurück.

2. 2   Ein Paradigmenwechsel

1. Wie veränderte sich das Leserbewusstsein in der zweiten Hälfte des 20. Jahrhunderts?
2. Wie kam es zur Problematisierung der traditionellen Interpretationspraxis?
3. Welche Forderungen stellt die Rezeptionsästhetik und welche Konsequenzen ergeben sich daraus für die „Existenz" des Kunstwerkes?
4. Was meint der angestrebte Paradigmenwechsel der siebziger Jahre?

Die sich abzeichnende Distanz zur intensiven Originallektüre ist ab der zweiten Hälfte des zwanzigsten Jahrhunderts zu registrieren und sie verstärkt sich gegen dessen Ende.

Für die sechziger Jahre wird eine Situation an den Universitäten beschrieben, die sich wissenschaftsgeschichtlich als das Ende einer naiven Hermeneutik in der Literaturbetrachtung verstehen lässt. Das Praktizieren einer Interpretationsnorm, die das Werk nach der gültigen Bedeutung, also nach seiner handhabbaren

Wahrheit befragt, war so kaum mehr haltbar. Denn der verallgemeinerte Anspruch an eine Interpretation leugnet die Individualität des Lesers ebenso wie die historische Kompetenz eines Textes.

In diesem Zusammenhang steht auch die sogenannte *neue Subjektivität*, die in den siebziger Jahren als Tendenz die engagierte ideologische Literatur verdrängt zugunsten der neuen subjektiven Innerlichkeit und Selbsterfahrung. Die folgerichtige Problematisierung der alten, traditionellen Interpretationspraxis wirft Fragen auf. Dabei treten *Individualisierung* und *Überlieferungsgeschehen* in den Vordergrund. Konflikte zwischen konkurrierenden Auslegungen literarischer Texte waren mit den kanonisierten literaturwissenschaftlichen Interpretationsverfahren nicht mehr zu lösen. Auch dass Literatur aus dem goldenen Käfig der gutbürgerlichen Bildung allmählich befreit wurde, setzte sie zunehmend unterschiedlichen Fragen, Zugriffen und vor allem differenzierteren Ansprüchen aus. Die einmal existierende Vielfalt der Interpretationen ließ sich nicht mehr in „richtige und falsche" Textdeutungen gliedern, wie z. T. noch in Literaturgeschichten der fünfziger und sechziger Jahre nachzulesen. Die verschiedenen Deutungen mussten nun als gleichberechtigte betrachtet werden.

Die sechziger und vor allem dann die siebziger Jahre lehnen die Übertragung des Anspruchs, wie er an „klassische" oder etablierte Kunst gestellt wurde, für die jüngere, moderne Literatur ab. Denn Versöhnung und Aufhebung der Gegensätze, Harmonisierung und Ästhetisierung der Welt- und Kunstgegenstände oder Adäquatheit der poetisierten Stoffe zu ihren realen Grundlagen und die tendenzielle Positionierung zur sachlichen Werk-Grundlage entsprechen so nicht mehr der zeitgemäßen Wahrnehmung. Sie taugen kaum als Ideal oder (Kunst-) Kriterium.

Dieser „Negativitätshabitus moderner Literatur"[11], die Ablehnung der ausschließlich traditionellen Normen, entwertet zwangsläufig vorhandene Konventionen, auch über die Literatur hinaus bis zu sozialen Werten.

In dieser Situation verlieren auch die konventionalisierten Interpretationsverfahren und Textdeutungsmuster ihren Wert, weil sie zuerst nach der Autorintention, der Werkbotschaft und dem ästhetischen Wert, analysierbar in der Textstruktur und den eingesetzten sprachlichen Gestaltungsmitteln, fragen und weil sie die Rolle des Lesers auf den Erkennenden reduzieren, ihn lediglich als Projektionsfläche des Werkes beachten.

So wurde die einst bequeme Verbindlichkeit der Lesart und Deutung der großen Werke der National- wie der Weltliteratur allmählich zum Zustand einer einspurigen und bisweilen sogar als intolerant stigmatisierten Literaturwissenschaft. Ihre festgeschriebenen, kultivierten Deutemuster wurden ihr zum Vorwurf, denn die Literaturwissenschaft erhöhte den Anspruch an den Leser immer einseitiger durch verbindliche Systeme und Theorien des Texterschließens, die immer selbstbezogener und schwieriger wurden. Sie bildete damit ein Leseverhalten

---

[11] Begriff nach Wolfgang Iser: *Der Akt des Lesens*. München 1994.

heran, das einerseits unattraktiver und komplizierter wurde. Andererseits erzeugte es bei Interessierten die Illusion, den Umgang mit Literatur dann zu beherrschen, wenn die Handhabung von Interpretationsvorgaben zufriedenstellend erlernt wurde.

Erfahrungen aus der gymnasialen Oberstufe und vor allem aus germanistischen Seminaren zeigten und zeigen eine teils gut ausgeprägte Kenntnis epochaler Chronologien, eine populäre Neigung zu Biographismus und Psychologismus bei modernen Texten, auch eine hohe Anwendungsbereitschaft von übernommenen philosophischen Kenntnissen bis hin zu tabellarischen „Verlaufsprotokollen zur Textinterpretation". Vor einem anonym präsentierten Text jedoch kapituliert eine Vielzahl solcher System-Exegeten.

Wo bleibt der mündige Leser?

Ende der sechziger und Anfang der siebziger Jahre (mit dem Rückenwind der 68er Bewegung) begannen Leser und Literaturwissenschaftler die scheinbar zuverlässigen Textdeutungsvorgaben als unzeitgemäß und als ideologieverdächtige Denkmuster zu enttarnen und in Teilen zu verwerfen.

Der Befreiungsakt der Interpretation aus den Zwängen dieser Tradition führte aber schnell in ein Zweck-Vakuum: Die normgerechte Interpretation genügte sich selbst. Aber für wen und wozu wird der Text nun außerhalb der Norm interpretiert? Textbotschaft und autorintendierte Bedeutung mussten als Ziel der Interpretation abgelöst werden von *Textrezeption* und *Textwirkung*.

Das führte in den siebziger Jahren zur genaueren Untersuchung des Lesevorgangs.

Wenn Lesen etwas anderes (und mehr) als die empfohlene Übertragungsweise des Textes in vorgegebene Bedeutungen sein soll und wenn diese Bedeutung sich nicht überwiegend im Nachvollzug von Vorherbestimmtem erschöpft, sondern *von Instrumentarien unabhängige Leser-Leistung* ist, dann geschieht beim Lesen etwas. Es wird ein Geschehen in Gang gesetzt, das verarbeitet werden muss. Diese Abläufe bei der Verarbeitung des Wahrgenommenen rücken nun ins Zentrum des Interesses.

Da Textwahrnehmung ein so spezifisches *Geschehen* ist, wird es unerlässlich zu fragen, wie dieses Geschehen gesteuert wird und welche Rolle dabei der Text, der Leser und der Kontext spielen.

Rezeptions- und *Wirkungsästhetik* teilen sich die Untersuchung dieses komplexen Vorgangs bei gemeinsamem Nenner: die Interpretationspraxis orientiert sich nunmehr am Ergebnis, an der *Sinnbildung beim Lesen*. Anders formuliert ist Text aus dieser Sicht ein Wirkungspotenzial, das im Lesevorgang aktualisiert wird. Das bedeutet zunächst eine Aufwertung des Kommunikationsaspektes von literarischen Texten. Indem der Leser mit dem Text, den inhaltlichen und sprachlichen Vorgaben des Autors kommuniziert, sie (für sich) mit seinem Reaktionsvermögen beantwortet – einschließlich aller Erfahrungen, Einstellungen, Kenntnisse und Emotionen – rückt er als Sinnstifter eines Werkes an zentrale Position.

Damit ist auch die Frage nach dem Existenzraum des Textes als Werk neu zu stellen. Existiert das Werk im Bewusstsein des Autors? Entspricht es also dem „bewußten und unbewußten Gesamterlebnis während seiner Schaffenszeit"[12]? Oder existiert es in den graphischen Zeichen des Textes, also in der Werkstruktur?[13] Oder konstituiert es sich erst im Rezeptionsvorgang, im Bewusstsein des Lesers?

Neu und entscheidend für die Beantwortung ist die Hypothese, dass Texte eben keine fertig vorhandenen Dinge sind, sondern Systeme mit Referenzialität. „Was wir als Leser ‚schwarz auf weiß vor Augen' haben, ist ein *Textresiduum*, das als dieses noch nicht der Text ist. Aber wo ‚ist' dann der Text überhaupt? Der Text ist dann erst Text, wenn er, ausgehend vom Residuum des Textes, vom Leser konstituiert wird. In der *Materialität* der Zeichen ist die *Immaterialität* von aufeinander aufbauenden Entscheidungsstrukturen gebunden wie die Kälte im Eis. Erst wenn diese im Vollzug freigesetzt werden, kann das Werk als ein Relevanzgefüge [...] zur Anschauung kommen. [...] Der Leser muß sich mit allen Registern seiner Erfahrung und Vorstellung dem Text übereignen, ja er muß, wie ein Schauspieler, dem Text seinen Körper leihen, damit er ihn sich erst aneignen kann. Erst im Akt des Lesens ‚wird' aus dem Textresiduum, das doch nie ein unmittelbares Residuum des Textes selbst ist, der Text [...]".[14]

Die *Rezeptionstheorie* strebt nun ab Mitte der siebziger Jahre in der Literaturwissenschaft einen Paradigmenwechsel an. Dem dominierenden Einbezug der Entstehungsbedingungen wie kultureller, politischer, biographischer und verwandter Hintergründe und der systematischen Analyse textimmanenter Merkmale soll nun die aufgewertete Rezipientenposition zur Seite gestellt werden. Sie rückt den Leser und die Leserkompetenz beim Konstituieren eines Kunstwerkes in den Vordergrund. Sie stärkt damit die Position des Individuallesers, betont seine Potenzen und Fähigkeiten und will seine Erfahrungen und Gegenwart eingebracht sehen.

Rezeption als An*nahme* und Über*nahme* ist kein automatisierter Vorgang. *Nehmen* ist kein passiver Vollzug sondern deutet auf Produktives, einen Akt des Willens und des Selbst-tätig-Seins. Zum produktionsästhetischen und dem darstellungsästhetischen Ansatz schließt nun mindestens ebenbürtig der rezeptionsästhetische Interpretationsansatz auf.

---

[12] So in: René Wellek, Austin Warren; *Theorie der Literatur*. 3. Auflage, Frankfurt a. M. und Berlin 1963, Kap. 12, S. 128f.
[13] Nach den Vorgaben der tschechischen Strukturalisten sei es weder das Autor- noch das Leserbewusstsein, sondern die Textgestalt als Sprach-, Zeichen- und Bildsystem.
[14] So Karlheinz Stierle. Er sieht den Text als „eine intentionale und intentional eingelöste Kohärenz, die als diese ebenso den Text überschreitet, wie der Text das Textresiduum überschreitet. Kraft der Konstitution des Lesers wird der Text *Diskurs*, als in Bewegung gesetzter, verflüssigter Text". In Fischer Lexikon Literatur. Bd. II, S. 1173f.

2. 3   Literarisches Lesen

1. Wie funktioniert Kommunikation zwischen den zeitlich wie räumlich entfernten Positionen von Schreiber und Leser? 2. Wie werden die Unterscheidungsmerkmale von Sach- und fiktionalen Texten zur Voraussetzung für die Rezeptionsästhetik? 3. Welche Anforderungen an den Leser ergeben sich daraus?

Im kommunikativen Wirkungsdreieck von Autor, Text und Leser spiegelt sich ein Mechanismus von Codierung, Code und Decodierung[15]. Dabei stehen sich, vom Text vermittelt, Autor und Leser als Produzent und Rezipient einander erfordernd gegenüber.

Der Autor als Produzent ist „Codierer", der sprachliche und semantische Codes bildet, die seine Ideen und Wahrnehmungen, seine Wirkungsabsicht oder Pflicht zu informieren dem Text überantworten. Der Text, als selbstständiges Gebilde in die Welt gestellt, ist zunächst nichts mehr als ein „papierner" Gegenstand, der sich darstellt als jene Ansammlung graphischer Zeichen auf einem Trägermaterial, das bisher „nur" die vom Autor intendierte Codierung enthält.

Der Leser als Rezipierender, wenn er über die entsprechenden kulturtechnischen Kompetenzen verfügt, wie gleiche Sprache, Sprachsystem- und Begriffskenntnis, versucht nun im Leseakt (Voraussetzung ist, dass er will oder muss) den Text-Code für sich zu entschlüsseln; den *Textsinn* zu erkennen.

Dieser Übertragungsvorgang ist kein berechenbar geradliniger, kaum ein identisch wiederholbarer. Graduelle und prinzipielle Unterschiede treten auf.

Diese Unterschiede in Art und Ergebnis des Erschließens von Textsinn hängen zusammen mit der Funktion des Textes im Hinblick auf Erwartung und Leseerfahrung des Rezipienten. Zwei parallele Lesevorgänge verschiedener Leser werden zu keinem identischen Ergebnis kommen wie auch der wiederholte Lesevorgang eines Lesers bei jedem erneuten Leseversuch von anderen Vorbedingungen, Kenntnissen und Erfahrungen ausgeht.

Dieses Phänomen unterscheidet auch literarische Texte nicht nur graduell, sondern prinzipiell von Sachtexten nichtfiktionalen Charakters.

Ein Vergleich zweier kurzer Texte soll diesen Unterschied zeigen. Beide treffen stofflich parallel eine Aussage zu den gefährdeten Existenzbedingungen von Seetieren.

---

[15] Code ist ebenso erfassbar als Chiffre (auch: Schlüssel u. a.), entsprechend ist das Chiffrieren und Dechiffrieren Autor- und Leseraufgabe.

TEXT A:

Virus bedroht Seehunde in der Ostsee

Bereits Tiere vor der dänischen Insel Anholt verendet / Auslöser noch unklar

Den Haag (dpa). 14 Jahre nachdem ein Virus die Hälfte aller Seehunde in Nordwesteuropa vernichtet hat, haben Tierforscher bei der dänischen Ostseeinsel Anholt das gleiche Virus wieder entdeckt. Etwa ein Viertel der bei Anholm heimischen 250 Tiere sei bereits gestorben, teilte der Virologe Ab Osterhaus von der Erasmus-Universität in Rotterdam gestern mit.
„Es ist einwandfrei dasselbe Virus", sagte er nach der Auswertung von Laboruntersuchungen. Das „Seehundvirus" gehöre zur Gruppe, die auch Masern, Hundekrankheiten und Rinderpest verursachten. Zusammen mit dänischen Experten hatte Osterhaus am vergangenen Wochenende bei Anholt Proben von toten Tieren genommen und sie in Rotterdam untersucht.
Wodurch der jetzige Ausbruch entstanden ist, konnte Osterhaus nicht sagen. „1988 war angenommen worden, dass Sattelrobben ihn von Grönland her eingeschleppt hatten." Diesmal gebe es dafür keinen Anhaltspunkt. Unklar sei auch, ob sich das Virus wieder in den Beständen entlang der Küsten von Dänemark, Deutschland, Holland, Belgien und Großbritannien ausdehne[16].

TEXT B:

Der Nachteil eines Vorteils

Pinguine, so habe ich einmal gelesen, seien außerhalb ihrer Heimat, in zoologischen Gärten etwa, äußerst schwer zu halten. Die natürlichen Bedingungen, unter denen sie lebten, seien so beschaffen, daß es Krankheitskeime kaum gebe. Das habe zur Folge, daß der Organismus der Pinguine, da er solche Keime praktisch nie abzuwehren habe, auf deren Abwehr praktisch nicht eingerichtet sei. Nur gegen Kälte verfüge er über große Widerstandskraft.
In zoologischen Gärten nun, wo es von Bakterien aus aller Herren Länder nur so wimmle, sei die Lage für Pinguine fatal. Nahezu schutzlos, hieß es, seien sie Krankheitskeimen ausgeliefert, über die andere Tiere gewissermaßen nur lächelten. Und selbst winzigste Gefahren, die von den Organismen der übrigen nicht einmal wahrgenommen würden, könnten für die Pinguine tödlich sein. Die Gewöhnungszeit sei lang und erfordere von den Pflegern außerordentliche Geduld[17].

---

[16] dpa-Meldung, aus der Leipziger Volkszeitung, 25., 26. 5. 2002.
[17] Der Text wurde verfasst von Jurek Becker, hier zitiert nach: *Nach der ersten Zukunft*. Frankfurt a. M. 1980, S.13.

Der Unterschied ist leicht auszumachen. Abgesehen von verschiedenen Präsentationsmedien[18], die nicht gleich erkennbar sind, ist Text A räumlich und zeitlich fixiert, in einem berichtenden Stil verfasst[19] und beruft sich zitierend auf authentische Personenaussagen. Er präsentiert sich in einer neutralen, unpersönlichen Schreibhaltung und erfordert kein identifikatorisches Lesen.

Text A wird fraglos als Sachtext wahrgenommen. Er zielt ab auf das adäquate Abbild des Textgehaltes im Bewusstsein des Lesers. Autorintention, Textgehalt und hinzugewonnener Bewusstseinsinhalt beim Leser haben eine relativ große Deckungsfläche. Der Leser weiß nun, was er wissen soll, worüber der Schreiber zu informieren beabsichtigte und was der Text enthält. Das Ergebnis der Decodierung beim Lesen entspricht weitgehend dem vom Autor codierten Sachgehalt.

Text B, Autor ist Jurek Becker, zeigt gleich in der ersten Apposition einen subjektiven, noch dazu vagen Standpunkt eines vermittelnden Erzähl-Ich, verbleibt dann auch überwiegend im Konjunktiv. Damit unterstreicht die Erzählhaltung den Möglichkeitscharakter des Dargestellten. An faktischer Beweisbarkeit des Ausgesagten ist ihm nicht gelegen. Stilistische Schwankungen und Bildsprachlichkeit sind erkennbar.

Entscheidendes Indiz jedoch für ein Textverstehen, das nicht den Nachvollzug eines tatsächlichen Vorgangs meint, ist der Titel „Nachteil eines Vorteils". Damit wird ein abstrahierendes Textverstehen intendiert. Bereits die Formel, die einen abstrakten Bezug darstellt, aber von Pinguinen nichts weiß, setzt ein unmissverständliches Vorzeichen; der Text muss erst noch in eine andere Bedeutung übertragen werden.

Aber in welche?

In Text B liegt die Autorintention sicher nicht im kongruenten Abbild des Ausgesagten im Leserbewusstsein oder im Publizieren der Nöte zoogehaltener Pinguine. Erst recht empfindet der Leser keine appellative Funktion des Textes, diesem Problem abzuhelfen. Der Leser wittert eine anderes Problem. Was genau sich jedoch hinter dem Code der Pinguin-Geschichte verbirgt, was damit vom Autor verschlüsselt wurde, ist dem Text nicht unmittelbar zu entnehmen. So ist auch keine verbindliche Übertragung des Textgehalts in Leserbewusstsein zu erwarten. Denn: wen oder was codieren die Pinguine? Was meint Zoo eigentlich? Haben die „Krankheitskeime" einen Bezug? Wer sind die geduldigen „Pfleger"? Und in welchem Verhältnis stehen Nachteil und Vorteil zu all dem?

Der sachliche und individuelle Erfahrungshintergrund des Autors, der hier nicht nur sprachlich sondern auch inhaltlich verschlüsselt wurde, bleibt dunkel. Die Richtung der Decodierung, die der Leser vornimmt, der über keine hilfreichen

---

[18] Bei Text A ist es eine Tageszeitung, bei Text B eine Prosatext-Anthologie.
[19] Zur Stilanalyse siehe: Leipziger Skripten. Bd. I: U. Fix. H. Poethe, G. Yos und R. Geier: *Textlinguistik und Stilistik für Einsteiger: Ein Lehr und Arbeitsbuch.* Frankfurt a. M. u. a. 2001.

Informationen verfügt, ist unberechenbar und orientiert sich einzig an seiner eigenen Welt- und Selbsterfahrung[20].

Studenten deuteten den Text B (als anonyme Vorgabe) zunächst als Kritik an den hochkultivierten Existenzbedingungen in der mitteleuropäischen Zivilisation. Mit dem Hinweis auf die Autorschaft von Jurek Becker kam die Idee, dass hier auf die Situation des jüdischen Teils der Bevölkerung Bezug genommen sein könnte, die aber sofort wieder verworfen werden musste.

Bei wiederholtem Lesen wurden die Deutungsvarianten beim Pinguin-Text differenzierter, bisweilen verstiegener. Die Spezifik des Pinguins als nicht fliegender Vogel, wurde als Decodierungsschlüssel geprüft, oder ob er als Bewohner eines „Pols", eines Extrems, den anderen „Pol" zu konkretisieren herausfordert. Die weltweite Umsiedlungstendenz wurde geprüft wie auch die menschlichen Existenzbedingungen zwischen Fremde und Heimat. Die Kulturkritik an der Zootierhaltung und an dem Umgang der Gesellschaft mit „Überalterung" kamen ergänzend hinzu. So fächert sich zunächst eine große Deutungsvielfalt des Textes auf.

Beim wiederholten Lesen des ersten Textes (A) über die Seehunde hingegen stabilisierte sich die Decodierung auf den sachlich faktischen Gehalt.

Das *Funktionieren* eines literarischen Textes ist an eine anders strukturierte und anders gelenkte Rezeption gebunden als das Funktionieren von Sachtextvermittlung. Dieses Unterscheidungsmerkmal beschreibt die Anforderung an den Rezipienten von literarischen Texten.

Sachtexte, nichtfiktionale Texte wie Veranstaltungsberichte, Wettervorhersagen, Polizeireportagen, Reisebeschreibungen, (populär-)wissenschaftliche Darstellungen u. a. zielen auf ein möglichst identisches Abbild des Textgehalts im Leserbewusstsein und damit auf eine größtmögliche Deckungsfläche von schreibercodiertem Wissen und leser*de*codiertem Text als Textsinn.

Unspezifischere Textsorten und Genres wie (Auto-)Biographien oder historische Romane balancieren zwischen dem Anspruch, beim Wort genommen zu werden, und der Notwendigkeit und dem Willen zum Fiktionalen, das die faktischen Gegebenheiten auf einer Erzählebene verbindet. Die Frage nach der tendenziellen Zuordnung der Bibeltexte wiederum bindet sich an weltanschauliche Positionen.

Fiktionale Texte sind nur zu erfassen – und zu verstehen – wenn die Textvorgabe im Decodierungsprozess vom Leser weiterentwickelt wird. Das Resultat ist eine von den Textvorgaben gesteuerte, schließlich in das individuelle Vorstel-

---

[20] Was der Leser als Sinnkonstitution entnimmt, übersetzt er in seine Worte und Erfahrungen, damit versprachlicht er es umgehend in *seine eigenen Codes*. So ist der Schritt der *reinen* Dekodierung nur eine theoretisch annehmbare Stufe der Leserbewusstseinsleistung. Objektiv messbar oder gar nach dem Grad des Zutreffens zu bewerten ist eine solche Leistung nicht. Aber was der Leser hier subjektiv an Deutung vornimmt, wird ihm wichtig und es wird ihm bleiben, in dem Maß, wie er sich selbst in dem Text spiegelt.

lungsvermögen und den Erfahrungshintergrund des Lesers integrierte *Imagination*. Der Text suggeriert die Wirklichkeit einer fiktiven Welt, die im Leserbewusstsein erst entsteht. Fiktionale, mimetische wie ohnehin stark bildhafte Texte weisen über sich und ihren Gehalt hinaus, oft auf ihre Entstehungszeit und deren Zustände, ihren Verfasser, auf das gezielt Typisierte der Figuren, auf die Geltung von Mythen. Sie zeigen Erneuerungen in Versgestalt, Erzählweise oder Dramentheorie. Genauso fragen sie aber auch ihre Leser nach Bewertung von Verhalten, nach der Möglichkeit von Glück, dem Dilemma von Wollen und (Nicht-)Können, nach dem Ertragen von Schicksal, nach Entscheidungsmöglichkeiten in Konfliktkonstellationen und nach Orientierung in einer Welt, die sich von einer göttlichen Ordnung entfernt.

Sie fragen nach der Zuverlässigkeit der menschlichen Werte und Wahrnehmung, nach der Möglichkeit der Selbstbestimmung, nach der Verbindlichkeit von Wahrheit, nach der Angemessenheit von Emotionen und Reaktionen und vielem mehr.

Das fragt jeder Text natürlich zuerst seine zeitgenössischen Leser, aus deren Gegenwart er entstanden ist. Wenn der Text aber Bestand hat, fragt er auch noch Jahre, Jahrzehnte oder Jahrhunderte später. So werden immer neue Leser immer neue Antworten geben. Dabei sind nun *gleichermaßen* die Berücksichtigung der *Entstehungsbedingungen*, die *immanente Textkompetenz* und der *mündige Leser* gefragt, um dem Text als Kunstwerk mit Geltung gerecht zu werden.

Diese drei (Haupt-)Zugänge zum Text werden im nächsten Kapitel vorgestellt und an einem literarischen Text vergleichend skizziert.

Teil I

3 DER ZUSAMMENHANG:
Bemerkungen zum Vergleich der Textdeutungsperspektiven

„Aber wer soll der Meister sein? Der Autor oder der Leser?"
Denis Diderot *Jacques der Fatalist*

Die Rezeptionsästhetik hat den Leser nicht neu und schon gar nicht als einzige entdeckt. Der Autor weiß von jeher, was er dem Leser zu verdanken hat – oder verdanken will – und welche Macht der Leser über ein Buch haben kann. Die Leserbezogenheit des Textes ist seit der antiken Rhetorik bekannt, und folglich ist auch die darin erkennbare Kompetenz des Lesers keine Erfindung des 20. Jahrhunderts[21].
Die Attribute der Textdeutung sind vielfältig, scheinen bisweilen sogar beliebig. So erfolgt der Zugriff auf einen Text häufig nach dem Kriterium des Naheliegenden. Die Ringparabel aus Lessings *Nathan der Weise* wird kaum kommunikationswissenschaftlich, Franz Kafkas Roman *Der Prozeß* weniger soziologisch oder die Lyrik von Eichendorff seltener religionsgeschichtlich interpretiert. Auch bei Goethes *Prometheus* ist die gattungsmorphologische, genrespezifische Analyse als Hymne von einer dominierend epochenbezogenen Deutung verdrängt. Für diese Texte gibt es kanonisierte Thesen, die eine bestimmte Textdeutung verbindlich gemacht haben (so etwa bei Interpretationen zu Texten von Franz Kafka, die einen betont biographischen Ansatz kultivieren, z. T. überdehnt haben).
Die Vielfalt der zur Verfügung stehenden Deutungsansätze ist auf den ersten Blick verwirrend. Sie muss aber bewusst gemacht werden, einmal um nicht, willkürlich oder bequem, dem ersten besten Impuls zu folgen, zum anderen verweist das Spektrum auf die Vielfalt der Kontexte und Diskurse der Literatur. Die Attribute der Textdeutung reichen von dekonstruktivistisch, medientheoretisch, anthropologisch, kulturlogisch (als Perspektive der Intertextualität), text- und kommunikationstheoretisch, psychoanalytisch oder, wie bereits genannt, biographisch, soziologisch oder religionsgeschichtlich. Auch Strukturalismus und Gattungsmorphologie stellen systematische Textanalysemodelle zur Verfügung, sehr spezifische Neuschöpfungen kommen hinzu.
Da eine Vollzähligkeit unmöglich darzustellen ist, schon da Texte auf immer neue Bezugssysteme, Diskurse und Wahrnehmungsstrategien rekurrieren, hat

---

[21] Z. B. Schleiermacher, der sich an der Auslegung der Bibeltexte zu seiner Zeit störte, sie war ihm in der Hierarchisierung und Begrenzung der Deutung zu sehr vereinheitlicht, sprach von der Vergleichbarkeit vom Menschenwort und dem Gottes: jeder versteht in dem, was er hört, was ihm entspricht und vernimmt gleichzeitig, was er hören soll. Verstehen sei daher der Tendenz nach universell, dem Wesen nach individuell.

sich ein Ordnungsschema bewährt, das nach den drei grundsätzlichen Perspektiven des Textzugangs unterscheidet. Diese Textzugänge lassen sich zusammenfassen in den (1) *produktionsästhetischen Ansatz* und mit ihm alle mittelbaren und unmittelbaren Entstehungsbedingungen und Hintergründe der Textproduktion, den (2) *darstellungsästhetischen oder werkimmanenten Ansatz*, der weitgehend von Autor und Leser absieht, den Text relativ hermetisch betrachtet, seine Eigenschaften erarbeitet und dessen Deutungen sich an den Ergebnissen der Textanalyse orientieren, und schließlich den (3) *rezeptionsästhetischen Ansatz*, der Rekonstruktion oder Konstituierung von Textsinn und Bedeutung im Leserbewusstsein zum Gegenstand macht.

Diese drei Ansätze werden nun vorgestellt, weniger mit dem Ziel, alle zuordenbaren Möglichkeiten darunter aufzuzählen, sondern eher um jeweils deren Sinn und Verfahren sowie deren Möglichkeiten und Grenzen zu zeigen. Dabei werden Berührungen und Überschneidungen der drei Perspektiven erkennbar und schließlich soll die Erläuterung Orientierungshilfe geben, wie man sich einem „anonym" präsentierten Text nähern kann.

Grundsätzlich gilt auch hier der allgemeine Verstehensgrundsatz, dass jedes Teil immer aus dem Ganzen und das Ganze immer aus seinen Teilen zu erklären und zu verstehen ist. Alle drei Bereiche vollständig zu erfassen, bleibt ein theoretischer Vorsatz, der praktisch kaum umsetzbar ist. Denn das Erbringen einer vollzähligen Interpretation, der Deutung *aller* potenziellen Aspekte eines Textes nähert sich einer unendlichen Textdeutung und ist schon historisch unmöglich. Das sich stets ändernde Leserbewusstsein und immer neue Diskurse und Kontexte erfordern immer neue Textdeutungen.

Es gilt also jeweils zu entscheiden, welche Perspektive auf den Text gewählt, welcher Zugang favorisiert werden soll. Da eine verbindliche Hierarchie hierfür abzulehnen ist[22], müssen Ziel und Motivation der Textdeutung entscheidend werden für die Wahl von Mitteln und Wegen des Textzugangs, schon da es nicht darum gehen kann, die eine „richtige" Interpretation zu erbringen sondern die dem jeweiligen Zweck am besten entsprechende.

Wenn nun die drei grundlegenden Perspektiven des Textzugangs vorgestellt werden, dann weder, um sie jeweils auf einen Geltungsrahmen einzuschränken, noch um einen solchen Geltungsbereich in sich zu vervollständigen, sondern eher, um das Vermögen des jeweiligen Zugangs zu profilieren. Erweiterungen und Ergänzungsmöglichkeiten ergeben sich dann von selbst.

---

[22] Der Schullehrplan fordert häufig: erst die gesellschaftlichen Hintergründe, danach Biographisches und erst dann die Textmerkmale und am Schluss eventuell der Aktualitätsbezug.

Die Ausführungen nehmen an wichtigen Stellen Bezug auf Jürgen Schutte; *Einführung in die Literaturinterpretation*[23]. Schutte unternimmt eine Momentaufnahme des gegenwärtigen Standes der „Kunst der Interpretation", die seit den achtziger Jahren als Theorie und methodische Praxis der Interpretation erheblich verwissenschaftlicht, weiter vervollständigt und um die Leserkompetenz erweitert wurde.

Die exemplarische Erprobung der drei Perspektiven am literarischen Originaltext schließt sich im darauf folgenden Kapitel an.

3. 1 WIRKLICHKEIT – AUTOR – TEXT
Der produktionsästhetische Ansatz

1. Wie wird im Text die Autorintention erkennbar?
2. Wie wirken sich die Beziehungen zwischen Textentstehung und Texteigenschaften aus? Welche Rolle spielt dabei die Textstrategie?
3. Was sind und wie wirken autorseitige und realitätsseitige Voraussetzungen zusammen?
4. Welche Unterschiede ergeben sich bei der zeitgenössischen und der historischen Rezeption hinsichtlich des zu rekonstruierenden Kontextbezuges?
5. Welche Möglichkeiten bietet eine Kontextanalyse?

„Dichter: Seher, die uns etwas von dem Möglichen erzählen."
Friedrich Nietzsche; *Morgenröte*

Die produktionsästhetische Analyse begreift den Text als Mitteilung des Autors und Zeugnis der Entstehungszeit. Sie untersucht den Aussagegehalt der Werke im Hinblick auf das Verhältnis Wirklichkeit – Autor – Text daraufhin, wie es sich aus der komplexen Entstehungssituation oder zurückliegenden Entstehungsvoraussetzungen erklären lässt.

Dabei können Texte u. a. epochenspezifisch, ideologisch, systemtheoretisch, mentalitätsgeschichtlich, biographisch, psychologisch, psychoanalytisch, rein historisch oder politisch gedeutet werden. Sie können nach religiösen, spiritistischen, philosophischen oder anderen Grundlagen der Welterfahrung und Weltdeutung des Autors befragt und ausgelegt werden, ebenso nach regionalen, geographischen und personalen Bezügen, die als angelegtes Selbstbekenntnis oder

---

[23] Jürgen Schutte: *Einführung in die Literaturinterpretation*. J. B. Metzlersche Verlagsbuchhandlung und Carl Ernst Poeschel Verlag GmbH Stuttgart 1993.

durch Intertextualität dargestellt sein können. Diese einzelnen, sehr spezifischen Bezugsrahmen werden allerdings selten ausschließlich umgesetzt.

Die Erkenntnisse aus den Aussagen des Schreibers (zum *Was*, *Wie*, *Wozu* und *Womit* der Textaussage) in Bezug auf die Entstehungszusammenhänge addieren sich zur Frage nach der **Autorintention**. Sie ist zweigleisig und fragt einmal nach dem Sinn des Textes, also worüber der Text spricht, und nach dem Ziel, der Gerichtetheit oder der Funktion des Textes.

Die Autorintention ist also erfassbar im **Redeverstehen**, das den Textgegenstand vermittelt, und zum anderen im **Handlungsverstehen**, das seine Motivation erkennen lässt.

Rede- und Handlungsverstehen sind unterschiedlich gewichtet und können sich gegenseitig dominieren.

„Wenn wir den Prozeß der Textherstellung von der Tätigkeit des Autors her entwerfen wollen, müssen wir ihn als einen methodischen Arbeitsprozeß beschreiben. Unabhängig davon, ob der Autor die Gedanken, Darstellungselemente, Techniken seines Textes im freien Spiel der Phantasie, im visionären Traumzustand oder durch zielgerichtete Suche findet oder fand – verstehbar oder erklärbar werden sie nur als Teil einer Textstrategie, d. h. bezogen auf ein Schema des Textes oder sprachlichen Handelns". Die darin erkennbare „künstlerische Methode" des Autors erlaubt es, von der vielfältigen Bedingtheit des Schaffensprozesses (und nicht von Willkür) zu sprechen und die „Vermittlungsprozesse zwischen der Wirklichkeit, der Subjektivität des Autors, dem literarischen Arbeitsprozeß und dem fertigen Werk präzise und intersubjektiv überprüfbar"[24] darzustellen.

Zwischen der gesellschaftlichen Wirklichkeit des Schreibens, d. h. dem Zeitpunkt und den Bedingungen der Textentstehung, und den Eigenschaften des fertigen Textes gibt es umfassende, notwendige und erkennbare Beziehungen[25]. Die erkennbaren Beziehungen im Text, die der Leser ermitteln kann, bilden die **Textstrategie** für die produktionsästhetisch orientierte Textdeutung. Diese Strategie lässt sich auf verschiedene Weise erarbeiten.

Aussagefähig für das Wirklichkeitsverhältnis des Autors ist zum einen der gewählte Wirklichkeitsausschnitt, des weiteren die individuelle Art des Umgangs mit diesem Gegenstand. Auch die damit verbundenen Wirkungsabsichten des Autors auf das intendierte Publikum (einschließlich der dafür gewählten Darstellungsmittel) sind ein wichtiger Hinweis auf die Art des Gegenwartsbezuges des Autors.

Das Erschließen der Textstrategie ist der Nachvollzug der symbolischen Handlung des Schreibers. Sein Schreiben stellt sich dar als Transformation der eigenen Erfahrungen und Intentionen auf die Ebene des Textes, erkennbar u. a. in

---

[24] Schutte, *Einführung in die Literaturinterpretation*. a.a.O. S. 57f.
[25] Diese angenommenen Voraussetzungen einzubeziehen greift allerdings schon auf die Kompetenz des Lesers, seinen Wissens- und Erfahrungshorizont und seine Lesemotivation vor.

Stoff und Thema. Als poetische Sprachhandlung ist die Textproduktion eine Variante des kommunikativen Handelns, genauer, sie ist ihr Auftakt.

Die Autorintention als Zielrichtung des Textes ist je nach historischer Entfernung und dem Grad der Abstraktion oder Sublimiertheit mehr oder weniger eindeutig oder gar nicht erschließbar. Das bedingt u. a. die Eigenschaft des Textes, historische Subjektivität zu dokumentieren. In der Regel fällt es dem zeitgenössischen Leser leichter, die Autorintentionen wahrzunehmen (da der Text auch sein Zeitzeugnis ist), als dem historisch entfernten Leser. Der zeitgenössische Leser orientiert sich überwiegend am Sprachhandlungsziel, an Vermittlungsabsicht und Funktion des Textes, denn ein Text verhält sich stets zu den gesellschaftlichen und literarischen Verhältnissen der Zeit. Beim historischen Leser, der zwangsläufig eine Distanz zur nicht selbst erlebten Zeit der Textentstehung hält, ist der Text Zeugnis der fremden Situation, die nicht zu seiner unmittelbaren Erfahrung zählt. Hier dominiert die Wahrnehmung der Redeabsicht (die Darstellung des Textgegenstandes) vor dem Sprachhandlungsziel, da der mehr oder weniger ausgeprägte konkrete Wirkungs- oder Vermittlungswille des Autors kaum in die Gegenwart des späteren Lesers reicht.

Die strategische und poetische Stilisierung der Erfahrung des Autors muss als Widerspiegelung der historischen Situation und deren kommunikativer Praxis verstanden werden. Daraus ergibt sich die Notwendigkeit der Übersetzung des Textes in die historische Wirklichkeit der Textentstehungszeit.

Diese Übersetzung lässt dann über Sprachhandlung, Anschauung, Deutung und Wertung der Realität erkennen, wie die konkret erlebte historische Situation vom Autor empfunden wurde und offenbart eine individuelle bis gesellschaftlich relevante Stellungnahme, ob als Liebesgedicht, Entwicklungsroman oder parteiliches Theaterstück.

Die entworfene und gestaltete fiktionale Welt setzt sich aus den Erfahrungen, Erlebnissen, Mängeln, Enttäuschungen, aber auch aus den Gegenständen und dem Sprachgebaren der Autorgegenwart zusammen.

Alle Bestandteile und Gestaltungsweisen von Fiktion, ganz gleich ob vor-, zurück- oder gegenwartszugewandt, reflektieren Zeitverhältnisse und Denkhorizont der Lebenszeit des Autors. So ist auch die Bewältigung historischer Stoffe oder der Entwurf eines Zukunftsszenarios an das Autorbewusstsein und damit an seine konkrete Lebensgegenwart gebunden. Beide entgegengesetzten Perspektiven referieren ihren Zeitgeist und den spezifischen des Autors. Sie zeigen Momentaufnahmen von historischen Wertungen und Vergegenwärtigungen oder projizieren von der eigenen historischen Position Defizite, Sehnsüchte, Ambitionen oder Befürchtungen in die Zukunft.

Das was der Text an Wirklichkeitsaspekten repräsentiert und das, was sich der Leser darunter vorstellt, ist nicht identisch. Daraus entsteht eine Spannung, die im Wirklichkeitsverhältnis des literarischen Textes, in Beziehung von Fiktion und Realität der Entstehungssituation oder als mittelbarer Wirklichkeitsbezug im Text erkennbar ist.

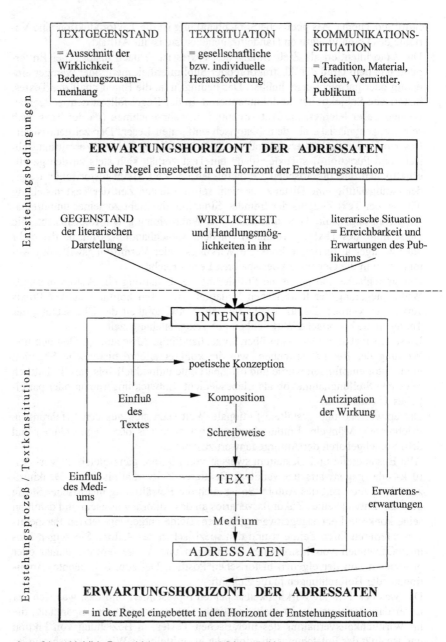

Jürgen Schutte: Modell der Textproduktion. entnommen aus: J. Schutte: *Einführung in die Literaturinterpretation.* 3.
Aufl. J. B. Metzlersche Verlagsbuchhandlung und C. E. Poeschel-Verlag GmbH Stuttgart 1993, S. 55.

Auch die drei wesentlichen **Funktionen der fiktionalen Kommunikation**, die Darstellung des Sachverhalts, die sprachliche Gestaltung der Absicht, Haltung und Empfindung des Autors und schließlich der Appell an den Adressaten, den Leser (die Darstellungs-, Ausdrucks- und Appellfunktion; die mimetischen, expressiven und appellativ-didaktischen Charakterzüge des Textes) unterscheiden sich nicht nur prinzipiell in ihrer Wertigkeit je nach Genre und Textsorte, sondern zeigen auch Standort und Interesse des Schreibers in jedem einzelnen Text. Jede Theorie des literarischen Schreibprozesses muss die Determinationsfaktoren im Zusammenwirken von Autor, Text und Wirklichkeit erkennbar machen. Das produktive Zusammenwirken von sprachlich literarischen, gesellschaftlichen und biographisch individuellen Bedingungen lässt von den Entstehungsbedingungen auf den Entstehungsprozess Rückschlüsse zu.

Somit wird das Zusammenwirken von **realitätsseitigen** und **autorseitigen Voraussetzungen** zum Motor für die Textentstehung. Im Dreieck von *Textgegenstand* als gedeutetem Wirklichkeitsausschnitt, *Textsituation* als gesellschaftliche bis individuelle Herausforderung, und *Kommunikationssituation* als Art der medialen Vermittlung und Zugriff auf die Voraussetzungen der Leserschaft konstituieren sich die realitätsseitigen Voraussetzungen der Sprachhandlung. Dazu zählt auch die „Beschaffenheit" der realen Leserschaft, deren Lesefähigkeit, Interessen und allgemeine Bedürfnisse.

Im Entstehungsprozess treffen diese realitätsseitigen auf vielfältige autorseitige Voraussetzungen, auf solche *objektiveren* Charakters wie Herkunft, Bildungsstand, soziale Stellung, persönliche Beziehungen, regionale Umgebung und Milieu, und solche *subjektiveren* Charakters, wie kulturelle und künstlerische Interessen, soziale Ambitionen, persönliche Wünsche, Ängste und schließlich die ganz individuellen Eigenschaften bis zu psychologischen oder weltanschaulichen Dispositionen des Autors als Person.

Zu den autorseitigen und subjektiven Voraussetzungen gehört dann auch die Vorstellung vom intendierten Leser, den der Autor als Adressat im Blick hat, dessen Interesse am Gegenstand, sein nötiger Bildungsstand, seine Erwartungen und Verhaltensmuster. Der Autor entwirft mit diesem intendierten Leser eine Figur, auf die er die Wirkung seiner Darstellungsmittel und den erwünschten Grad der Identifizierung mit dem Textgegenstand projiziert.

Mit einer Skizze des produktionsästhetischen Wirkungsbereiches hat Schutte im *Modell der Textproduktion* Entstehungsprozess und Entstehungsbedingungen systematisiert und den Schreibvorgang von der Wahrnehmung und Wahl eines Wirklichkeitsausschnitts bis zur Adressatenerwartung umrissen. Die Erfassung von Standort und Interessen des Autors spiegelt die genannten autor- und realitätsseitigen Schreibvoraussetzungen, in „Text" und „Intention" spiegeln sich Redeabsicht und Sprachhandlungsziel.

Die produktionsästhetische Analyse und die sich daraus ergebende Textdeutung zielen auf die Rekonstruktion der sinngebenden Tätigkeit des schreibenden Subjekts. Da der Sinn zuvor im Bewusstsein dieses Subjekts entstand und dort existiert, und dieses Bewusstsein Produkt der Selbst- und Welterfahrung des Autorsubjekts zu seiner Zeit ist, erreicht die produktionsästhetische Deutung ihren höchsten Geltungsgrad natürlicherweise in der Interpretation durch den **zeitgenössischen Leser**. Ihm stehen zumindest die realitätsseitigen Voraussetzungen der Textproduktion als eigener Erfahrungshintergrund oder Denkhorizont zur Verfügung. Auf diese Weise natürlich eingeweiht, sind ihm auch die autorseitigen Bedingungen leichter erschließbar. Der zeitgenössische Leser kann so einerseits besser in die angebotene fiktionale Kommunikationssituation einsteigen, andererseits kann ihm sein eigenes Dasein zum Beleg der Bedeutung des gelesenen Textes werden.

Um als **historischer Leser** von historisch entfernter Position die ästhetische Eigenart des Textes aus Entstehungsbedingungen und Entstehungsprozess zu klären, kann man kaum zuverlässig von der Rekonstruktion der Autorsituation ausgehen sondern muss vom Text rückschließen auf die historisch und individuell konkrete Situation. Dabei wird eine **Rekonstruktion** ausgehend vom Resultat vorgenommen, vom Text aus. Ziel dieser Rekonstruktion ist der Nachvollzug der Sinngebung des Textes durch den Schreiber.

Erster Schritt ist eine genaue Textbeschreibung, um mittels Hypothesen zu erfassen, auf welche **Kontexte** der Text reagiert, aus welcher Position und Interessenlage die fiktionale Handlung sinnvoll ist und welche (autor-)gegenwärtige Situation die entworfene, in die Zukunft projizierte Perspektive provoziert hat. Die dazu ermittelten Hypothesen können dann Bindeglied von Text zu (nichtliterarischem) Kontext sein. Die textseitigen, noch hypothetischen Aussagen werden auf den sozialgeschichtlichen, literarischen, politischen, religiösen, biographischen o. a. Kontext bezogen und auf Anschließbarkeit geprüft. Hier kann man eine Text-Kontext-Beziehung von Übereinstimmung über Differenziertheit bis Widerspruch feststellen, je nach dem Grad, wie die Autorposition in den Bedingungen seiner Gegenwart aufgeht. Der **extratextuelle Kontext** umfasst alle Bezugsfelder und Bedeutungsebenen, zu denen der Autor seinen Text in Verbindung bringt. Der literarische Kontext aus der Perspektive des Autors ist produktionsästhetisch ein Spezialfall der beschriebenen Text-Kontext-Beziehung.

Die **literarische Kontextualität** meint hier den Bezug zu denjenigen Texten, die thematisch, stofflich, strukturell, in einzelnen Elementen oder auf andere Art und Weise für den Autor zur Anregung, Auseinandersetzung oder zur Schreibvoraussetzung wurden. In der Art des Einbezugs, bestätigend, erweiternd, widerlegend, ironisch kommentierend oder als Stoff- bzw. Motivvorlage, werden sie zu einer der autorseitigen subjektiven Textvoraussetzungen.

Die gesamte Kontextanalyse für den Textentstehungsprozess ist somit auch nach dem Schema der Funktionsanalyse fiktionaler Kommunikation unterteilbar in gegenständliche Kontexte wie Inhalt, Thema und Stoff, in pragmatische Kontexte wie spezifisches Interesse, Haltung, Verantwortung oder Parteinahme, und in kommunikative Kontexte wie Ansprache des Lesers oder Medienrelevanz der Textpräsentation.

Wählen Sie nun einen älteren und einen Text aus der unmittelbaren Gegenwartsliteratur aus und ermitteln Sie realitäts- und autorseitige Voraussetzungen und alle erkennbaren Kontextbezüge. Vollziehen Sie (wenn möglich) Rede- und Handlungsverstehen als Autorintention nach. Versuchen Sie zu einem dieser Texte anhand des *Modells der Textproduktion* Thesen zum produktionsästhetischen Interpretationsansatz zu formulieren.

3. 2 DER TEXT.
Der darstellungsästhetische, werkimmanente Ansatz

1. Von welchem literaturwissenschaftlichen Standpunkt und von welcher Wesensbestimmung des Kunstwerks geht der werkimmanente Ansatz aus?
2. Welche Textkompetenzen bleiben bei dieser Methode ausgeschlossen?
3. In welche Bereiche lässt sich die Analyse gliedern und wo gibt es Ergänzungen oder Überschneidungen mit den anderen Ansätzen?
4. Welche Elemente und welche Richtungen strukturieren den Handlungsaufbau eines fiktionalen Textes?

„Ein Buch ist wie ein Garten, den man in der Tasche trägt."
Arabisches Sprichwort

Darstellungsästhetik meint die Konzentration auf das *Wie* des Textes und darauf, was sich aus dem So-Sein des Textes ergibt. Das sind vordergründig Aussagen zur Gattungsmorphologie, zur Struktureigenschaft und zur sprachlichen Präsentation. Der werkimmanente Zugang sieht ab vom *Warum* der Textentstehung, das die produktionsästhetische Analyse des Textes beantwortet, und grenzt das *Wozu* des Textes, das die Bedeutung für den Leser untersucht, weitgehend aus.
Der werkimmanente Ansatz hat eine jahrhundertelange Tradition, die es hier nicht nachzuzeichnen gilt, grundlegende Bestimmungen finden sich in älteren Standardwerken wie denen von Emil Staiger und Wolfgang Kaiser[26], die bis heute modifiziert, erweitert und vertieft werden.
Besondere Betonung erhielt dieses Verfahren in der jüngeren Geschichte mit dem russischen Formalismus, der von der weitgehenden Eigengesetzlichkeit jedes Kunstwerkes ausgeht, allein die Kunstmittel des Werkes betrachtet und bewertet und alle *nicht-ästhetischen* Kriterien wie psychologische, theologische, ideologische, politische u. a. Auslegungen ablehnt.

---

[26] Emil Staiger: *Die Kunst der Interpretation.* Zürich 1967, und Wolfgang Kaiser: *Das sprachliche Kunstwerk.* Bern und München 1971.

Dem nicht unverwandt ist der New criticism, der in der anglistischen Literaturwissenschaft ab den dreißiger Jahren mit dem Verfahren des close reading rein formalästhetische Methoden der Literaturbetrachtung kultivierte. Auch die gegenwärtigen Verfechter einer ausschließlich werkimmanenten Perspektive, die die Geltung des Kunstwerks aus sich heraus, ohne Kontexte erklären, rechtfertigen die rein textbezogene Werkdeutung mit jener „Eigenmächtigkeit des Werkes, die sich nicht einfach einer ominösen Geschichtsmächtigkeit verdankt, sondern in der erkennbaren ästhetischen Rationalität des Werks als Werk begründet liegt. So problematisch eine werkimmanente Betrachtungsweise immer erscheinen mag, sie hat ihr Recht darin, die ästhetische Selbstzentriertheit des Werks als eines ‚objektiven Korrelats' (T. S. Eliot) zum Ausgangspunkt der Betrachtung zu machen. Denn was anderes könnte die Struktur des Werkes als Werk bestimmen als eben diese Dominanz des Selbstbezugs über die Werkflüchtigkeit seiner partialen Momente?"[27]

Die Problematik der Ausschließlichkeit wird hier besonders deutlich, denn der werkimmanente Zugang zu einem literarischen Text negiert schon den praktischen Zusammenhang von Sprache und Rede und reduziert das Textverständnis auf das Redeverstehen, den Textgegenstand. Das (Sprach-)Handlungsverstehen bleibt unberücksichtigt[28] und kürzt damit die Textbedeutung und Textwirkung wesentlich. Der Kommunikationsaspekt wird vernachlässigt.

Insofern ist – insgesamt betrachtet – eine gewissenhafte werkimmanente Textanalyse innerhalb eines Interpretationsvorhabens idealerweise zu verstehen als Voraussetzung oder Vorarbeit zur produktions- oder rezeptionsästhetischen Textdeutung.

Die Untersuchung der Darstellungsästhetik orientiert sich am **hermetischen Textgefüge**. Zur Verfügung stehen dabei inhaltliche wie formale Aspekte, beginnend mit der äußeren Erscheinungsform, genre- und adressatenbezogen hinzugefügten Angaben wie Motti, Widmungen und andere explizite und implizite Textdaten bis zu Besonderheiten in äußerer Textgestalt und Sonderformen der Schreibung (wie generelle Kleinschreibung o. ä.).

Gegenstände der werkimmanenten Betrachtung sind ebenso die stoffliche Grundlage, Textthema und Motive, Figurenensemble einschließlich Einzelkonzeption, Gesamtkonstellation und wechselnde Konfiguration sowie Namentlichkeit. Zu untersuchen sind weiterhin die Textgliederung (u. a. hinsichtlich verschiedener Formen der Mehrschichtigkeit), Spannungsaufbau, Zeitverhältnisse, die Handlungsprogression oder die Bestimmung der Erzählinstanz.

Weiterer zentraler Gegenstand der Analyse ist die sprachliche Darstellung im Text. Hier stehen lexikologische, syntaktische, stilistische[29] und andere Text-

---

[27] Fischer Lexikon Literatur. Bd. II, S. 1168.

[28] Die Textbedeutung wird damit um den Aspekt Kommunikationsbestandteil zu sein, reduziert.

[29] Siehe dazu Leipziger Skripten Band I: U. Fix, H. Poethe, G. Yos und R. Geier: *Textlinguistik und Stilistik für Einsteiger*. Frankfurt a. M. 2001 und Band II: I. Barz, K. Hämmer, H. Poethe und M. Schröder: *Wortbildung – praktisch und integrativ*. Frankfurt a. M. 2002, außerdem zur Stilanalyse; Bernhard Sowinski: *Stilistik. Stiltheorie und Stilanalysen*. Stuttgart 1991, Herbert Seidler; *Grundfragen einer Wissenschaft von der Sprachkunst*.

merkmale zur Verfügung und es sind Art und Grad der Bildsprachlichkeit zu bewerten. Außerdem können Modelle und Theorien zu Semiotik, Rhetorik, Semantik u. a. je nach Textbeschaffenheit und Spezifik der vorgefundenen Merkmale hinzugezogen werden.

Hohen Stellenwert hat die strukturelle Textgestalt, die später mit dem Verfahren der Strukturanalyse wenigstens skizziert werden soll.

Die Beschreibung des werkimmanenten Verfahrens ist hier auf Erzähltexte beschränkt. Die Analyse der narrativen Struktur geht vom Textebenenmodell nach Karlheinz Stierle[30] aus, das den epischen Text in drei Ebenen, nach Geschehen, Geschichte und Text der Geschichte, unterteilt. Die für Lyrik und Dramatik jeweils gattungsmorphologisch und genregeschichtlich wichtigen Kriterien sind in Analyse- und Interpretations-Handbüchern zu Drama und Gedicht ausgebreitet[31].

Die werkimmanente Analyse von epischen Texten empfiehlt die inhaltliche vor der formalen Betrachtung. Der erste Schritt ist die Äußerung über den Mitteilungsgehalt als Antwort auf die Frage: *Wovon* redet der Text? *Was* spielt sich *Wo* und *Wann* zwischen *Wem* ab? Orte, Zeit(-verhältnisse) und Figurenensemble[32] sind das Skelett der Handlung.

Der *Handlungsverlauf* wird erfassbar über die Gliederung in *Handlungsphasen* (Episoden), *Handlungsebenen* (Haupt- und Nebenhandlung) und *Handlungsstränge* (zeitgleich parallel geschaltete oder zeitversetzt aufeinander folgende). Er konstituiert sich über die Konfliktstruktur als die Progression der Darstellung von Entstehung über Entwicklung bis zur Lösung der Konflikte, deren Ursprung und Perspektive.

Die Art, wie gehandelt wird, ist dabei zu benennen; ob über lange Zeit, etwa mehrere Jahre eine umfassende Entwicklung chronologisch dargestellt wird, oder ob der gleiche Gehalt in einem komplexen inneren Monolog oder als gleichsam zeitlos gestalteter Bewusstseinsgehalt erfasst wird.

Auch textinterne Rückverweise oder Vorausdeutungen sind im Zuge der Erarbeitung der Geschlossenheit des Textes zu ermitteln. Das Konstatieren offener Lösungen und unentschiedener Konflikte (offener Ausgang) betrifft ebenso die Textkohärenz. Deren jeweilige Auslegung allerdings ist in den Bereich der Re-

---

München 1978 und W. Fleischer, G. Michel und G. Starke: *Stilistik der deutschen Gegenwartssprache*. Frankfurt a. M. 1993.

[30] Zur Strukturanalyse erzählender Prosatexte siehe vor allem Karlheinz Stierle: *Die Struktur narrativer Texte*. 1977, *Text als Handlung*. 1975, *Die Einheit des Textes*. 1977, *Text als Handlung und Text als Werk*. 1981.

[31] Z. B. zur Lyrik; Wolfgang Kayser: *Kleine deutsche Versschule*. Tübingen 1992 und Dieter Burdorf: *Einführung in die Gedichtanalyse*. Stuttgart, Weimar 1995,
Zur Dramatik; Manfred Pfister: *Das Drama. Theorie und Analyse*. München 1988 und Bernhard Asmuth: *Einführung in die Dramenanalyse*. Stuttgart 1990,
Zur Epik; Franz K. Stanzel: *Theorie des Erzählens*. Göttingen 1995 und Eberhard Lämmert: *Bauformen des Erzählens*. Stuttgart 1991.

[32] Zur Analyse der Konzeption der einzelnen Figuren wie auch der Dynamik in der Gesamtkonstellation gehört die Untersuchung ihrer Umgebungsbedingungen, die Art der Vermittlung von Milieu und Schauplatz und die Gestaltung der Bedingtheit der Handlungsatmosphäre.

zeption zu verweisen, wenn der Text nicht selbst durch interne Verweise ein-
springt.

Die Erarbeitung des gestalteten **Stoffes** als Handlungsvorwurf gehört zur Textanalyse, auch wenn hier bereits außertextuelle Kontexte erscheinen, die in den
Bereich der produktionsästhetischen Analyse fallen, denn der Stoff existiert vor
dem literarischen Werk, ist ein vorhandener Lebenszusammenhang, der sachliche Vorlauf der geistigen Idee im Werk als vorhandene Quelle, als sachliches
Material.

Die Art und Weise der (Um-)Gestaltung des Stoffes ist immanenter Bestandteil
des Werkes. Die Stoffanalyse stellt sich dar als Ermittlung authentischer Personen, erlebter Orte, nachgestalteter historisch konkreter Zeitbezüge und Begebenheiten oder als Mythos, Sage oder Legende, als literarische Vorlage oder re-
ligiöse Lehre.

Auch aus dem Biographischen entlehnte Stoffe, eigene Konflikte, Erfahrungen
aus Beziehungen, dem gesellschaftlichen Umfeld oder vom Autor mittelbar erlebte Begebenheiten können zur stofflichen Grundlage werden. Sie zu analysieren stellt einen Grenzbereich zum produktionsästhetischen Zugang dar. Die Untersuchung und Bewertung, wie ein Stoff literarisch verarbeitet wurde, fällt wiederum aus der Darstellungsästhetik heraus (hier wird produktionsästhetisch der
Entstehungskontext oder rezeptionsästhetisch die Wertungsentscheidung des
Lesers betrachtet).

Das **Thema** als gedankliche Basis, als Problem oder allgemeine Aussage, die
den Leser ansprechen soll, hat oft abstrahierenden Charakter. Während der Stoff
immer auf der Ebene des Entstehungsmomentes des Textes eingefroren ist und
eine zur Entstehungszeit mögliche Sicht auf die sachliche Vorlage bietet, ist das
Thema aktualisierbar. Der Autorwille zu einem bestimmten Thema instrumen-
talisiert Stoff und Motive und reicht so hinüber zum Autorstandpunkt und dessen historischer Bedingtheit. So kann die zeitgenössische Bedeutung des Themas ermittelt werden und es kann erfasst werden, welchen Bereich seiner Lebensgegenwart der Autor aufgriff. Andererseits kann der Leser in der Aktuali-
sierungsphase eine davon abweichende Frage oder These entstehen lassen.

Etwa die Frage nach der Möglichkeit selbstbestimmten Handelns ist in den
Sturm und Drang Dramen von Jacob Michael Reinhold Lenz beeindruckend gestaltet. Sie lässt sich aber auch thematisch von den Entstehungsbedingungen ab-
strahieren, verallgemeinern und auf eine neue, historisch entfernte Lesergegenwart übertragen.

Ähnlich, wie das Thema den Stoff funktionalisiert, verfährt es auch mit den **Mo-
tiven**[33]. Sie sind selbstständige Einheiten im Handlungsmotivationsgefüge, sind
strukturbestimmend als Handlungsgelenke. Als konstruierte Hohlform werden
sie mit den Gegebenheiten des Stoffes aufgefüllt und erzählbar. So nimmt man

---

[33] Motive sind noch unterteilbar in Kern- oder Rahmen-, blinde, Haupt- oder Leitmotive, Siehe: Gero von Wilpert: *Sachwörterbuch der Literatur*. Stuttgart 1989, S. 591f.

Rache, Inzest, Kindsmord und Gier oder den Spieler, den Märtyrer und den Propheten wahr als bekannte, voraussetzbare Grundmuster. Sie geben einer konkreten Konstellation eine bestimmte Perspektive. Motive wie Inseldasein oder Mondsucht können auch als bildhafte Vorstellung oder Vorgangsschema zur Vergegenwärtigung eines Konflikts beitragen.

Das **Geschehen** selbst ist die stoffliche Voraussetzung, die zum Thema hin konzipiert wird, es ist der Zustand des Stoffes als fiktionale Begebenheit. Daraus entsteht die konkrete **Geschichte**, die von einer Erzählinstanz vorgetragen wird. Sie zeigt das Geschehen in chronologisch sortierten Elementen und strukturiert den Sinn entlang des Verlaufs. Die zeitliche Abfolge des Handlungsverlaufs zwischen dem ersten und letzten Moment macht die Geschichte zur Verlaufsgestalt auf einer zeitlichen Achse. Die fiktionale **Fabel** hingegen ist nicht in der zeitlichen Abfolge analysierbar, sondern als Sinnzusammenhang des Handlungsgerüstes.

Sie ermöglicht eine subjektive Aneignung der Geschichte, unabhängig von den räumlichen und zeitlichen Bedingungen der Geschichte. Sie ist Kompositionsmerkmal, das den kausalen Zusammenhang strukturiert. Der Erzähler macht die Geschichte zur Fabel, da er Geschehensmomente in einen Zusammenhang bringt und dadurch die Geschichte konturiert. Die Geschehensmomente werden in der Fabel als Elemente des logisch strukturierten Handlungsvorgangs aufgefasst und vom Erzählerstandpunkt aus organisiert. Bei rein chronologischem Erzählen fallen Fabel und Geschichte zusammen.

Die **Zeitverhältnisse** im Text werden von der Erzählinstanz organisiert. Die erzählte Zeit, als messbarer Zeitablauf der Geschichte, steht im Verhältnis zur Erzählzeit als Dauer des Erzählens bzw. Lesens der Geschichte. Dieses Verhältnis beschreibt das Erzähltempo. Wechselnde Tempi ergeben den Erzählrhythmus. Dass die Dauer der fiktionalen Handlung oder eines Abschnittes adäquat zur Dauer der Rezeption im Lesevorgang ist, also Zeitdeckung vorliegt, ist nur ein mögliches Zeitverhältnis. Ebenso sind Zeitdehnung, sukzessive wie durative oder iterative Zeitraffung[34] und explizit ausgewiesene wie implizit analysierbare Zeitsprünge möglich.

Die Chronologie der Geschichte kann unterbrochen oder aufgehoben werden durch Umstellung von Zeitabschnitten, Gleichzeitigkeit mehrerer Erzählpassagen, Voraus- oder Rückschau, Zeitaussparungen als raffende Sprünge oder sinnkonstituierende Handlungslücken. Diese Elemente sind Mittel der Steuerung von Verstehensprogression und Spannung.

Eng verknüpft mit der Untersuchung der zeitstrukturierenden Elemente ist die Analyse der **Handlungsstränge** oder Handlungs- und Erzählebenen. Hier gilt es die Stränge und Handlungsteile zu gewichten, die Art ihrer Verknüpfung zu ermitteln und Kombinationsmöglichkeiten scheinbar unzusammenhängender

---

[34] Jochen Vogt: *Aspekte erzählender Prosa*. Einführung in Erzähltechnik und Romantheorie. Opladen 1990, S. 95-140.

Textteile zu prüfen oder untergeordnete Details als Verknüpfungsmittel und von zentraler Bedeutung zu erkennen[35]. Eingeschaltete Episoden, die überwiegend charakterisierende, erläuternde und begründende Funktion haben, können sowohl der Plausibilität dienen wie auch Schlüsselepisoden zur thematischen, allegorischen oder illustrativen Sinnkonstitution sein.

Der **Handlungsaufbau** verläuft grundsätzlich in zwei Richtungen: **sukzessiv** und **integrativ**. Mehrere Episoden ergeben erst dann einen Erzählstoff und schließlich einen Erzähltext, wenn sie in eine nachvollziehbare Ordnung gebracht und in einen (Geschehens-)Zusammenhang integriert werden.

Im modernen Bewusstseinsroman wird die Handlungs-, Geschehens- und Fabelanalyse problematisch. Durch das Verdrängen des steuernden Erzählers verschwindet zunehmend der verbindliche Blickpunkt auf das Geschehen. Typisch ist ein gegenseitiges Durchdringen von Geschehen und Geschichte, die sich wechselseitig reflektieren und befragen und Assoziationen auslösen. Im entstehenden Mosaik von verschiedenen Erzähl- und Darstellungsformen ist kaum noch ein narrativer roter Faden auszumachen, der eine kontinuierliche und ursächlich kausalverbundene Fabel lenkt. So wird das Geschehen als zersetzt, als dekonstruiert wahrgenommen und ist nicht mehr von einer Position überschaubar[36].

Die Präsentation des fiktionalen Vorgangs ist an eine **Erzählinstanz** gebunden. Die Funktion des Erzählers in Bezug auf den epischen Vorgang ist textimmanent ermittelbar. Ihm obliegt die Auswahl der Darbietungsmöglichkeiten des Textes der Geschichte.

Die Sprechsituation des Erzählers bereitet die Lenkung der Aufnahme durch den Leser vor. Diese Sprechsituation ist ausschließlich immanent, nur durch den Text selbst entstanden und ist Teil der Kommunikation *im* Text. Sie gibt zunächst die Richtung oder Ebene der Kommunikation vor. Die Kommunikation kann sowohl textextern sein – als Ansprache eines realen Lesers durch den Autor des Textes (Vorwort etc.) – es kann eine fiktionalisierte Kommunikationssituation sein, in der eine (Erzähler-)Figur mit dem Leser kommuniziert, oder sie kann textintern verlaufen, die Kommunikation *im* Text regeln (etwa die zwischen den Figuren), so ist sie darstellungsästhetisch am ehesten relevant.

Die **Erzählform** beschreibt das Verhältnis von Erzähler und Erzählgegenstand. Sie kann einen Er-Erzähler, ein Erzählmedium ohne Personalität etablieren, das weder als Figur noch Person wahrnehmbar ist, oder einen Ich-Erzähler. Wenn dieser Personalität hat, kann das sich erinnernde Ich mit dem erinnerten Ich der Handlung identisch sein, Teilnehmender und erzählend Darstellender zugleich.

Der **Erzählerstandort**, auch Point of view, meint das raum-zeitliche Verhältnis des Erzählers zum Erzählten. Analysierbar ist hier sein Bezug zum Geschehen im Text und was er sieht bzw. sehen kann. Dieses Verhältnis zu Gegenständen

---

[35] Zu additiven, korrelativen und konsekutiv-kausalen Verknüpfungen siehe Eberhard Lämmert: *Bauformen des Erzählens*. 1955, S. 46-67.

[36] Diese Tendenz ist auch als „Tod des Erzählers" oder „Roman- bzw. Erzählkrise" beschrieben.

wie Figuren kann aus der Vogelperspektive, aus der Nahaufnahme, an einer Figur orientiert, aus der Ferne beschreibend oder aus der Nähe detailliert schildernd gekennzeichnet sein.

Davon ist die **Erzählperspektive** (das Erzählverhalten) wesentlich mitbestimmt. Sie kennzeichnet Grad und Art der Innensicht der Figuren, gibt Einblick in die Zusammenhänge der Geschichte und kann auch werten. Der Erzähler kann sich auktorial verhalten, dann stehen ihm alle Handlungsebenen und Zeitabschnitte und das Innenleben aller Figuren zur Verfügung, er hat die Möglichkeit zu eigenen Stellungnahmen, vertiefenden Reflexionen und kann beliebig Handlungsfortgang, Konfliktursachen etc. werten und seine Leser dabei u. U. auch ansprechen.

Die personale Erzählperspektive verpflichtet den Erzähler zur Perspektive einer Handlungsfigur (als Reflektorfigur). Darstellungsmittel sind daher der figurendominierte innerer Monolog als wörtliche Wiedergabe der Gedanken der Figur, die erlebte Rede oder der Gedankenbericht als erzählergelenktes und vom Erzähler ausgesprochenes Innenleben der Figur.

Das neutrale Erzählverhalten ist die Reduktion auf eine Art Kameraführung, die die Oberfläche der Geschichte genau abtastet, jedoch keine direkte Innensicht oder Wertung ermöglicht. Das Ich-Erzählverhalten ist die selbst-erlebende Wiedergabe der Geschichte aus der Position einer der handelnden Figuren im Präsens.

Die Wahl der **Erzählhaltung** zeigt die Einstellung des Erzählers zum Erzählten. So „spricht" er im scheinbar gleichgültigen Berichtstil, mit feierlichem Pathos, im didaktischen Unterweisungsgestus, mit kritischer Distanz, mit Ironie oder in einem Ton, der abwertend, resignativ oder anderweitig die Haltung des Erzählenden zum Erzählten erkennen lässt.

Die Ermittlung der Fiktionalitätsmerkmale kommt als Analyseaspekt noch hinzu und schließlich ist auch die jeweilige Genreadäquatheit zu prüfen, sind Roman- oder Novellentheorie, Merkmale von Kurzgeschichte, Parabel oder Sage zu identifizieren.

Die Analyse der Gestalt des Textes kann die **Strukturanalyse** literarischer Texte leisten. Sie fragt im Rahmen der Darstellungsästhetik, wie und woraus der Text gebaut ist. Sie ermittelt dabei nicht nur Textordnungsprinzipien aus Texttitel, Textebenen, Textelementen u. a., sondern vor allem die innere *Kohärenz* des Textes und seiner Begrenzung nach außen. *Die Textstruktur wird Organisationsprinzip inhaltlicher und formaler Merkmale.*

Die strukturalistische Betrachtung differenziert zwischen unterschiedlichen Schichten des Textes und der Freilegung ihrer je spezifischen Bauformen. Sie unterscheidet u. a. konzeptuelle Struktur und narrative Struktur. Die Struktur des Diskurses ist damit formal und inhaltlich bedeutend und wechselseitig bedingt.

Die Strukturanalyse untersucht *Textadäquatheit*. Das heißt, sie begründet oder hinterfragt Hypothesen, die sich aus einer konkreten Lesart ergeben. Sie beginnt also nicht mit sich selbst und ohne Voraussetzung, sondern versteht sich im Gesamtprozess der Interpretation (zugespitzt formuliert) als Belegmethode für oder gegen eine Auslegung, einen Diskurs oder eine konkrete These. Sie ist also weniger als eigenständige Texterschließungsmethode zu verstehen, sondern wird erst durch einen konkret benannten Verstehenskontext oder ein spezifisches Deutungsinteresse sinnvoll.

Ein naives Erstverstehen, ein traditionell etabliertes Deutungsmuster oder ein unkonventionell provozierend neues Textverständnis kann sich so als mögliches, als problematisches oder nicht mögliches erweisen oder sogar beweisen. Indem die Strukturanalyse so umfassend und systematisch wie möglich den strukturellen Sinn- und Bedeutungszusammenhängen des literarischen Textes nachspürt, vermag sie scheinbar objektive („richtige") Textmerkmale zutage zu fördern. Bei ungewohnter oder unbekannter Bildsprache, historisch weit entfernter Redeweise oder modernen Texten mit parabolisch ungeklärter Bezugsebene kann die Strukturanalyse ein Verständnis überhaupt erst schaffen oder aber die scheinbar grenzenlosen Bezugsfelder erst auf zutreffende eingrenzen.

Neben der erhofften Zuverlässigkeit des Nachweises eines Textverständnisses aus den Eigenschaften des Textes kann über die Strukturanalyse ebenso die Bestätigung und Geltung mehrerer nicht übereinstimmender Lesarten zustande kommen, wenn durch Mehrdeutigkeit ein Bedeutungsspielraum entsteht, wie etwa zur offenen Parabel.

Die Analyse der Textstruktur muss allerdings auch über den Text hinausgreifen. Das gilt bei Phrasen, Chiffren oder Bildern, die nicht aus dem Text heraus verstehbar sind. Hier greift die Struktur- und Darstellungsanalyse über den Text hinaus zum (Entstehungs- oder Wirkungs-)Kontext.

Die Suche nach Belegen oder Bestätigung oder das Bemühen von Gegenargumenten zu einer vorausgesetzten Hypothese oder Lesart bedarf des genauen Erfassens der Erkenntnisse, die der Text erbringen soll, denn Textanalyse als Strukturanalyse geht davon aus, dass der Sinn des Textes erkennbar und nachvollziehbar mit seiner Zeichenfolge zusammenhängt.

Der Text wird als System begriffen, das durch Regelhaftigkeit und Gesetzmäßigkeit funktioniert und darüber auch erschließbar und begreifbar ist. Die Rekonstruktion des Objektes Text als Abstrahierung der Konstruktion seiner Elemente und deren Beziehungen ergibt eine strukturale Imitation. Unter der vorausgesetzten Annahme, dass die Struktur des Textes das Zusammenwirken von Inhalt und Form darstellt, bringt diese Imitation Erkenntnisse zum Vorschein, die dem ursprünglichen Objekt nicht zu entnehmen sind.

Das Demontieren des Textes im ersten Schritt zerlegt den Text in einzelne, voneinander getrennte Elemente. Zu jedem dieser Elemente kann ein Schema entwickelt werden, aus dem sich seine tatsächliche Stellung und Bedeutung im Text ermitteln lässt. Voraussetzung ist hier die Annahme, dass Sprache über zwei Achsen funktioniert; eine vertikale und eine horizontale. Die vertikale Achse schafft paradigmatische, die horizontale Achse syntagmatische Beziehungen im

Sprachhandeln. Paradigmen sind „Klassen von Einheiten, die sich unter bestimmtem Aspekt gleichen (Äquivalenzbeziehung), unter mindestens einem Aspekt unterscheiden (Oppositionsbeziehung). Ein Paradigma gleicht einem Vorrat von ähnlichen und doch unterschiedenen Termen, aus dem im aktuellen Diskurs ein Term benutzt ist (Prinzip der Selektion); es verbindet Terme in absentia in einer virtuellen Gedächtnisreihe, d. h. Terme, die aktuell nicht realisiert, aber virtuell vorhanden, nämlich unbewußt mitgedacht [...] sind"[37]. Diese Paradigmen sind selektive Wirklichkeiten, die wir erfahren und vorstellen können. So werden etwa einzelne Figuren im Text als Repräsentanten von bestimmten Regionen, sozialen Klassen oder Denkmustern wahrgenommen.

Das „Syntagma bezeichnet eine Klasse von Termen, die im aktuellen Diskurs aufeinander folgen. Ihre Terme sind in praesentia vereinigt und gewinnen ihren Wert nicht wie im Paradigma in Opposition zu den ähnlichen, virtuell vorhandenen Termen, sondern in Opposition zu den Termen, die ihnen tatsächlich folgen oder vorangehen"[38].

Im Syntagma werden die Figuren dann zu Leidenden, Vorbildern, Antagonisten, Kämpfern o. a. „Die aus dem Paradigma ausgewählten Terme werden zu einer horizontalen Reihe, zu komplexen Formen und ganzen Reihen angeordnet, den Syntagmen.[39]" Dabei sind Eigengesetzlichkeiten der jeweiligen Gattungsmorphologie zu berücksichtigen[40].

Diese höheren, formalisierten Verfahren empfehlen sich aber nur dann, wenn entweder ein Interesse an verallgemeinerbaren Ergebnissen vorliegt oder wenn der Text einen solchen Grad an Abstraktheit aufweist, dass er aus sich heraus keinen Bedeutungszusammenhang ergibt.

Der Entwurf eines übersichtlich hierarchischen Schemas *aller* im Text aufzufindenden Paradigmata kann nur aus der Sicht des Schreibers, oder, davon unterschieden, aus der des Lesers erfolgen (er kann *nie generell vollständig* sein). Damit öffnet die Strukturalanyse einen weiteren Bezug zum produktionsästhetischen oder rezeptionsästhetischen Kontext, da sie auf die soziokulturelle Basis, die der Autor verwendet, oder die Basis, die der Leser mitbringt, zugreift.

Nehmen Sie zu einem Ihnen bekannten Kurzprosatext eine werkimmanente Analyse vor. Zeichnen Sie dabei den sukzessiven und integrativen Handlungsaufbau nach. Formulieren Sie spontan mehrere allgemeine Thesen zur Textdeutung und prüfen Sie, welche davon die immanente Textdeutung belegen kann und welche Sie aus dem Entstehungskontext bzw. Ihrer Rezeptionssituation abgeleitet haben.

---

[37] Jürgen Schutte: *Einführung in die Literaturinterpretation.* a.a.O. S. 98, (Schutte bezieht sich in seiner Begriffsbestimmung auf Helga Gallas: *Strukturalismus als interpretatives Verfahren.* 1972).
[38] Ebenda.
[39] Ebenda.
[40] Die in der Strukturanalyse betrachteten Textelemente befinden sich in unterschiedlichen Schemata sprachlichen Handelns. Das Schema im Roman ist anders als das im Drama, Figurenrede unterscheidet sich von Erzählerkommentar, Sprachhandlung als Regieanweisung von Bewusstseinsausdruck in der Lyrik usw.

3. 3   TEXT und LESER.
Der rezeptionsästhetische Ansatz

1. Was kennzeichnet die Rezeptionsästhetik in Unterscheidung zu anderen Textdeutungsansätzen, was sind die Untersuchungsgegenstände?
2. Welche Bedeutung hat die Fiktionalität im rezeptionstheoretischen Ansatz?
3. Warum schließt das Modell der Textrezeption das Autorsubjekt mit ein?
4. Was sind und wie wirken textseitige- und leserseitige Voraussetzungen zusammen? (Beachten Sie den besonderen Kontextbezug.)
5. Was ist Ziel der rezeptionstheoretischen Forschung?

„Wer zu lesen versteht, besitzt den Schlüssel zu großen Taten, zu ungeträumten Möglichkeiten, zu einem berauschend schönen, sinnerfüllten und glücklichen Leben."
Aldous Huxley

Der rezeptionsästhetische Ansatz untersucht die Beziehungen zwischen Text, Leser und Wirklichkeit. Er untersucht vor allem daraufhin, wer einen Text verstehen kann (Bedingungen), warum er ihn lesen und verstehen will (Interesse, Nutzen und Bedürfnisse) und wie dieses Verstehen abläuft (Leseakt, Rezipientenleistung). Er betrachtet damit die komplexen Bedingungen des Zustandekommens und Funktionierens der Text-Leser-Wirklichkeit-Beziehung.

Wie der produktionsästhetische Ansatz fasst auch die Rezeptionstheorie den Text als Bestandteil des Kommunikationsprozesses auf. Der Fokus auf die Leserposition innerhalb dieses Prozesses zeigt den Text vorwiegend als System einer *wirkungsorientierten* Strategie.

Rezeptionstheorie und Rezeptionswirkung und -forschung schlagen mehrere Verfahren zur Analyse möglichen und tatsächlichen Textverstehens vor. Im letzten Teil des Buches ist mit Wolfgang Iser *Der Akt des Lesens* eine konsensfähige Darstellung des Rezeptionsprozesses in seinen wichtigsten Schritten unternommen.

Gleich welches Analyseverfahren angewendet wird, die drei Hauptgegenstände der Untersuchung sind einheitlich.

Erster Gegenstand ist der **literarische Text als Rezeptionsvorgabe** und dessen formale und strukturelle wie thematisch inhaltliche Merkmale als *Vorschlag* zur Imagination eines ästhetischen Objekts. Zweiter Untersuchungsgegenstand ist der **Lesevorgang** als kommunikativer Interaktionsvorgang und damit einhergehend die wechselseitige Bedingtheit von Form und Bedeutung der Kommunikation, und dritter Gegenstand ist **der Leser** als Agierender und Schaffender mit seinen Fähigkeiten und Kompetenzen.

Der hohe Stellenwert des Rezeptionsprozesses in der literarischen Kommunikation ist wesentlich an die Bedingungen der **Fiktionalität** geknüpft. Fiktionalität wiederum ist *Bedingung*, ist gleichsam eine der ersten Rezeptionsvorgaben des literarischen Textes.

Fiktionale Texte erweitern den *Erfahrungsraum* und die Menge der Erfahrungsgegenstände um räumlich oder zeitlich Entferntes. Sie imaginieren Erfahrungsbereiche, die strukturell und ihrem Gehalt nach von der bewussten Alltagserfahrung zu unterscheiden sind, wie etwa die Darstellung von Unterbewusstem, von Träumen etc. Diese Imaginationen überschreiten die reale Welt- und Selbsterfahrung des Lesers. In seiner Vorstellung jedoch kann er die Perspektiven der einzelnen Figuren als Rollen erproben, ihre Lebenssituation und Daseinsform „versuchen" oder die distanziert wertende Position eines auktorialen Erzählers nachahmen. Die möglichen Positionen können endlos variieren.

Fiktionalität bedingt damit auch die Erweiterung von *Erfahrungsfähigkeiten*, denn der Text organisiert Methoden zur Erfahrungsbildung. Dabei wird die Sprache mit ihrer Abbildfunktion zum Instrument der *mittelbaren Weltaneignung* durch den Leser.

Texte sind im zweiten Schritt auch Medium der *Reflexion* der im ersten Schritt entwickelten Vorstellung. Sie lehren das Versprachlichen der Wirklichkeit und verbinden die Wahrnehmung mit der Reflexion über sie.

Die **Fiktionalitätspragmatik** sieht das Verhältnis Leser-Text-Wirklichkeit nicht darin, dass der Lesende ein versprachlichtes Wirklichkeitsabbild übernimmt, sondern dass er sich komprimierte Modelle *potenzieller Realität* aneignet.

„Der einzelne Text ist stets das Analogon eines wirklichen Gegenstands – übersetzt in die Sprache der literarischen Kunstmittel. Er ist etwas der Wirklichkeit zugleich Ähnliches und Unähnliches. [...] In der damit bezeichneten, besonderen Wirklichkeitsbeziehung liegt die eigentliche Bedeutung des literarischen Textes für die individuelle und gesellschaftliche Aneignung der Wirklichkeit und Kommunikation"[41]. Das Wirklichkeitskomprimat im fiktionalen Text entwickelt so eine „*extensive* und eine *intensive* Dynamik"[42]. Es kann einerseits den gemeinten Weltausschnitt entfalten, vervollständigen und nachempfinden, andererseits wird damit das Bewusstsein bei der Welterschließungsleistung als Auflösung der abstrakten Grundstruktur gefordert. Das konnte in Abschnitt 2.3 zumindest angedeutet werden. Der Text *Der Nachteil eines Vorteils* wurde als Wirklichkeitskomprimat zunächst verdichtet, die Textmerkmale, einzelne Phrasen, die Wortwahl und Beziehungen im Text wurden ermittelt, wodurch sich die Textaussage intensivierte. Im nächsten Schritt wurde dieses Komprimat dann entfaltet, mit (neuer) Wirklichkeit und Bedeutung aufgeladen und damit extensiv dynamisiert.

---

[41] Jürgen Schutte: *Einführung in die Literaturinterpretation.* a.a.O. S. 162.
[42] Nach Karlheinz Stierle: *Was heißt Rezeption bei fiktionalen Texten?* 1975, S. 362.

Ziel der Untersuchung der Rezeptionsphase ist es, die sinnkonstituierende Tätigkeit durch kleinschrittige Analyse des Lesevorganges von der Textseite über Texteigenschaften einsichtig zu machen.

Die konstitutierende Eigenschaft der Texte beim Entstehen einer Fiktion im Bewusstsein und ihrer Transformation in Leseerfahrung kann in groben Zügen systematisiert werden. Das von Schutte angebotene *Modell der Textrezeption* fasst Rezeptionsbedingungen und Rezeptionsprozess zusammen.

Der schematisierte Lesevorgang ist hier auf verallgemeinerbare Determinationsfaktoren im Bedingungsgefüge Text-Leser-Wirklichkeit reduziert. Schuttes Darstellung schließt systematisierte *Leservoraussetzungen* und grundlegende *Texteigenschaften* ein, kann aber im Hinblick auf den Wirklichkeitsbezug nur dessen Potenzen andeuten, da die *Textwirkung* - als dritte Komponente im Rezeptionsprozess - immer an einen individuellen Lesevorgang gebunden bleibt und nicht systematisch zu verallgemeinern ist. Die zwei von Schutte entworfenen Ebenen: Rezeptionsprozess und Rezeptionsbedingungen, die den Text als Vorgabe und Steuerungsinstanz ausweisen, ergeben sich nicht voraussetzungslos aus der Konfrontation des Lesers mit dem Text. Das **Autorsubjekt** ist eine solche nicht auszuklammernde Voraussetzung, wie das Schema zeigt.

„Der Umriß des Modells zeigt an, daß die Rezeption als ein Vermittlungsprozeß zwischen Leserhorizont und Autorhorizont gedacht wird, welcher von der Gegenwart der Rezeptionssituation umgriffen ist". Die „zentrale Stellung des Autors" ist für die „rezeptionsästhetische Analyse in der Literaturwissenschaft" nicht unproblematisch, wollte man sich doch vom autorseitigen Textverstehen emanzipieren. Aber ohne den Autor ist der Text nicht zu verstehen, ist er schon kommunikationstheoretisch nicht denkbar. „Wenn es richtig ist, daß das Textverstehen, ebenso wie die Textproduktion, ein soziales Handeln ist, so besteht dies vor allem darin, daß der Leser das Projekt eines ‚alter ego' realisiert, d. h. daß er sich mit einem anderen Subjekt in einem gemeinsamen Handlungsfeld treffen muß [...] Dies ist allerdings nicht der Autor als historische Person, sondern die in dem Text ‚eingeschriebene' Subjektivität, d. h. der implizite Autor. [...] Wir lesen und verstehen fiktionale Texte vor einem Horizont, den wir im Lesevorgang erst konstituieren." Einen Text ohne Bezug auf das textproduzierende Subjekt verstehen zu wollen geht auf „Autonomievorstellungen, welche die bürgerliche Literatur in den letzten zweihundert Jahren begleiten", zurück und auf die von ihr kultivierte Annahme von Fiktionalität als Gegensatz von Wirklichkeit. Heute ist die Frage „nach dem Autorhorizont [...] schon aus hermeneutischen Gründen aus der Interpretation nicht auszuklammern. Sie stellt sich in zweifacher Richtung:
- als Frage nach der wirklichen Autorsubjektivität, welche sich im Werk ausdrückt;

- als Frage nach der historisch-gesellschaftlichen Situation und Herausforderung, auf die das Werk reagiert.
[...] Wir vergegenwärtigen in der Lektüre die Entstehungssituation allein aus der
Perspektive des Autors und wir erfahren dessen Subjektivität ausschließlich aufgrund ihrer Reaktion auf die historische Konfliktsituation und den individuellen
Schreibanlaß"[43] der Autorpersönlichkeit. Diesen komplexen Entstehungshinter-
grund „nur" zu rekonstruieren und so den Text verstehen zu wollen, unternimmt
die produktionsästhetische Analyse. Die Rezeptionsästhetik aktualisiert, selektiert und belebt diese Vorgaben mit der Leserkompetenz. Wenn beispielsweise
Rainer Maria Rilke in den *Aufzeichnungen des Malte Laurids Brigge* seinen
Protagonisten nach Paris schickt, damit er sich dort im modernen Leben wie in
seiner Kunst neu zu orientieren versucht. Er muss dafür alles bisherige in Frage
stellen, seine Dichtung, seine Kindheit, seine Bewunderung für die Großstadt
Paris und vor allem seine Vorstellung, dass aus eigener Kraft und Selbstbestimmung ein neues Dasein erwachsen müsste. Das ist als „Geschichte" an sich
schon hoch interessant. An dieser Lebens- und künstlerischen Krise schlechthin,
die dieser Malte erlebt, ist aber auch sehr einsichtig und aspekthaft Rilkes eigene
(und nicht nur seine) künstlerische und persönliche Situation zu Jahrhundertbe-
ginn abzulesen.
Die heutige Rezeptionsweise dieses sehr dichten und vielschichtigen Textes ten-
diert jedoch immer wieder dahin, zu vergleichen und zu bewerten, wie und warum sich diesem verlorenen wirkenden jungen Mann sein Leben so verkompli-
ziert hat und wie er sich hätte helfen müssen, schließlich, wie man sich selbst da
heraushelfen würde – ein sehr leserdominierter Textumgang, der sich auf die
Figur Malte wie auch auf die Auseinandersetzung mit dem Dichter Rilke bezieht, Der Leser reagiert dabei gleichermaßen auf Textkomprimat wie Autorsubjekt und Autorkontext.

Der **Rezeptionsprozess** bleibt – einschließlich des einbezogenen Autorhorizonts
– das Resultat des Zusammenwirkens und der wechselseitig gesteuerten Progression von **leserseitiger und textseitiger Voraussetzung**.
Die textseitige Voraussetzung ist der Text selbst als heterogen geschichtete und
komplexe Struktur. Daran leistet der Leser das sukzessive und integrative Erschließen der gegebenen Textelemente als Teile der fiktionalen Handlung. Diese
Erschließungsleistung wird durch die Textstrategie gefördert. Auch das Erschließen der Darstellungs-, Symbol- und Modellfunktionen ist auf gesellschaftliche Systeme, d. h. allgemein verfügbare Erkenntnis rückführbar, wie auf Sprache, gesellschaftliches Bewusstsein, Ideologie, bis zu kulturellen Diskursen und
Konventionen der den Leserrealität.
Hier setzen die leserseitigen Voraussetzungen an. Der Erwartungshorizont des
realen Lesers ist der thematische Zusammenhang, auf den er die Textaussagen

---

[43] Schutte: *Einführung in die Literaturinterpretation.* a.a.O. S. 167ff.

bezieht. Diese individuelle Erwartungshaltung steht – horizontal gesehen – in wechselseitigem Verhältnis zu anderen, kollektiven Erwartungen, und – vertikal betrachtet – in differenzierendem Verhältnis zur Genese der eigenen Leseerwartungen innerhalb der eigenen Leserbiographie[44].
Die jeweils aktuelle Lektüre ist durch eine einzigartige Erwartungskonstellation bedingt. Der Leser ist interessiert am Thema, am Gehalt der erzählten Geschichte, am Autor, oder er ist interessiert am Lektüreeffekt, will sich zerstreuen, bilden, unterhalten, oder er interessiert sich für die Art des Textes, seine Form und Darstellungstechnik oder einen anderen Aspekt, den er auf den Text projiziert.
Daran wird der **leserseitige Kontextbezug** einsehbar. Die Verbindung von Text und Kontext meint hier nur den Kontext des Lesers, gegeben u. a. durch die im Modell dargestellten Rezeptionsbedingungen.
Ungeachtet der schon erörterten Tatsache, dass der Kontext der Entstehungssituation auch mitgelesen und gedeutet wird, ist auch der Kontext der Rezeptionssituation prägend für die Lese- und Rekonstruktionsleistung. Dieser Kontext wird als *Erwartungshorizont* und *Interessenstruktur* mitgelesen.
Der leserseitige Kontext besteht aus der Gesamtheit der individuellen Prägungen, Kenntnisse, Fähigkeiten und Erfahrungen und in aktuellen Verstehens- und Deutemustern der Literatur, also in zeitgenössischen Regeln und Praktiken.
Die leserseitige Kontextanalyse ist unüberschaubar komplex. Sie ist kaum objektivierbar oder als Verallgemeinerung zu beschreiben und ist nur stark schematisiert in einem theoretischen System zu fassen. Dazu gehören etwa die aktuelle Rahmensituation des Lesens, die individuellen Lektürevoraussetzungen und die Lektüremotivation (der Anstoß zum Lesen, das Medium zur Textverbreitung, das Lesetempo, der Lese-Anlass wie Pflicht- oder Zerstreuungslektüre, die eigenen Vorurteile und die Wertungen anderer im Voraus). Darstellbar wäre der Kontextbezug des Lesers dann erst wieder vom Individualleser selbst, wie er im Lektüreprozess erfahrbar wurde – eine gleichfalls nur theoretische Möglichkeit. Verallgemeinerbar ist die Kontextualisierung durch den Leser nicht. Hier grenzt die Rezeptionstheorie an psychologische, soziologische Forschung, wie sie an anderer Stelle an historische Leser- und Buchmarktforschung, an kulturgeschichtliche, philosophische und sprachwissenschaftliche Forschungsbereiche rührt, von denen sie sich eigentlich abgrenzen will.

Den **Kern der Rezeptionsforschung** bildet der Versuch des Nachvollzugs der Sinn-Konstituierung im Lesevorgang und der sich dabei herausbildenden ästhe-

---

[44] Die pragmatische Perspektive der Rezeptionsanalyse geht der Interessenstruktur des Leser-Horizonts nach, der Lesemotivation und Lektürewirkung.

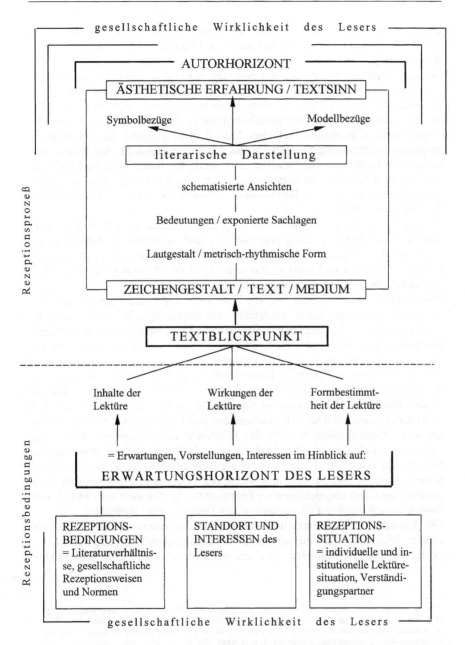

Jürgen Schutte: Modell der Textrezeption. entnommen aus: J. Schutte: *Einführung in die Literaturinterpretation.* 3. Aufl. J. B. Metzlersche Verlagsbuchhandlung und C. E. Poeschel-Verlag GmbH Stuttgart 1993, S. 168.

tischen Erfahrung. Alles, was den Lesevorgang voranbringt, wie die Textstruktur den Leseprozess führt und was dabei im Leserbewusstsein geschieht, wird
dabei wichtig.
Was geschieht nun, wenn ein Leser liest? Das sukzessives Erfassen und Vervollständigen von Textelementen und Struktur, um Textsinn zu entfalten, bedarf einer **Methode**, die den Rezeptionsprozess theoretisch nach jedem Schritt anhält,
um die mehrschichtigen Bewusstseinsschritte zu beschreiben. Diese *eine* Methode ist als allgemeinverbindliches Modell nicht in Sicht. Es gibt mehrere
mögliche Beschreibungsversuche unterschiedlicher Herkunft. Sie folgen verschiedenen Hypothesen und machen gleichzeitig die Ambitionen kenntlich, die
von den unterschiedlichen Forschungsbereichen in die Rezeptionstheorie münden. Einige wichtige dieser Beschreibungsversuche sollen hier zum Zweck einer
Übersicht aufgezählt sein.
Die empirische Rezeptionsforschung folgt der Annahme, dass Lesemotivation,
Reaktion und Wirkung kategorisierbar sind und systematisch darstellbar gemacht werden können. Sie untersucht tatsächlich dokumentierte Leseleistungen
nach Lektüreanlass und -nutzen und stellt dabei den Zusammenhang von Persönlichkeitsprofil, Lesemotivation und Ergebnis her.
Noch einen Schritt konkreter fragt die Leserforschung[45] nach Leser-, Buch- und
Buchverbreitungsgeschichte, untersucht leserpsychologisch und (wissens-
)soziologisch, wie Leseleistung zu bewerten und in welchen konkreten Zusam-
menhängen sie beeinflussbar ist. Die verschiedenen Versuche zu einer systematischen Lesertypologie sind ihr zu verdanken.
Von anderer Richtung greift die Hermeneutik[46] auf die Rezeptionsforschung zu.
Sie schaut auf das Leseergebnis, denn sie geht – für den rezeptionsästhetischen
Zusammenhang – von der prinzipiellen Vermittelbarkeit jedes Textes aus. Der
Kommunikationscharakter wird dahingehend akzentuiert, dass durch die im Ge-
genstand vorgezeichnete Struktur des Erkennens eine Erkenntnis beim Leser
veranlasst werden muss. Der Text *ist* seine Bedeutung, die Autonomie der
Schrift wird ersetzt durch die Funktion der (schriftlichen) Rede. Lesen wird als
linearer Vorgang hin zu Sinn und Bedeutung verstanden, die Rezeption eines
einsträngigen und abgeschlossenen Lektüreaktes ist Vorstufe und Mittel zum
Zweck der vollständigen Übersetzung eines Textes in seine Bedeutung.
Die Anwendung der Rezeptionstheorie auf die Literaturgeschichte ist eine besonders folgenschwere Unternehmung. Wie Literaturgeschichte als Rezeptionsgeschichte das Verhältnis des Einzelnen und seiner Zeit zum Text berücksichti-

---

[45] Gunter Grimm (Hg.): *Literatur und Leser*. Theorien und Modelle zur Rezeption literarischer Werke. Stuttgart
1975, und A. C. Baumgärtner (Hg.): *Lesen – Ein Handbuch*. Lesestoff, Leser und Leseverhalten, Lesewirkungen, Leseerziehung, Lesekultur. Hamburg 1973, auch Erich Schön: *Der Verlust der Sinnlichkeit oder Die Ver-
wandlungen des Lesers*. Mentalitätswandel um 1800. Stuttgart 1987.
[46] Hans-Georg Gadamer: *Wahrheit und Methode*. Grundzüge einer philosophischen Hermeneutik. Tübingen
1960, und U. Japp: *Hermeneutik*. München 1977.

gen muss, haben u. a. Hans Robert Jauß[47] und Harald Weinrich[48] dargelegt. Eine leserorientierte Literaturgeschichte wendet sich gegen die Erstarrung des literarischen Werkes zum objektiv bewertbaren, unveränderlichen Kunst-Ding und gegen objektivierende Reduktion durch Festschreiben auf bestimmte Deutemodelle. Die Rezeptionsgeschichte setzt dagegen die Evolution der literarischen Werke, die zu jedem historischen Punkt ihrer Weiterexistenz im Leserbewusstsein neu generiert werden. Textwahrnehmung vollzieht sich demnach auf Grundlage der jeweils aktuellen Bedingungen des Textverstehens. So entsteht eine Wechselwirkung von Vor-Bedingung, Vor-Urteil und Aufnahme bzw. Korrektur. Zu jedem historischen Lektüremoment muss ein konkretes Profil der Werkrezeption dokumentiert sein. Die Differenzqualitäten sind historisch generierte, stets neu und anders aktualisierte Konkretisationen. Schließlich kann nur die Wirkungsgeschichte eines Werkes die in ihm angelegten Sinnpotenziale sukzessive entfalten.

Die marxistische Literaturwissenschaft zeigt die Rezeptionstheorie als Beleg für die materialistische Seinsauffassung. Sie sieht in der Horizontverschmelzung von Rezeptionsvorgabe und Erwartungshorizont idealerweise die Gleichgerichtetheit aller tätigen Subjekte in der Motivation des Einwirkens auf die gesellschaftliche Realität.

Der strukturalistische Ansatz, der hier eher den werkimmanenten Methoden zugeordnet wurde, wird auch rezeptionstheoretisch relevant. Die ihm zugrunde liegenden Textebenenmodelle begründen eine programmierte Mehrsinnigkeit von Texten. Die Mehrsinnigkeit und Deutevielfalt, die damit verbunden sind, können sich nur im Rezeptionsprozess entfalten und bleiben ohne Leseleistung latent.

Auch Dekonstruktion verweist als Verfahren auf Polysemie, Offenheit und Unvollendbarkeit der Texte, und wie diskursanalytische und phänomenologische bleiben auch andere Analyse- und Interpretationsverfahren in ihrer Praxis an Darstellung und Nachvollzug des Rezeptionsprozesses gebunden.

Während die genannten Methoden die Rezeptionstheorie mehr oder weniger vereinnehmen oder zu einem spezifischen Zweck erweitern, beschreibt die Imaginationstheorie nach Wolfgang Iser mit der Darstellung der Rezeption als *Akt des Lesens* den Lese-Prozess an sich.

Zusammengefasst lässt sich feststellen, dass ein rezeptionsästhetisches Interpretationsverfahren zunächst einmal auch ein integrativer Ansatz ist, der andere Zugänge zum Text berücksichtigt und auf ihnen aufbauen kann.

Dieses Verfahren kann aber auch noch mehr und es kann etwas anderes zeigen als ein ausschließlich produktions- oder darstellungsästhetischer Ansatz.

---

[47] Hans Robert Jauß: *Literaturgeschichte als Provokation der Literaturwissenschaft*. In: *Ästhetische Erfahrung und literarische Hermeneutik*. Frankfurt a. M. 1991.
[48] Harald Weinrich: *Literatur für Leser*. Essays und Aufsätze zur Literaturwissenschaft. München 1986.

Die Anforderung, eine rezeptionsästhetisch ausgerichtete Interpretation zu entwickeln, umfasst mehrere Aspekte. Die Merkmale der Textentstehung und der Textbeschaffenheit werden nicht nur analysiert und als Textaussage begriffen. Sie werden dann durch das Leserbewusstsein auch noch gefiltert. Der Leser wird zur wertenden Instanz. Der Interpret zitiert nicht nur die Entstehungsbedigungen, sondern er belebt sie in der Verschmelzung von Autorhorizont und Leserhorizont. Er beschreibt nicht nur die komplexe, mehrschichtige Textstruktur, sondern er erfüllt sie mit dem Sinn, der sich aus seiner Sinn-Konstitutionsleistung ergibt.

Die rezeptionsästhetische Interpretation begleitet die Lektüre als umfassenden Prozess und betrachtet nicht nur ihre Ergebnisse. Sie macht die Lesefähigkeit bewusster und die Leseleistung nachvollziehbar.

Der rezeptionsästhetische Ansatz macht den Zusammenhang sichtbar, der zwischen jeder einzelnen Rezeptionsleistung und der allgemeinen künstlerischen Bewertung eines Buches besteht. Weiter gedacht wird damit die Leseleistung als Kulturleistung im positiven wie negativen Sinn deutlich.

Indem die individuelle Rekonstruktion des Gelesenen nun wichtig wird, erhält die Interpretation eine neue Dimension. Das individuelle Lektüreergebnis ist Zeugnis des Text- und des Leservermögens. Es dokumentiert unerbittlich, in welchem Maße, auf welche Weise und wie unterschiedlich das Lesepublikum auf die Textvorgabe geantwortet hat und immer wieder neu antwortet, wenn es sich nicht hinter einem Deutemuster verstecken muss.

Versuchen Sie zu einem Werk (das Ihnen persönlich wichtig geworden ist) zunächst allgemein zu erklären, was es für Sie bedeutet!
Benennen Sie dann zunächst die textseitigen Voraussetzungen, die Sie angesprochen haben, und nehmen Sie dann eine leserseitige Kontextanalyse vor, die zeigt, wie und in welchem Zusammenhang Ihnen das Werk wichtig wurde. Versuchen Sie nun aus Ihrem konkreten Erfahrungs- und Erwartungshorizont die Wirkung dieser Lektüre zu begründen.

4 ZUM BEISPIEL

Günter Kunert: Ballade vom Ofensetzer

Der Kurzprosatext entstand 1972 und ist der Ausgabe *Schatten entziffern*[49] entnommen, die Lyrik und Prosa des Autors von 1950 bis 1994 repräsentiert. Er erscheint dort mit zehn weiteren Texten unter der thematischen Gruppierung „Erschreckenswürdigkeiten", es ist einer der weniger bekannten Texte des Autors.

> Während Sie den Text lesen (oder unmittelbar danach) machen Sie sich Notizen und halten Sie damit fest, was Sie an formalen und inhaltlichen Details und als Vermutungen zu Textsinn und Textbedeutung spontan registrieren. Unterteilen Sie Ihre Notizen nach den erarbeiteten drei Ansätzen.

Ballade vom Ofensetzer

Wie flink seine Hände, wie elegant sein Griff in den Lehm! Wie bewundernswert die kühne Sicherheit, mit der Albuin Kachel auf Kachel fügte, welche im Geviert um ihn, den fleißigen Ofensetzer, geschwind aufsteigen, bis er Mühe hat, das Bein über eine der brüstungshohen Wände des halbfertigen Wärmeturmes zu heben und auszusteigen. Von außen dann vollendet er seine Arbeit, die darin gipfelt, daß unter einem sanft geführten Lappen der Glanz der Lasur leuchtend aufstrahlt.

Einmal verpaßte er den Moment des Aussteigens, versunken ins eigene Werk, blind vor Schöpfertum. Der Ofen wächst und wächst. Und als Albuin die Platte zu seinen Häupten einsetzt und überraschend Dunkelheit ihn umfängt, da erst erlischt der Schaffensrausch, da erst merkt der Ofensetzer, was ihm geschehen ist.

Schon klingen draußen Schritte auf: Der Meister mit einigen Gesellen steht vor Albuins Werk, das sie neidvoll bewundern, wie der Gefangene hört: Was für ein herrlicher Ofen! Über alle Maßen maßgerecht gefügt! Beim bloßen Anschaun wird einem warm ums Herz!

Albuin geniert sich, seine Anwesenheit innerhalb der eigenen Schöpfung laut werden zu lassen, doch die anderen entdecken ihn sogleich, als einer probehalber die Feuerklappe öffnet.

Die Stimmen schweigen. Endlich ruft ihn der Meister an, traurigen Tones und kläglich fragend, was nun eigentlich werden solle? Albuin will antworten, da beginnen die Gesellen, laut und eindringlich diesen außerordentlich gelungenen Hitzespender zu preisen; wahrscheinlich Albuins bestes Stück, das er kaum werde übertreffen können. Solle man dieses etwa abreißen?

Die Huldigung verklebt Albuin die Lippen. Ehe er sie aufbekommt, wird draußen bereits gefragt, ob er denn nicht die Menschen liebe: im Allgemeinen und im Beson-

[49]1995 im Reclam Verlag Leipzig. Der Text wurde zuerst in dem Band *Tagträume in Berlin und andernorts. Kleine Prosa, Erzählungen, Aufsätze*, der 1972 bei Hanser in München erschien, veröffentlicht.

deren jene, die morgen in diese Wohnung hier einzögen, und die ein augenblicklicher Ofenabriß dem Frost auslieferte und damit Krankheit, Not und Tod. So ist es! dröhnt die Stimme des Meisters: Genauso ist es! Willst du das, Albuin? Bist du so einer, der das will?!

Bevor Albuin eine Erwiderung einfällt, kniet der Meister vor dem Ofen und flüstert ins Feuerloch: Ob Albuin außerdem die Schande bedenke, falls bekannt würde, die Ofensetzer seien derart unfähig, daß sie wieder zerstörten, was sie eben erst errichtet? Die Gilde könne sofort die Stadt verlassen. Hier gäbe es keine Arbeit mehr für sie. Willst du das, Albuin?

Während Albuin noch überlegt, was er nun wirklich wolle, und ob er tatächlich so einer sei, wie man draußen fürchtet, fühlt er, wie sich Knüllpapier um seine Knöchel häuft. Holzstücke schieben sich kratzend zwischen Hosenbein und Haut. Das Raunen außerhalb der dämpfenden Kacheln erhebt sich zum schallenden Lob Albuins, des großen Ofensetzers, des uneigennützigen, dessen eigene Kehle dagegen nicht aufkommt. Dieses und jenes zusammen übertönen das schwache Schnappen eines Feuerzeugs, das helle Knistern und alles weitere, das nicht ahnt, wer in diesem Zimmer hausen wird, gut gewärmt und fröhlich gestimmt durch das anheimelnde Geräusch, welches ein kräftig flackerndes Feuer hervorbringt.

1972

Dieser Text wurde nahezu voraussetzungslos (bis auf Autorschaft und Entstehungsjahr) Studenten im Grundstudium vorgelegt und ebenso waren sie ohne Orientierungsvorgabe aufgefordert, Ansätze zu Textanalyse und Interpretation zu ermitteln.

Die zusammengetragenen Zugriffe auf den Text zeigten Naheliegendes neben Erstaunlichem. Die Deutungshypothesen reichten von: „Kunert war vielleicht mal Ofensetzer und hatte Alpträume" über „Der Text ist doch keine Ballade". Dann ermittelte jemand eine Lesart als Metapher für Ausländerfeindlichkeit (wegen des Namens „Albuin") und ein anderer fand die Unmenschlichkeit einer Gesellschaft, die geldwerten Nutzen über Menschenleben stellt, konstatiert. Noch einiges mehr haben die Studenten erwogen und dazu Fragen an den Text gerichtet. Das zeigt, dass ein Text bei jedem Leser andere Voraussetzungen, Wissenshorizonte, Fähigkeiten, Kenntnisse, Texterfahrungen, Erlebnisse und Assoziationen und auch Emotionen (re-)aktiviert, wenn er *nicht* von vorn herein in einen thematischen, epochalen, biographischen oder formtheoretischen Kontext gestellt wird.

Die nun zu skizzierenden drei Deuteansätze zur *Ballade vom Ofensetzer* als produktions-, darstellungs- und rezeptionsästhetischer Zugang zum Text sind von Studenten zusammengetragen, denen eine entsprechende Aufgabe gestellt war. Die Ansätze können nicht vollständig sein aber beispielhaft die unterschiedlichen Perspektiven auf den Text zeigen. Und ganz sicher lassen sie erkennen, dass eine Interpretation, die dem gesamten Text gerecht werden will, sich nicht auf Entstehungsbedingungen und Texteigenschaften beschränken kann.

4.1 Die Ballade vom Ofensetzer
Produktionsästhetischer Deutungsansatz

Wenn zum vorgegebenen Beispieltext nun Ansätze für die produktionsästhetische Textdeutung gefunden werden sollen, muss neben dem Primärtext und natürlich dem aktivierbaren Allgemeinwissen zur Textentstehungszeit (Ende sechziger bis Anfang siebziger Jahre in der DDR) ausgewähltes Material zur Verfügung stehen, das die Entstehungsbedingungen und sachlichen Voraussetzungen der Textentstehungsphase von der Autorsituation her erhellen kann. Der Schwerpunkt soll auf dem biographischen, historischen und gesellschaftlichen Kontextbezug liegen.

Der Blick aus der zeitgenössischen Umgebungssituation auf den Text von Günter Kunert kann auf Grundlage gängiger Darstellungen zu Literaturverhältnissen der DDR in der betreffenden Zeit vertiefend erarbeitet werden[50].

Das folgende Textmaterial bietet Einsichten u. a. zu Standort und Interesse des Autors, zum Verhältnis von literarischem Gegenstand und außerliterarischer Wirklichkeit, zu Autorintention und Adressatenbezug.

Damit kann der gewählte Wirklichkeitsausschnitt einigermaßen erschlossen und der Realitätsbezug kenntlich gemacht werden. Das Material ermöglicht auch, auf den Erwartungshorizont des von Kunert intendierten Lesers zu schließen.

Die Texte sind im Interesse der Übersichtlichkeit gegliedert, um verschiedene Eckdaten der Dichterexistenz und der Schreibsituation zu erfassen.

Der Text A ist eine **biographische Skizze**, die die wichtigsten Stationen zusammenfasst, der einzige Text aus dieser Auswahl, der nicht aus der Feder des Autors stammt. Im Teil B sind **poetische Texte** versammelt, die die *Ballade vom Ofensetzer* in den Kontext thematisch angrenzender Werke stellen. Im Teil C stehen **poetologische und essayistische Texte** zur Verfügung, die den Text zu Kunerts Ansichten zu Kunst und Künstler ins Verhältnis setzen und im Teil D bieten Texte die auf „biographische" Stoffe zurückgreifen den Kontext einer möglichen Textdeutung.

Lesen Sie die folgenden Texte.
Informieren Sie sich ergänzend über die tatsächliche gesellschaftliche Situation, die Literaturverhältnisse und die Situation der Schriftsteller zur betreffenden Zeit und formulieren Sie daraufhin Hypothesen zu einer produktionsästhetischen Textdeutung.

---

[50] U. a. Wolfgang Emmerich: *Kleine Literaturgeschiche der DDR.* Leipzig 1996, hier finden sich auch Hinweise zu Einzelrezensionen, über G. Kunert siehe Literaturhinweise im Anhang.

A) Biographische Skizze

Günter Kunert, dem, so sagt er selbst „alles Biografische nur als gesellschaftliches Paradigma denkbar ist und widerfährt; der die sogenannte Persönlichkeit für ein Nebenprodukt prägnanter Umstände hält, deren prägender Gewalt sich keiner entzieht"[51], empfand und beschrieb den Verlauf des eigenen Lebens als Konsequenz der politischen und gesellschaftlichen Entwicklung „seines" Landes und seiner näheren Umgebung und hat seine Erfahrungen poetisch und essayistisch reflektiert.

Kunert wurde 1929 als Sohn einer jüdischen Mutter geboren und erfuhr nach eigenem Empfinden eine „staatlich verpfuschte Kindheit"[52] bzw. „verstörte Kindheit" bei „offizieller Ächtung"[53]. Als Zehnjähriger erlebte er den Ausbruch des 2. Weltkrieges und wurde später für „wehrunwürdig" erklärt. Die Stigmatisierung als Halbjude forcierte mit der Zeit die latente Isolationserfahrung. Kunert zog sich jedoch auf keinen Außenseitervorsatz zurück, empfand sich eher als „Sucher" einer aufrichtig lebbaren Position. Er war zwanzig, als die DDR gegründet wurde, trat, mitgerissen vom Aufbruchsrausch, in die SED ein und hatte in Becher und Brecht einflussreiche Fürsprecher. Seine ersten Gedichte erschienen in der Zeitschrift *Ulenspiegel* und 1950 lag der erste eigene Gedichtband *Wegschilder und Mauerinschriften* vor. Seit 1948 lebt er als freier Schriftsteller und veröffentlichte in DDR[54] und BRD.

Kunert wurde überwiegend als Außenseiter betrachtet, teils abgelehnt, teils bestaunt[55], jedoch zunehmend aufgrund seiner Texte als fortschrittsungläubiger Kritiker marginalisiert. Die Veröffentlichung von einigen seiner Texte legte sich die Kulturpolitik der DDR als großzügige Toleranz aus und betonte diese Geste des Verständnisses 1973 mit dem Johannes R. Becher Preis, dem höchsten Lyriker-Preis der DDR.

Kunerts Aussagen führen von unterschiedlichen Perspektiven immer auf einen Aussagekern: die Vernichtung von Mensch und Gesellschaft durch Technisierung und Industrialisierung, fortschreitende Entmenschlichung als Entwicklungsmotor. Die sogenannte technische Revolution habe die Stellung des Menschen nicht verbessert. Versachlichung und Rationalisierung des Menschen zum Zahnrad im gesellschaftlichen wie Industrie-Getriebe, das ihn nicht nur unmündig macht sondern als Individuum auch zerstört, ist zentrales Thema. Es sei naiv zu glauben, dass technischer Fortschritt menschliches Fortschreiten ermögliche, das Gegenteil sieht er bereits als bewiesen an und so wird dieser vermeintliche

---

[51] Aus: Günter Kunert: *Die Schreie der Fledermäuse*. Geschichten · Gedichte · Aufsätze. Hg.: Dieter E. Zimmer, Carl Hanser Verlag, München Wien 1979.
[52] Aus: *Kleine Autobiographie*. (verfasst 1965) in G. Kunert: *Notizen in Kreide*. Leipzig 1970.
[53] Aus: *Ohne Bilanz*. Zuerst in: *Tagträume in Berlin und andernorts*. Kleine Prosa, Erzählungen, Aufsätze. Carl Hanser Verlag, München Wien 1972, S. 139.
[54] Insgesamt konnte Kunert in der DDR dennoch 23 Bücher veröffentlichen.
[55] Kunert wurde 1962 mit dem Heinrich Mann Preis ausgezeichnet.

Fortschritt in Kunerts Gedichten zum Dämon mit apokalyptischer Vernichtungskraft. Die sozialistische Menschengemeinschaft konnte er so nicht preisen, er konnte nicht einmal mehr ihre Gefährdung verbildlichen. Kunert sah sie bereits „abgetötet" und blickt so in seinen Gedichten auf das Szenario der Zerstörung, mit einer Sprache, die die kämpferischen Parolen denunziert und in der Utopien nur sarkastisch klingen können. In dem Gedicht *Programm* aus dem Band *Abtötungsverfahren*[56] heißt es so lapidar wie ungeheuerlich: „Das Bett. Der Tisch. Die trüben Tage. / Gebeine bilden unsern Lebensgrund / und geben keinen Anlaß mehr zur Klage: / Da hoffe du. Du hoffst dich wund."

Mit der Verschärfung seiner kritischen Darstellungen wurde er zunehmend diffamiert und zeitweise aufwendig befehdet. Er empfand sich nach wie vor weitgehend fremd und wieder zunehmend isoliert im eigenen Land. 1976 gehörte Kunert zu den Unterzeichnern der Biermann-Protestpetition, wurde 1977 aus der SED ausgeschlossen, verlässt 1979, fünfzigjährig, die DDR. Die danach in der BRD entstehenden Texte sind von gleichbleibend radikaler Skepsis gegenüber einer Zivilisation, die auf dem Wege der Technisierung und Rationalisierung ihre Menschen verbraucht. Er wurde 1979 mit dem Georg Mackensen Literaturpreis geehrt, erhielt 1980 die Ehrengabe des Kulturkreises im Bundesverband der deutschen Industrie und 1985 den Heinrich Heine Preis der Stadt Düsseldorf. Kunert ist bis heute leidenschaftlicher Berliner, ohne erlernten Beruf, liebt Hüte, Katzen und blaues Glas, verehrt Arno Schmidt und zählt Marx und Brecht zu seinen wesentlichen Bekanntschaften. Neben Gedichten, Erzählungen, Kurzprosa, Essays und Romanen schrieb Kunert Filmdrehbücher[57].

Poetische Texte
Kunerts *Ballade vom Ofensetzer* im Kontext zum eigenen Werk

DIE SCHREIE DER FLEDERMÄUSE[58]

Während sie in der Dämmerung durch die Luft schnellen, hierhin, dorthin, schreien sie laut, aber ihr Schreien wird nur von ihresgleichen gehört. Baumkronen und Scheunen, verfallende Kirchentürme werfen ein Echo zurück, das sie im Fluge vernehmen und das ihnen meldet, was sich an Hindernissen vor ihnen erhebt und wo ein freier Weg ist. Nimmt man ihnen die Stimme, finden sie keinen Weg mehr; überall

---

[56] Siehe Gedichtband: *Abtötungsverfahren*. Gedichte. München 1980, S. 17.
[57] Ua. *Monolog für einen Taxifahrer*.
[58] Aus: *Tagträume in Berlin und andernorts*. Kleine Prosa, Erzählungen, Aufsätze. München 1972, S. 23.

anstoßend und gegen Wände fahrend, fallen sie tot zu Boden. Ohne sie nimmt, was sonst sie vertilgen, überhand und großen Aufschwung: das Ungeziefer.

ZENTRALBAHNHOF[59]

An einem sonnigen Morgen stößt ein Jemand innerhalb seiner Wohnung auf ein amtliches Schreiben: es liegt auf dem Frühstückstisch neben der Tasse. Wie es dahin kam, ist ungewiß. Kaum geöffnet, überfällt es den Lesenden mit einer Aufforderung:
Sie haben sich, befiehlt der amtliche Druck auf dem grauen lappigen Papier, am 5. Nov. des laufenden Jahres morgens acht Uhr in der Herrentoilette des Zentralbahnhofes zwecks Ihrer Hinrichtung einzufinden. Für Sie ist Kabine 18 vorgesehen. Bei Nichtbefolgung dieser Aufforderung kann auf dem Wege der verwaltungsdienstlichen Verordnung eine Bestrafung angeordnet werden. Es empfiehlt sich leichte Bekleidung, um einen reibungslosen Ablauf zu garantieren.
Wenig später taucht der solchermaßen Betroffene verzagt bei seinen Freunden auf. Getränke und Imbiß lehnt er ab, fordert hingegen dringlich Rat, erntet aber nur ernstes und bedeutungsvolles Kopfschütteln. Ein entscheidender Hinweis, ein Hilfsangebot bleibt aus.
Heimlich atmet man wohl auf, wenn hinter dem nur noch begrenzt Lebendigen die Tür wieder zufällt, und man fragt sich, ob es nicht schon zuviel gewesen ist, sie ihm überhaupt zu öffnen. Lohnte es denn, wer weiß was alles auf sich zu laden für einen Menschen, von dem in Zukunft so wenig zu erwarten ist?
Der nun selber begibt sich zu einem Rechtsanwalt, wo ihm vorgeschlagen wird, eine Eingabe zu machen, den Termin (5. Nov.) aber auf jeden Fall einzuhalten, um Repressalien auszuweichen. Herrentoilette und Zentralbahnhof höre sich doch ganz erträglich und vernünftig an. Nichts werde so heiß gegessen wie gekocht. Hinrichtung? Wahrscheinlich ein Druckfehler. In Wirklichkeit sei „Einrichtung" gemeint. Warum nicht? Durchaus denkbar findet es der Rechtsanwalt, daß man von seinem frischgebackenen Klienten verlange, er solle sich einrichten. Abwarten. Und Vertrauen! Man muß Vertrauen haben! Vertrauen ist das wichtigste.
Daheim wälzt sich der zur Herrentoilette Beorderte schlaflos über seine durchfeuchteten Laken. Erfüllt von brennendem Neid lauscht er dem unbeschwerten Summen einer Fliege. Die lebt! Die hat keine Sorgen! Was weiß die schon vom Zentralbahnhof?! Man weiß ja selber nichts darüber ... Mitten in der Nacht läutet er an der Tür des Nachbarn. Durch das Guckloch glotzt ihn ein Auge an, kurzfristig, ausdruckslos, bis der Klingelnde kapituliert und den Finger vom Klingelknopf löst.
Pünktlich um acht Uhr morgens betritt er am 5. Nov. den Zentralbahnhof, fröstelnd in einem kurzärmeligen Sporthemd und einer Leinenhose, das leichteste, was er an derartiger Bekleidung besitzt. Hier und da gähnt ein beschäftigungsloser Gepäckträger. Der Boden wird gefegt und immerzu mit einer Flüssigkeit besprengt.
Durch die spiegelnde Leere der Herrentoilette hallt sein einsamer Schritt: Kabine 18 entdeckt er sofort. Er schiebt eine Münze ins Schließwerk der Tür, die aufschwingt, und tritt ein. Wild zuckt in ihm die Gewißheit auf, daß gar nichts passieren

---

[59] Aus: Günter Kunert: *Schatten entziffern*. Leipzig 1995, S.196ff.

wird. Gar nichts! Man will ihn nur einrichten, weiter nichts! Gleich wird es vorüber sein, und er kann wieder nach Hause gehen. Vertrauen! Vertrauen! Eine euphorische Stimmung steigt ihm in die Kehle, lächelnd riegelt er das Schloß zu und setzt sich.

Eine Viertelstunde später kommen zwei Toilettenmänner herein, öffnen mit einem Nachschlüssel Kabine 18 und ziehen den leichtbekleideten Leichnam heraus, um ihn in die rotziegeligen Tiefen des Zentralbahnhofes zu schaffen, von dem jeder wußte, daß ihn weder ein Zug jemals erreicht noch verlassen hatte, obwohl oft über seinem Dach der Rauch angeblicher Lokomotiven hing.

ALS UNNÖTIGEN LUXUS
Herzustellen verbot was die Leute
Lampen nennen
König Tharsos von Xanthos der
Von Geburt an
Blinde.[60]

Poetologische Reflexionen und essayistische Texte
Die *Ballade vom Ofensetzer* im Kontext zu Kunerts dichterischen Betrachtungen

WARUM SCHREIBEN[61]

Das Motiv ist ganz simpel: um zu leben. Nicht im Sinne von Sich-physisch-am-Leben-Erhalten, sondern in einem anderen, was ich im folgenden zu sagen versuchen will. [...]

Ohne Beruf, in dem ich hätte aufsteigen oder aus dem ich hätte aussteigen können, kam ich früh zum Schreiben, mit siebzehn Jahren, um sogleich diesem merkwürdigen Metier zu erliegen. Ich konnte nichts anderes, und – was zukunftsprägender war – ich wollte auch gar nichts anderes können. Ein einziges Mal unternahm ich den Versuch, mehr geschoben als hingezogen, mich mit einem relativ „normalen" Beruf, nämlich dem des Redakteurs, zu verbinden, aber das mißlang gründlich, weil meine Unlust und mein Entsetzen vor der mich plötzlich verschlingenden Mechanik, vor der Schrumpfung zu reiner Funktion den Mangel an pragmatischem Talent noch vergrößerten: die unheimliche Ahnung, zunehmend von etwas zwanghaft Automatischem ausgefüllt zu werden, lähmte mich völlig und machte mich tatsächlich krank.

---

[60] Aus: Günter Kunert: Die Schreie der Fledermäuse. Carl Hanser Verlag, München Wien 1979.
[61] Aus: Günter Kunert: *Warum Schreiben*. Notizen zur Literatur. Hg. Walter Höllerer, Carl Hanser Verlag, München Wien 1976.

Durch dieses lange zurückliegende Experiment lernte ich jedoch, daß ich für irgendwelche nützlichen Zwecke kein brauchbarer Mensch bin. Auch wenn die anderen mir gegenüber den guten Willen gezeigt hätten, den ich nicht aufbringen konnte: mit mir war nichts Vernünftiges anzufangen – falls man den öden Utilitarismus, der die Welt verwüstet, für eine Erscheinungsweise menschlicher Vernunft zu halten geneigt ist. Es blieb mir gar nichts anderes übrig, als mich an dem dünnen Faden, den ich selber spann, über die täglichen Abgründe zu hangeln. Und erst nach einer Weile merkte ich, daß dies kein Zusatz sei, kein Akzidenz des Eigentlichen, sondern das Eigentliche überhaupt. Je mehr ich beim Schreiben mich im Geschriebenen aufzulösen vermochte, desto stärker schrumpfte – als sei das der Preis – die Zahl der Themen und Stoffe, an deren Unerschöpflichkeit ich einst geglaubt hatte wie andere an die besagte Lebensvielfalt. Mit zunehmender Einheitlichkeit von Text und Autor endet des Autors Rolle als Clown oder Oberlehrer; jeder moralische Impetus verliert das Imperative und wird zu Blickwinkel und Stil, zur Frequenz des buchstäblichen Wesens, zu dem sich der Autor selbst abstrahiert. Proportional dazu wächst die Unfreiheit bei allen literarischen Unternehmen, läßt die Variabilität nach, weil nur gelingt, was der Verwandlung Vorschub leistet: alles andere geschieht halben Herzens oder unterbleibt. Manche Sache wird Nebensache. Dabei schien es am Anfang so einfach: man kannte das Alphabet und eine Spur von Grammatik, warum also nicht über die Schönheit der Kellerasseln schreiben, über das Glück der Blödheit, die Liebe zur Menschheit und andere Phantasmagorien: die Sprache hat doch die Funktion, allem und jedem dienstbar zu sein. Warum fehlt mir dazu die Fähigkeit? Warum nicht jeden Auftrag ausführen wie ein biederer Handwerker, der sich dem Wunsch seines Kunden fügt, auch wenn er ihn für närrisch hält?

Es gelingt aus dem einfachen Grunde nicht, weil man sich in etwas verwandeln müßte, das man nicht ist, ja das es eigentlich gar nicht gibt und das daher grauenvoll scheint: das bewußt praktizierte Exempel einer Selbstentfremdung. Man selber würde zunichte, müßte man die eigene reale Persönlichkeit in einen realitätsleeren Schein umsetzen. Das wäre Selbstmord durch sprachliche Umwandlung ins Nichts. Danach ist man bestenfalls noch als lebender Leichnam vorhanden und kann als solcher besichtigt werden. Wird ein Mensch gezwungen, sein individuelles Ich – so er eines besitzt – gewaltsam in eine fixe Idee umzuformen, hört er auf, Mensch zu sein: das ist Mord auf höherer Ebene.

Schreiben: weil der Umwandlungsprozeß, bei dem ich Text werde, ein dialektischer Regenerationsprozeß ist: ich verliere und gewinne zugleich. Der Vorgang schafft gesteigerte Spannung, wie jedes Suchen und Finden; gesucht und gefunden aber wird das Unvorhergesehene. Man zieht in die Fremde, die man selber ist; zur Entdeckung des unpersönlich Allgemeinen, das man höchstpersönlich innehat. Schreiben: damit sich ereignet, was jeder insgeheim wünscht: daß der Moment einen Moment lang Dauer behält und immer wieder erweckt werden kann. Schreiben: ein wellenartiges Sichausbreiten nach allen Seiten, das Grenzen ignoriert und immer mehr und immer Unbekannteres einbezieht und erhellt.

Schreiben: weil Schreiben nichts Endgültiges konstituiert, sonder nur Impulse gibt; weil es ein unaufhörlicher Anfang ist, ein immer neues erstes Mal, wie Beischlaf oder Schmerz. Solange man schreibt, ist der Untergang gebannt, findet Vergänglichkeit nicht statt, und darum schreibe ich: um die Welt, die pausenlos in Nichts zerfällt, zu ertragen.

VERSUCH ÜBER MEINE PROSA[62]

[...] Steine [...] immer sind sie bewußt zur Aktivität berufen; denn sie sind der Archetyp der Verdinglichung, manifestiert als solcher bereits in der Bibel, wo es von ihnen heißt, daß sie, wo die Menschen schweigen, an ihrer Statt schreien werden. Diese Formulierung hat eine von seinem Verfasser nicht vorgeahnte Aktualität erreicht: auf dem Gipfelpunkt der Entfremdung und Verdinglichung, da die Menschen zur Stummheit verurteilt sind durch ihre Sprache, die sich dem Ausdruck ihrer innersten Befindlichkeiten verweigert, die zur Terminologie verkam und ihr Denken von dorther, aus der allumfassenden Provinz des Utilitarismus, bestimmt. Peter Handke hat das in seinem Stück *Kaspar* vorexerziert: wie der Sprachlose zum Sprachrohr wird.

Auf welche Weise aber bewahrheiten sich nun die Schlußfolgerungen aus dem Verstummen, aus dem *Sprachloswerden* der Menschen? Wie denn werden die Steine reden?

Dieser Frage gilt unsere untersuchende Anteilnahme, weil für den Schriftsteller, dessen eigene Stimme moduliert und modifiziert ist von der seiner Zeitgenossen, solche Fragen eben solche nach der Wahrhaftigkeit seines Ausdrucks sind. Die Stimme der Steine, Synonyme für alles Gegenständliche und Dingliche, spricht derart eindringlich, daß ein Schriftsteller, der sie überhören wollte, innerhalb seines Werkes gewisse Leer-Stellen erzeugte, weiße Flecke in der Topographie des von ihm Dargestellten und Erzählten. Aber vor dieser hier dargelegten Frage stellt sich eine andere, die im Grunde zu unserer Frage erst hinführt, nämlich: Wie überhaupt erlangten die Steine, die Dinge also, eine derart kommunikative Wichtigkeit, und was haben sie uns eigentlich mitzuteilen? Und zuletzt, nach diesen eher allgemeinen, abstrakten Erwägungen eine spezifisch-praktische: Welche Konsequenzen ergeben sich daraus für die Praxis des Schreibens: für mich zumindest. [...]

Was nun sollte der Gewinn des Lesers beim Nachvollzug sein? Muß er sich nicht degradiert vorkommen (was er ohnehin ist)? Setzt ihn eine Schreibweise wie diese wirklich in die Lage, sich der eigenen Verdinglichung bewußt zu werden? Was nutzt es ihm, wenn er den Steinen lauscht?

Eventuell bringt er – falls er die Dinge *versteht*, ihre Entstehung, ihr Dasein – mehr Verständnis für sich und seinesgleichen auf; alle Dinge sind von Menschen verlassene Schalen, abgestreifte Häute, ausgefallene Zähne (oder werden es eines Tages sein), so daß die Beschäftigung mit derartigen Relikten eine Beschäftigung mit dem eigenen Wesen bedeutet. Aber nicht nur die aus dem Gebrauch geratenen Dinge, auch die kontemporären und dauernd entstehenden sollten angeschaut werden, als seien sie Erbstücke aus der Antike: wie wir nämlich an den alten Resten erkennen, wie wir einst waren, machen uns die funkelnagelneuen Produkte klar, was wir gegenwärtig sind.

Dafür einen Sinn zu entwickeln, den Sinn zu schärfen, Sensibilität wachzurufen, das wäre ein Unterfangen, dem solche Art des Schreibens, wie ich sie zu erklären suchte, dienstbar sein möchte.

---

[62] Ebenda. S. 227-239.

EIN DIALOG[63]

[...] Daß aber der DDR-Leser erwartungsvoller zum Buch greift, liegt einfach daran, daß er vom Buch mehr erwartet als der westdeutsche Leser: etwas wie den »Sinn des Lebens« oder eine unrelativierbare Wahrheit inmitten so vieler flüchtiger oder bereits verflüchtigter. Die Funktion der Literatur ist eine ganz andere. Sie soll bieten, was andernorts fehlt: Information, Lebenshilfe, Bewußtseinserweiterung, ja, ich scheue mich nicht zu sagen: Transzendenz des säkularisierten, auf engste Funktionen regredierten Lebens. Das wird von Literatur, von Gedichten erwartet, doch diese Erwartung kann keine Literatur, kein Gedicht erfüllen.

RÜCKBLICK[64]

Wenn ich heute auf meine eigene Vergangenheit zurückblicke, muß ich sagen: Meine Angst hat sich rapide verringert, aber meine Befürchtungen sind gewachsen. Das klingt merkwürdig, ist jedoch leicht erklärt. Meine Angst war eine individuelle, mein Befürchtungen sind allgemeiner Natur und werden von vielen geteilt. Meine Angst bestand darin, einfach zu erlöschen wie eine Kerze. Nicht mehr atmen und nicht mehr schreiben zu können. Meine Angst war ein Ergebnis des Druckes, eine Angst vor dem Druck selber und zugleich eine doppelte: nämlich dem Druck nicht widerstehen zu können. Es gibt Zeiten in der Geschichte, insbesondere in der deutschen, die für Schriftsteller wenig angenehm sind. Meist sind derartige Zeiten geprägt von dem Bemühen, Machtverhältnisse zu stabilisieren oder in einen neuen Stabilitätszustand zu überführen, wobei die unmittelbar daran Beteiligten höchst ungern gestört werden und sich jede Störung ihrer Machtausübung verbitten. Das heißt: Von Bitten kann keine Rede sein. Als Störenfriede werden allzuoft Schriftsteller ausgemacht, die den Vorgängen weder akklamieren noch sie ignorieren, sondern ihnen opponieren. [...] Für den Betroffenen, der nie so recht weiß, wie ihm geschieht, vollzieht sich seine mehr oder weniger humane Eliminierung aus einem Gesellschaftskörper unter Ängsten, deren Einfluß auf sein körperliches Befinden durchaus dem von Krankheiten gleicht. Seine materielle wie psychische Existenz ist bedroht, und dieser Bedrohung, ihren vielfältigen indirekten wie direkten Erscheinungsformen erliegt er langsam wie einem unheilbaren Leiden. Die deutsche Literaturgeschichte ist voll von Selbstmördern, Alkoholikern, Psychosomatikern oder solchen Autoren, die unter der latenten Bedrückung nichts mehr zustande brachten. Diese Art Angst ist von mir abgefallen und kehrt nur manchmal, kaum verkleidet, in Alpträumen wieder, in denen ich den Mächten und den Mächtigen wehrlos ausgeliefert bin. Vielleicht muß man sich erst das alles vom Halse träumen, um es wirklich los zu sein – falls man es überhaupt je los wird.

Woher also dann die wachsenden Befürchtungen, wenn die Ursachen der Angst aus den Augen, aus dem Sinn gerückt sind? Weil die Befürchtungen nicht allein mir

---

[63] Aus: Günter Kunert: *Die Schreie der Fledermäuse*. a.a.O. S. 375-379.
[64] Der Text entstand 1982, wurde gedruckt in: Günter Kunert: *Schatten entziffern. Lyrik & Prosa 1950 – 1994.* Hg. Jochen Richter, Leipzig 1995, S. 229ff.

oder einer kleinen Gruppe vorbehalten bleiben: sie sind das einzig wahre „Gemeineigentum", das es gibt und vermutlich auch geben kann. Es sind dies die Befürchtungen von unser aller Zukunft, oft zu dem unheimlichen Empfinden verdichtet, diese Zukunft würde uns gar nicht mehr zuteil [...].

Wenn wir, und damit meine ich alle Teilhaber an der alten und traditionellen Industriezivilisation, wenn wir schon nicht in der Lage sind, unser gemeinsames Leben so zu gestalten, daß das des Einzelnen vor den negativen Folgen eben dieser Zivilisation geschützt ist, und wenn wir nicht verhindern können, daß wir Gifte einatmen, aufessen, trinken, wie sollen wir, die sich mit Absurditäten wie Butterbergen und Östrogenkälbern befassen, der übrigen Welt aus ihren Schwierigkeiten helfen?

[...]

Unsere Spezies ist, entgegen aller Vernunft oder sogar – und das steigert meine Befürchtungen – dank ihrer Vernunft außerstande, sich ihrer selbst bewußt zu werden, geschweige denn, solchem hypothetischen Bewußtsein entsprechend zu handeln oder auch: Handeln zu unterlassen.

In unserer Hybris, in unserem blinden Hochmut, der auf sein instrumentales, eingeschränktes Denken auch noch stolz ist, versäumen wir es ganz und gar, die Zeichen zu erkennen, die unsere Vorfahren schon früh bemerkt hatten, um sie, in der Sage von Prometheus chiffriert, auf ihre Weise weiterzugeben. Wir haben sie nur nicht begriffen. Wir haben gelernt oder gelesen, daß jener Halbgott den Göttern das Feuer stahl und es den Menschen brachte und damit den Beginn der industriellen Zivilisation einleitete. Dafür wurde er von Zeus bestraft und von allen bisherigen Generationen als Kulturheros gefeiert – zu Unrecht, wie ich befürchte. Denn der zweite, weniger bekannte Teil der Sage erzählt, daß sein Geschenk so großmütig wie geglaubt nicht gewesen ist. Denn gleichzeitig und wie mit niederträchtiger Kalkulation nahm er den Menschen, was sie damals noch besaßen: die Gabe des Vorauswissens. Heute erweist es sich überdeutlich: Diese Amputation der Kenntnis des Kommenden war notwendig, da sie ja sonst wohl kaum das Feuer entgegengenommen hätten und damit das Schicksal, mit solchem Anfang auch das Ende herbeizuführen. Wir haben diesen Mythos Generationen hindurch gehört, studiert, idealisiert und zur Verständigung untereinander gebraucht und ihn endlich „klassisch" genannt, ohne ihn zu begreifen.

[...] Er war das Symbol des revolutionären Geistes, des Schöpferischen, weil wir immer überlesen haben, was wir nicht erfahren wollten. Dem rückwärtsgewandten Blick über die Zeit hinweg bis zum Horizont der Vergangenheit, wo schon nichts mehr so recht erkennbar ist, will vorkommen, als sei der zurückgelegte Weg ein Irrweg gewesen, von Wegweisern bestimmt, die wir mißverstanden haben; ein Weg, den wir bis zum Ende zu gehen gezwungen scheinen.

BESCHREIBEN[65]

Eine frühe Erfahrung besteht darin, daß es, trotz aller sprachlichen Mühe, nicht gelingen will, das Erblickte adäquat, eben dem vielfältigen optischen Eindruck entsprechend, zu beschreiben. Immer fehlt etwas und scheint der inständig gewünschten

---

[65] Aus: Günter Kunert: *Verspätete Monologe*. Carl Hanser Verlag, München Wien 1981.

Genauigkeit zu ermangeln. Es entsteht, während der Blick, wie beim Skizzieren oder Malen sein Objekt eindringlich mustert, etwas anderes, was es nicht ist. Immer wieder und immer noch wird ein Satz, ein Wendung hinzugefügt, wobei – das ist nicht zu leugnen – durch das Beschreiben zwar ein Bild sich ergibt, das in sich richtig sein mag, und das trotzdem wie von der Wirklichkeit abgelöst wirkt, dergestalt, als habe es bei dem Ablösungsvorgang die Form der Wirklichkeit eingebüßt. Ein schlechter Abdruck, stellt man hinterher enttäuscht fest.

Die Sprache, und wenigstens das ist ein Trost, schafft ein autonomes Gebilde, in dem sich mögliche Hinweise auf den Gegenstand, der genannt ist, finden lassen, niemals aber der Gegenstand selber: Als Porträt oder anatomischer Aufriß. Weil Sprache, während man sich ihrer bedient, unter der Hand Eigenbewegungen vollführt, die ihrer eingeborenen, überlieferten Struktur eigen sind, welche die abweichend strukturierte Realität nur sehr bedingt nachzeichnen: Wir reden von etwas, aber zugleich spricht aus uns heraus ein ganz Anderes, dem wir uns nicht entziehen können, und fällt uns dauernd ins Wort.

Biographisch motivierte Texte
Die *Ballade vom Ofensetzer* im Kontext zu Kunerts konkreter Lebenserfahrung

OHNE BILANZ[66]

Macht man sich daran, den konkreten Lebenslauf des eigenen konkreten Vaters aufzurechnen, gerät man in Gefahr, zu potenzieren oder zu subtrahieren, da alle ähnlichen Unternehmen, sonst mit fiktiven Figuren bewerkstelligt, von Ästhetik infiziert sind, von Formprinzipien, welche gleichzeitig auch als Deformationsprinzipien wirkend, die Wirklichkeit ständig zu korrigieren drohen. Das voraussetzend und im Bewußtsein haltend, soll trotzdem der Versuch unternommen werden, Annäherungswerte zu erreichen.
Objekt: Adolf Aloys Paul Franz Kunert.
In den Vornamen findet sich ganz Kakanien versammelt, aus dessen einstigem nördlichem Teil, nämlich Böhmen, er als Kind vor dem Ersten Weltkrieg nach Berlin kam. Überraschend 1965 gestorben: an einem Schlaganfall, der für einen Mann Anfang der sechzig selten tödlich verläuft. Abends völlig gesund zu Bett, trifft ihn die Apoplexie im Schlaf. Morgens ist er halbseitig gelähmt und bewußtlos. Den fast skelettartig mageren, mit tiefblauem Blick ins Nichts starrenden Kranken habe ich nicht mehr bei Bewußtsein gesehen: ob er dazu kam, die Bilanz seines Lebens zu ziehen, bleibt ungewiß und ungeklärt. Und so obliegt es mir, Daten und Fakten untereinander zu schreiben und dann den berühmten Strich darunter zu setzten, der das Fazit einleitet.

---

[66]Aus: Günter Kunert: *Die Schreie der Fledermäuse*. a.a.O. S. 345-353.

Zwei Nenner bestimmten die dreiundsechzig Jahre, die mein Vater »überstand«, denn von jeder Schwierigkeit, und sein Leben setzte sich hauptsächlich aus solchen zusammen, hoffte er passiv, daß man sie schon irgendwie überstehen würde; die beiden Nenner könnte man etwas summarisch als *Arbeit* und *Fremdheit* bezeichnen, beides manchmal von einer unbegreiflichen, allen zu »überstehenden« Umständen konträren Heiterkeit überflackert, einer Heiterkeit, die ich mich nicht scheue kindlich zu nennen. Diese Zweiheit bestimmte sein Wesen, verwandelte sich schließlich in Wesenszüge eines Menschen, der schutzlos den ersten beiden Dritteln unseres ruhmreichen Jahrhunderts ausgesetzt wurde, und der darum für ein Denkmal des Unbekannten Zeitgenossen ein passendes Modell gewesen wäre. Die Denkmäler der Namhaften und Berühmten, immer im Dienst lusitanischer und anderer Popänze Verstorbenen, zeigen ja von den wahren Zeitumständen kaum eine undeutliche Spur; von den Widersprüchen gar nichts.

Mein Vater, der Kaufmann gelernt hatte, was längst allen Fuggerischen Glamours und exotischen Duftes bar war, ist ein Ausbeuter gewesen, aber einer der eigenen Person, von einer Rücksichtslosigkeit gegenüber sich selbst, die er gegen andere nicht aufbrachte – woran er geschäftlich scheiterte.

Es ist notwendig, ihn an seiner großen, fettig schimmernden Papierschneidmaschine zu betrachten, und wie er ein lastwagenmächtiges Schwungrad dreht, schneller und schneller, bis das nötige Tempo erreicht ist, das es erlaubt, mittels eines Hebels von Unterarmspanne Zahnräder ruckhaft ineinanderzukuppeln, damit ein meterlanges Messer hinabfährt, um mit unvergeßlichem Geräusch einen vom Eisenbalken eingepreßten Papierstapel sausend zu zerteilen. Oder ein Papierstapel wird beschnitten: eine Scheibe entsteht, glatt und glänzend an der Schnittfläche, die sogleich in unzählige Streifen zerfällt, welche zerknüllt und in Säcke gepreßt werden: Stampe. Den Keller, wo mein Vater mühsam industrielle Erzeugnisse durch Handarbeit nachahmte, das Überbleibsel von Manufaktur traf eine der ersten Bomben des Luftkrieges [...].

In dem neuen Keller wurde die Schneidmaschine durch einen Elektromotor angetrieben.

Da mein Vater selber eine anstrengende Symbiose unterschiedlicher Funktionen in seiner Person aufrechterhielt – er war sein eigener Arbeitnehmer, sein eigener Vertreter, der Kundschaft suchte, sein eigener Buchhalter und sein eigener Chef, der die verschiedenen Abspaltungen dirigierte – war er ständig in Betrieb, bediente die Schneidemaschine, die Heftmaschine, die Perforiermaschine, manchmal von seiner Frau, meiner Mutter unterstützt; er brachte die schweren Messer zum Schleifen, den Perforierkamm zum Richten, besorgte Heftdraht, kaufte Papierballen, lief säumigen Zahlern nach und setzte sich abends oder an Wochenenden über seine Geschäftsbücher: sich um seinen Sohn zu kümmern blieb keine Stunde übrig. Auch keine für Krankheiten. Nur eine unaufschiebbare Blutvergiftung mußte absolviert werden und die operative Begradigung eines Knicks im Nasengang, der ständig Kopfschmerzen verursacht, denen zum Trotz er immer weiter, weiter gearbeitet hatte.

Endgültig wurde die Einmannfabrik am 2. Februar 1944 von einem Bombenteppich geschlossen [...].

Es ist erforderlich, zu beobachten, wie mein Vater einen Tag nach der Kapitulation durch die Trümmerwelt spazierte, den Rücken von dem für jene Jahre typischen Auswuchs bedeckt: dem Rucksack. Unbekümmert von Telefonleitungen ziehenden Rotarmisten, von Barrikaden und Panzersperren wegräumenden Nazis, von auffliegendem Geschrei, von vereinzelten unerklärlichen, in den Kulissen abgegebenen Schüssen, ging er über das zerschmetterte Pflaster, Nahrung und Brennmaterial zu *organisieren* und, wieder daheim, den vollgestopften Beutel aus grober Leinwand stolz und strahlend auf dem Tisch zu entleeren: die Energien, mit denen, wie der Klassiker meint, früher große Reiche gegründet wurden, wandte mein Vater täglich auf, die tägliche Existenz dreier Menschen zu ermöglichen.

Einige Wochen später hob er, erfolgreicher Schatzsucher ohne jeden Springwurz, mit Hilfe freundlicher Leute die ausgeglühte Schneidemaschine aus den Trümmern ans Licht, und während das Metall regeneriert wurde, mietete er eine Etage in einem der letzten Häuser der Kommandantenstraße und begann dort aufs neue seine Produktion, die sich, begünstigt vom allumfassenden Mangel, vom ungestillten Bedürfnis menschlicher Graphomanie, sofort ausweitete, Zwang übte, Hilfskräfte einzustellen, Buchbinder, Falzerinnen, Vertreter, Angestellte, die sich alle nach Teilung der Stadt in zwei Währungsgebiete, nach vergeblichen Versuchen mit großen Firmen zu konkurrieren, wieder verliefen. Das Unternehmen verkleinerte sich aufs herkömmliche Maß: auf das einer, seiner Person, die Papier schnitt, Blocks ableimte, zu Kunden lief und auf Pfennigbeträge oft wochenlang warten mußte. Ein Wirtschaftswunder fand noch nicht statt.

Und nach einem Augustsonntag des Jahres 61 wartete die Schneidemaschine vergeblich auf ihren Besitzer, der in der anderen Hälfte der Stadt saß, ungewiß, ob er jemals das blinke Messer, Papierballen, Leimkocher wiedersähe, bis klar wurde, daß ihm die gewohnte Umgebung deformierender Arbeit auf immer versagt sein würde. Statt dessen erhielt er eine Stellung in einem volkseigenen Betrieb, in dem er sich eine Weile betätigte, kopfschüttelnd über das, was man hier Arbeit nannte. Den verlangsamten Daseinsrhythmus vertrug er nicht: er wurde alt; er war alt [...].

Der zweite Nenner, die *Fremdheit*, bestimmte schon seine Kindheit, in der er mit seinen Eltern aus Tetschen nach Berlin übersiedelt, wo er, ungefragt »Deutscher Staatsbürger« geworden, den Ersten Weltkrieg erlebte, bei dessen Ende er sechzehn war. Morgendliches Anstehen nach Kleiebrot, Nahrung aus Kohlrübenmarmelade und Steckrübensuppe gerinnen zu wichtigen, später oft erzählten Erinnerungen. Dreiundvierzig Jahre alt beim Schluß des Zweiten Weltkrieges, an dem er als staatlich Verfemter nicht teilnahm, nur durch Anteilnahme beteiligt, durch tägliches Hoffen auf den raschen Sieg der Alliierten, um Hitler zu »überstehen«, zu dessen Gegner man durch eine einfache Ehe geworden war. Obwohl aufgefordert, sich scheiden zu lassen, um des Durchschnittslebens eines Durchschnittsbürgers teilhaftig zu werden, hielt mein Vater dickköpfig an Frau und Feindschaft fest: keine Sache für die leichte Achsel. Es ging ja nicht allein um Abkehr von einer »Volksgemeinschaft«, nicht bloß ums Joch offizieller Ächtung oder um das Verhalten von Nachbarn, Kunden, Behörden, um das engmaschige Netz zwischenmenschlicher und gesellschaftlicher Beziehungen, darinnen man sich als exotisches Tier gefangen fand, es ging um viel Einfacheres: ums Überleben.

Mein Vater, der seine Mutter früh verlor und zu seinem Vater und Bruder in keinem sonderlich engen Verhältnis stand, befand sich an der Peripherie jüdischen Familienlebens, dem er sich zunehmend anpaßte und das ihn selber zu prägen anfing, bis hin zum Gebrauch einiger, unter längst Assimilierten gebräuchlicher Idiomrelikte, deren Rachenlaute auszusprechen ihm jedoch niemals richtig gelang. Dieses Familienleben schwand mit dem Beginn der Deportationen und vergrößerte das Vakuum subjektiven Lebensraumes. Obwohl im Heimatland fühlte man sich in der Fremde. [...] So gingen meines Vaters Schwager und Schwägerin weg, kurz darauf gefolgt von seinem Schwiegervater: es blieb keiner zurück; die Technik, Menschen verschwinden zu lassen, war vollkommen.

Die vereinsamte Wohnung, außerhalb des neugeordneten Europa ein Castle, eine Burg, eine Freistatt des Individuums, besaß eher den Charakter einer Falle: zu Hause war man am verwundbarsten. Sobald das Telefon klingelte und ein verabredetes Stichwort eine neue Judenaktion ankündigte, verließ man sie vorsichtshalber mit Frau und Sohn, selber die Nacht bei Bekannten zu verbringen, unsicher, ob man heimkehren könne, und doch des einen gewiß: daß man bei den Hilfsbereiten über einen längeren Zeitraum nicht verweilen konnte. Nie aufhörende Spekulation, ob das »Ariertum« meines Vaters weiterhin Schutz böte, oder ob dieser Schutz vielleicht insgeheim aufgehoben worden sei. War die Menschenjagd, von der die Einwohner kaum etwas merkten, abgeklungen, betrat man wieder die Wohnung, bis eine Luftmine auch diese in Vergangenheit verwandelte. Unterschlüpfen bei Fremden, Untermieter des Chaos, solange die Rote Armee ausstand, nach deren ersehntem begrüßtem Eintreffen man durch ein modernes Ankhor Vat wandelte: überstand, überlebt, durchgehalten. Um welchen Preis!

Versunken das eben noch gewesene *Golden Age* der zwanziger Jahre im Mahlstrom blutiger Historie – hin und weg. Aufkeimende Diskussion zwischen Vater und Sohn über Sozialismus und Kapitalismus, wachsende Schärfe des Tons, hervorgerufen durch zunehmende Differenzierung der ökonomischen Systeme auf deutschem, auf berlinischem Boden. Gegen den Sohnesglauben, die Werkstätten mörderischen deutschen Bewußtseins würden anfangen, Vernunft zu erzeugen, sobald sie sozialisiert seien, stand die Überzeugung des Vaters von der alleinseligmachenden freien Marktwirtschaft, durch die er zu nichts kam. Im Osten der Stadt wohnend, in ihrem Westen arbeitend, konnte er auf des Messers Schneide, die er täglich kreuzte, nicht heimisch werden. Seine Polizeiphobie wurde maßlos. Er konnte keine Uniformen ansehen. Brachte es auch nicht mehr zu Freundschaften, zu Bekanntschaften, da er sogar die Fähigkeit, normale Kontakte zu seiner Umgebung aufzunehmen, mehr und mehr verlor. Und als das Seil, auf dem so viele zwischen Berlin und Berlin ihren grotesken und tragische Tanz absolvierten, endgültig riß, zog er sich noch weiter in sich selbst zurück. Sein Interesse an politischen Ereignissen globalen Ausmaßes verringerte sich ständig. Alle Erfahrungen seines Lebens, das zu leben er überhaupt nicht gekommen, waren solcherart gewesen, daß er jede Hoffnung aufgab, sogar die letzte und stärkste nach der Befreiung: die auf Wiederherstellung unbeschwerten vorhitlerischen Daseins; das erwies sich zubald als Illusion. Er glaubte keiner Deklamation und keiner Deklaration mehr. Obwohl unausgesetzt tätig, hatte er nichts erreicht: weder materiellen noch ideellen Gewinn. Es schlug nichts zu Buch. Gebannt in einen engen Lebenskreis durch Mächte, die metaphysische Verschleierung benötigten, sah er Vielfalt und Reichtum der Erde niemals. Umgeben von Fremdheit wie ein Robinson von Wasserwüsten, auf denen keine rettende Flottille erschien, um den Schiffbrüchigen triumphal heimzubringen, führte er ein Inseldasein. Noch nach seinem Tode liegt er in fremder Umgebung: katholisch getauft, Atheist geworden, inmitten der Gräber Israels auf dem jüdischen Friedhof in Berlin-Weißensee.

Nur die eingangs erwähnte unbegreifliche Heiterkeit irrlichterte manchmal über ihn hin, selbst in dunklen Stunden, in Erwartung möglichen Abtransportes, im Luftschutzkeller unter Bombenfall und Granatregen: Sedativ im todverseuchten Sumpf der Epoche. Die Erbschaft dieser Heiterkeit trete ich gern an; sonst ist mir nichts vermacht worden als ein Heuschnupfen, der für sechs Wochen im Jahr pünktlich eintrifft: ein physisches Memento eigner Art. Und es bleibt die Anständigkeit eines Menschen, der mit einer einzigen Unterschrift auf einer Scheidungsurkunde seinen

Status wesentlich hätte verbessern können und dadurch wahrscheinlich auch länger leben, und es trotzdem nicht tat.

Es ist eine Rechnung, was hier vorliegt, aber, nachdem der Strich gezogen, wage ich nicht, die Posten zu addieren. Hatten diese dreiundsechzig Jahre einen Sinn? Was daran war Glück oder Aufschwung? Nahm mein Vater sein Schicksal an oder nicht? War er, weil die Scheidung unterblieb, ein Held, ohne daß er es wußte?

Die Bilanz dieses zugleich gewöhnlichen und außerordentlichen Daseins zu ziehen fehlt mir die fraglose Grobschlächtigkeit, für die eins und eins immer zwei ergibt.

SELBSTPORTRÄT IM GEGENLICHT[67]

Sich selbst darstellen: Paradoxie; denn wie schlüpft man unter das eigene Gesicht, ohne sich vorher des eigenen Gesichtes als Maske bewußt zu werden, das ja danach nicht länger mehr das eigene, ursprüngliche Gesicht sein kann. Reflexion entfremdet es. Welche Komplikation – noch dazu für einen, dem alles Biografische nur als gesellschaftliches Paradigma denkbar ist und widerfährt; der die sogenannte Persönlichkeit für ein Nebenprodukt prägnanter Umstände hält, deren prägender Gewalt sich keiner entzieht, nicht einmal der, der dies klar zu erkennen vermeint.

Gelänge mir, was die klassische Gruselliteratur von Robert Louis Stevenson bis Gustav Meyrink oft genug beschrieb, nämlich mich von mir selber zu lösen und mich voller Staunen zu betrachten: wie ich da an einem hellholzigen Arbeitstisch sitze, Krimskrams in Griffnähe, jungfräuliches Papier unter der Hand, den runden Schädel stark entlaubt, schnurrbärtig, so erschiene mir diese Gestalt mit der melancholischen Physiognomie eines Seehundes fremder als ohnehin schon. Wenn ich ihn mir ansähe, diesen Kunert, müßte ich gestehen, daß ich, recht überlegt, verblüffend wenig von ihm weiß, wenig vom Kern seines Wesens, und in der Hauptsache bloß von seinen äußeren Lebensumständen Kenntnis habe, und daß ich mich daher fragen sollte, ob vielleicht etwa die Äußerlichkeiten sein eigentliches Wesen ausmachen oder ob, wie ich inständig hoffe, das ganz und gar Private an ihm von den keineswegs privaten Verhältnissen seiner Existenz verdrängt wird. Im Zweifelsfalle immer für den Angeklagten urteilend, will ich das letztere zu seinen Gunsten annehmen.

Weiterhin fragte ich mich, sähe ich ihn da hinter dem Tisch über liniierte Blätter gebeugt, als sei er kurzsichtig, was er aber nicht ist, ob er denn überhaupt selbständig lebe, oder ob es nicht einfach eine sichtbar gewordene Metamorphose dieses liniierten Papieres ist, da alle Wege seines Tagesablaufs, seines Lebenslaufes zu den Papierblättern hinführen, deren Menge jeweils nach der Begegnung mit Kunert abnimmt: Verwandlung von DIN-A4-Bogen in so etwas Ähnliches wie einen Menschen durch die Katalyse des Schreibens auf eben diese Bogen.

Der Vorgang des Schreibens jedoch verwandelt nicht allein Papier in einen Kunert, es verwandelt auch Kunert in etwas, das zu begreifen, zu erklären, zu umschreiben und damit exakter zu benennen er immer aufs neue Papier mit Wörtern bedeckt, in einer Handschrift, die zu entziffern ihm oftmals selber solche Mühe macht, als handele es sich um Maya-Hieroglyphen, so daß er lieber neue Dechiffrierungen herausliest. Aber das geschieht erst später, nach der Verwandlung, in der die

---

[67] Aus: Günter Kunert: *Die Schreie der Fledermäuse.* a.a.O. S. 372ff.

ungewisse Psyche des schreibenden sich mit der Außenwelt glückselig wiedervereinigt und jene Totalität und Deckungsgleichheit von Zeit, Raum, Dasein, Denken, Empfinden sich herstellt, wie sie ausschließlich den Göttern bekannt gewesen sein soll. Es ist ein Zustand, in dem das beängstigende, zermürbende, verzweiflungsschaffende Abschnurren der Zeit aufzuhören scheint; in dem sie beinahe stillsteht: am Rande des unsäglichen Abgrundes, in den zu stürzen das Schreiben verhindert. Schreiben ist Rettung vorm Tode, solange es anhält. Das ist der Augenblick der Wahrheit, da sich das Individuum seiner Individualität begibt und sich aufs innigste mit dem unsterblichen Ich menschlicher Allgemeinheit verquickt, das wiederum, sonst zu Gesichtslosigkeit und Abwesenheit verdammt, selber das am Tisch hockende, übers Papier geneigte, haarloser werdende Individuum braucht, um sich zu manifestieren und sichtbar zu sein.

Wesentlicheres ließe sich über Kunert kaum mitteilen, bestenfalls Fragebogenantworten, Lebensdaten, Bertillonsche Maße, Kragenweite, Hutgröße, Schuhnummer. Was bedeuten für andere die Frau, mit der er verheiratet ist, Freunde, nützlich zum Sprechen und Trinken, Katzen, gewisse leere Räume auszufüllen; Lieblingsgerichte und Lieblingslektüre, Spaghetti mit Petersilie, Knoblauch, Parmesan und Arno Schmidt erklären nichts an diesem Schriftsteller, der ich bin, aber das bloß, insoweit das Spezifikum unspezifisch erscheint: Günter Kunert als Günter Jedermann.

10 (+ x) Produktionsästhetische Textdeutungshypothesen

Die Konstitution von Textsinn und -bedeutung als Nachgestaltung der umfassenden Entstehungssituation bedeutet ja immer auch eine Indiskretion gegenüber dem Autor. Kunert bietet aber selbst eine Vielzahl Texte und darin auch Kontexte an, über die seine vielschichtigen und schwer entschlüsselbaren Texte verstehbar werden sollen. So dürfen auch wir über sie verfügen. Eine unzulässige Vereinfachung von Textverständnis ist darin schon deshalb nicht zu sehen, weil die Vielfalt der Wege des Textverstehens dadurch kaum eingeengt wird. Die detailgenaue „Anwendung" von Kunerts Erfahrungshorizont, von seinem Künstlerbild, seiner Art Kontext-, Zeit- und Gesellschafts- oder Familienbezug ist hier, wie sicher auch zu keinem anderen Text, erschöpfend zu leisten. Auch muss der konkrete Prozess (wie er in 3.1 beschrieben wurde) ausgeblendet werden, der die poetischen Texte und Selbstaussagen als autorsubjektiver Kontext auf die *Ballade vom Ofensetzer* bezieht. Eine Rekonstruktion der Schreibsituation und damit der Schreibmotivation indes wird möglich, wenn auch keine einspurige. Die Entstehungskontexte weisen verschiedene Möglichkeiten auf, denen im einzelnen nicht nachgegangen werden soll. Die Ergebnisse liegen aber als Diskussionsgrundlage bereit. Sie zeigen nun verschiedene produktionsästhetische Deutungsansätze, je nach dem, welche subjektiven oder objektiven autorseitigen Voraussetzungen und welche realitätsseitigen Voraussetzungen hinzugezogen und wie sie gewichtet wurden.

Einige der von den Studenten ermittelten Textdeutungshypothesen sind aufgeführt, weitere sind zu ergänzen (+ x). Die Texte aus der o. a. Materialsammlung, die die jeweilige These stützen können, sind in Klammern angemerkt.

1)
Kunert versteht seine Texte als öffentlich gewordenes Bewusstsein (*Selbstporträt im Gegenlicht*), denn „Schreiben" ist für ihn „Selbstausdruck, eine Selbstverwirklichung"[68] (*Warum Schreiben*), es ist Transformation von Erfahrung in das Medium Text. Wenn der Text als Selbstaussage des dichtenden Ich zu lesen ist und dieses Ich sich als „Legierung individueller und gesellschaftlicher Komponenten"[69] versteht, wird der Text zum Dokument, das die Beziehung des Individuums zur Gesellschaft offenbart.

Kunert „abstrahiert sich" in seinen Texten, somit ist jeder Text auf einer bestimmten Ebene der Autor selbst (*Warum Schreiben*) und somit rekurriert die mit dem Ofensetzer Albuin ins Bild gesetzte Erfahrung auf eine konkrete von Kunert. Die Situation des Ofensetzers verbildlicht die des Dichters Kunert.

2)
Der biographische Fakt der Identität als Halbjude kann eine Außenseiterposition[70] (Biographische Skizze), die eigene, früh erfahrene und nie ganz überwundene „rassisch" bedingte Unbehaustheit, Fremdheit, z. T. auch abwertende Marginalisierung, provoziert haben. Danach verkörpert Albuin eine minderwertige Existenz, die nur als dienende Arbeitskraft relevant ist, der kaum eigene Daseinsberechtigung zukommt, zumindest eine geringere als einem wärmespendenden Kachelofen. Im Motiv der Verbrennung bzw. des physikalisch wahrscheinlichen Erstickungstodes spitzt sich die These von der Wertlosigkeit gegenüber Nutzgegenständen zu.

3)
Die Projektion des Textes als Vater-Biographie (*Ohne Bilanz*), in der „Arbeit und Fremdheit" Konstanten sind, kann (ebenso wie Thesen 1 und 2) als Transformation außertextuellen Kontextes (Stoff und Thema) gelesen werden.
Kunert schildert den Lebensweg des Vaters in der distanzierten Manier, in der er die vermeintlich unmündige, ergebene und passive Haltung Albuins vermittelt, aus der jene Ohnmacht, jenes stoische Abarbeiten der vom Schicksal aufgebür-

---

[68] Aus: FAZ vom 24. 11. 1979 Nr. 274, S. 25.
[69] Aus: *Warum Schreiben*. s.o. S.278 , Siehe in diesem Sinne auch Kunerts Aussage: auch „Biographische ist gesellschaftliches Paradigma", in: *Tagträume in Berlin und andernorts*. Frankfurt a. M. 1985, S. 283.
[70] Texte wie *Zentralbahnhof, Schöne Gegend mit Vätern, Der ungebetene Gast* oder *Prinsengracht 263*, der Essay *Ungemeinsame Geschichte* und Gedichte wie *Diesseits des Erinnerns* und *Notizen in Kreide*, die sich auch der Vergänglichkeit von Erinnerungen und der Problematik jüdischer Identität zuwenden.

deten Lasten entsteht. Die Lesart als Verarbeitung der väterlichen Biographie scheint auch durch die Namentlichkeit naheliegend, Alois, der Vater, und Albuin, der Ofensetzer, sind nicht nur klanglich verwandt.

Die Deutung nach der Vater-Biographie fokussiert überdies eine wichtige Aussage in der Ballade; die, dass er einmal den rechten Moment des Ausstiegs „verpasst" habe. Für die Deutung als Vater-Biographie kommt dieser Stelle die gleiche grundsätzliche Bedeutung zu, wie im Text *Ohne Bilanz* der Bemerkung, dass sich der Vater mit einer einfachen Unterschrift unter die Scheidungsurkunde von seiner Frau und dem jüdischen Teil der Familie hätte trennen und damit Zurückweisungen, Demütigungen und seinem würdelosen Ende hätte entgehen können.

4)
Die *Ballade vom Ofensetzer* ist lesbar als komplexe Metapher für die Bedrohung des Menschen durch den Menschen (*Rückblick* und Biographische Skizze). Das Ich, das sich nach Kunert nicht im Dasein, sondern im Tun verwirklicht, (*Selbstporträt*), zeigt die Ballade auf dem nach Kunert aktuellen Stand: Selbstverwirklichung als Selbstzerstörung. Die Ursachen lassen sich auf ein menschenfeindliches Zivilisationsgebaren zurückführen, das u. a. den gestörten Bezug der Menschen zu den Dingen, zu ihrer Umgebung, vorantreibt. Der Mensch bewertet, verfremdet und funktionalisiert alles ihm Verfügbare nach dem Nutzen, den es für ihn hat (*Versuch über meine Prosa*). Albuin wird dieser pervertierte Utilitarismus zum Verhängnis und sein Meister zeigt die Ungeheuerlichkeit eines Fortschritts, der sich am materiellen Nutzen misst.

5)
Die Ballade ordnet sich ein in eine große Gruppe von Kurzprosa-Stücken, in denen Kunert minimalistische Weltuntergangsszenarien als einzelne Symptome der zivilisationskranken Gegenwart gestaltet[71]. Hierbei werden autorseitige Voraussetzungen und Vorprägungen produktiv.

Die Menschen haben sich nach Kunert zu Gott erklärt und mit Geld und naturwissenschaftlicher Forschung ermöglichen sie sich die Fortsetzung der Schöpfung auf zivilisierte Weise. Diese neuen Schöpfungen kehren sich aber gegen ihre selbst ernannten Schöpfer. Die Weltherrschaft des maximierten Nutzens teilt die Menschen in Gesellschaftsnützliche und Nichtnützliche[72]. Die Frage danach, wer über den Nutzen der Dinge und Menschen entscheiden darf (häufig sehen sich die Menschen im gesellschaftlichen Kontext einer Ding-Werdung ausgesetzt), ist mit Blick auf die *Ballade vom Ofensetzer* schnell beantwortet, es ist der jeweils „Macht-Habende" (*Als unnötigen Luxus*). Die Polarisierung von

---

[71] Wie in den Texten *Die Maschine, Die Taucher, Das Bild der Schlacht am Isonzo.* In *Tagträume in Berlin und andernorts.* a.a.O.
[72] So der Aktivist aus der Erzählung *Die Waage.* In *Der Hai. Erzählungen und kleine Prosa.* Stuttgart 1981, S. 39.

Macht und Ohnmacht nimmt apokalyptische Züge an, Katastrophengewissheit steht am Ende dieser Ballade wie vieler anderer Kurzprosa-Texte von Kunert.

6)
Mit der Ofensetzer-Figur Albuin reflektiert Kunert die Stellung des Dichters in seiner Gegenwart und ihren konkreten Bedingungen (*Rückblick, Ein Dialog*) als realitätsseitige Textvoraussetzung. Die erzählte Episode kann verdeutlichen, dass Albuin, der als Schaffender künstlergleich konzipiert ist, unmittelbar von der „Funktion" seines Werkes abhängig ist. Solcherart instrumentalisierte (parteiliche) Kunst hat ihre Kompetenz allein im gesellschaftlichen Nutzen und dieser Nutzen bestimmt rückwirkend den „Wert" des Künstlers.
Kunert hat für sich den Automatismus der Beschränkung und die Zweckorientierung des Schreibens, die er in der kurzzeitigen Tätigkeit als Redakteur empfand, abgelehnt (*Warum Schreiben*).

7)
Der Text ist deutbar als gesellschaftliche Momentaufnahme der konkreten Situation im Jahr 1972, das als Entstehungsjahr ausgewiesen ist (*Biographische Skizze*). Kulturpolitisch und die Literaturverhältnisse betreffend wirkt sich 1971 der Rücktritt von W. Ulbricht (auf dem VIII. Parteitag der SED) aus; partielle Lockerung und Liberalisierung der restriktiven Kulturpolitik stehen in Aussicht. Der Nachfolger E. Honecker kündigt Toleranz gegenüber einer Literatur „ohne Tabus" an. Dieser Ansage folgte unmittelbar eine Flut kritischer Texte, die nun aus den Schubladen und Künstlerköpfen an die Öffentlichkeit drängten. Die Flut drohte unkontrollierbar zu werden, die kritischen Texte wurden als normzersetzend diffamiert, denn sie würden „falsche" Identifikationsfiguren schaffen. In der offiziellen kulturpolitischen Bewertung waren diese Texte weit davon entfernt, Kunst zu sein. Derart Unkünstlerisches dürfe sich im Land nicht verbreiten. So wurde (bei Sanktionen) das konsequente Befolgen des sozialistischen Realismus eingefordert. Dieser Rückschlag traf die moderneren, unabhängigeren Werke. Erneut und härter wurde ein systemrelevantes Kunstschaffen eingefordert, bei dem einzig zählte, was das Werk zur Entwicklung der sozialistischen Gesellschaft beitrage. Dieser „Beitrag" wurde per kulturpolitischem Dekret als einziges Kunstkriterium anerkannt.
Wie sehr diese Art Anforderung an Kunstwerke die Kunst zu einem für sie historisch wichtigen Moment verrät und Künstler zurückweist, deutet die Perspektive von Albuin und seinem Kachelofen an. So kann die Konstellation vom „Meister" und den von ihm anzulernenden „Gesellen" und der „Gilde" sowie der anonymen, zukünftigen „Nutzer" des Kachelofens das aktuelle Verhältnis von Künstler und Kulturpolitik veranschaulichen.

8)
Kunert etikettiert die Figur Albuin wie jede aufrichtige seiner Figuren mit dem Zeichen der Ohnmacht, das sie zum Unterlegenen des unmenschlichen Diktats der instrumentellen Vernunft stempelt. Hier argumentiert Kunert pessimistisch mit seiner Deutung des Prometheus-Stoffes; Prometheus wird zur Personifikation des fehlentwickelten weil ehrgeizig blinden, technischen Fortschritts, denn Prometheus brachte zwar das Feuer (ein Fortschritt ohnegleichen), aber nahm den Menschen als Gegenleistung die Gabe des Vorauswissens, also auch die Einsicht in ihre Fehler und deren Folgen (*Rückblick*).

9)
Kunert verfasst die Ballade mit der Ambition des Lehrdichters, wobei der didaktische Gestus eingeschränkt ist auf negative Dichtung, „schwarze" Lehrdichtung. Er wendet sich ab von der Eigenschaft der Literatur als fortschrittliche Orientierungshilfe Gebrauchsgegenstand zu sein (*Ein Dialog*). Seine literarischen Texte bebildern den Status quo, wie er ihn sieht. Hier gelingt es Kunert, trotz historischer und weltanschaulicher Distanz zwischen erzählter Zeit und Lesergegenwart neben dem Rede- auch das Handlungsverstehen zu aktivieren.
Die Verfügbarkeit von etwas absolut Geltendem, etwa einer großen Wahrheit, ist problematisch. Utopien wären nur noch aus der Negation des Existierenden ableitbar. So entwirft er bitterböse Szenarien wie das von Albuin im Ofen, die jeder Leser in die individuelle Situation, entsprechend eigenen Erfahrungen übersetzen muss[73].

10)
In der Ballade vom Ofensetzer verarbeitet Kunert seine persönliche Enttäuschung über sein reichlich 20-jähriges Engagement als Dichter in diesem Land, denn „so bitter benimmt man sich nur, wo man einst sehr geliebt hat"[74]. In der erkennbaren Distanz zu den Menschen, Aktiven wie Passiveren, Mächtigen und Unterlegenen, Opfern wie Tätern, zeigt sich ein grundsätzliches Misstrauen gegenüber allem Kommenden.
Dieser Bitterkeit steht ein erstaunliches Vertrauen gegenüber, das Ur-Vertrauen in die Verständlichkeit des gedichteten Wortes und in dessen Tauglichkeit zur poetischen Darstellung. Das Dichterwort könne das Individuelle und das Aktuelle mit dem Allgemeinen verbinden, denn Dichtung hat die Fähigkeit, zum Archetypischen vorzudringen[75] (*Beschreiben, Versuch über meine Prosa*).
Die lyrische Bilder- und Metaphernsprache kann unbekannte oder verdrängte Zusammenhänge aufzeigen, die dem anerzogenen Nutzdenken verloren sind

---

[73] Siehe auch die Kurzprosa-Texte *Der Hai, Der Taucher* u. a.
[74] Peter von Matt: *Günter Kunert: Denkender Dichter*. Aus: Günter Kunert. Beiträge zu seinem Werk. München, 1992, S. 18.
[75] So von Kunert dargestellt und einsichtig an der schon genannten archetypischen Situation aus der Prometheus-Sage (*Rückblick*).

(*Die Schreie der Fledermäuse*). Albuin jedoch ist sprachlos, formuliert kein einziges eigenes lautes Wort, ist „un-mündig", „mund-tot" gemacht. Das Reden und die Wortmächtigkeit der anderen verstellen ihm die eigenen Gedanken, und indem er sich auf diese andere Sprache einlässt, verliert er seine eigene, verliert die Möglichkeit, sich zu artikulieren und schließlich sich selbst.

10 + x) ...

Finden Sie selbst weitere Textdeutungshypothesen.

4.2 Die *Ballade vom Ofensetzer*
Darstellungsästhetischer Deutungsansatz

Der darstellungsästhetische bzw. werkimmanente Deutungsansatz bildet weniger eigenständige Thesen als der rezeptions- oder produktionsästhetische. Das konnte im ersten Teil bereits begründet werden.
Die Textanalyse der Ballade (mittels der Instrumentarien der Gattungsmorphologie) und die Strukturanalyse[76] können die entstandenen oder noch entstehenden Thesen zur Deutung der Ofensetzer-Episode stützen, belegen oder widerlegen helfen.

Die **Stoffgrundlage**, ein Arbeits-Detail aus dem praktizierten Ofenbauerhandwerk, konstituiert das **Geschehen**: der Weltgehalt, der sich u. a. zusammensetzt aus der Praxis des Kachelofenbaus und der Hierarchie der Handwerkergilde, ist zur Episode verdichtet; ein Ofensetzer baut einen Kachelofen fahrlässig „von innen" fertig, kommt ohne den Ofen zu zerstören nicht heraus, der hinzukommende Meister bestimmt die Lösung des entstandenen Problems.
Die **Geschichte**, die dann aus dem Geschehen entwickelt wird, kommt hier der **Fabel** sehr nah, da streng chronologisch und auf der Bildoberfläche kausalbestimmt erzählt wird. Es ist die konkrete Geschichte von Albuin, seinem Schaffensrausch, seinem verhängnisvollen Fehler, von dem Meister, der das Ergebnis der von ihm zu verantwortenden Arbeit und damit das Ansehen der Gilde gefährdet sieht und auf eine ungeheuerliche Lösung drängt.
Die erzählte Episode ist relativ handlungsarm, es gibt kaum Bewegungsverben, dominierend sind Verben der optischen und akustischen Wahrnehmung. Die konkrete Szenerie in einem nicht näher bestimmten Wohnraum wird wechselseitig von Erzählerbericht und indirekter Figurenrede bestimmt.

---

[76] Auf eine detaillierte Strukturanalyse wird hier verzichtet.

Es sind verschiedene handlungsbestimmende (außerliterarische) **Motive** erkennbar. Die Figurenkonstellation polarisiert vordergründig ein Herr-Knecht-Verhältnis (Machthabender-Untergebener). Es wird unterstützt vom Raummotiv, das über Drinnen- und Draußen-Sein die entgegengesetzten Positionen etabliert. Albiun steckt über die gesamte Handlung „im Ofen", die anderen stehen draußen davor. Albuins Sprachlosigkeit kontrastiert ergänzend mit der Geschwätzigkeit von Meister und Gesellen vor dem Ofen. Draußen wird geredet, gefragt, appelliert, Albuin im Inneren des Ofens schweigt, denn er „kommt dagegen nicht an". Die Ohnmacht, mit der die Figur konzipiert ist, weist auf den allgemeinen Grundkonflikt von Wollen und (nicht) Können hinaus.

Isolation, Gefangenschaft und Ausgrenzung sind als Vorzeichen des Außenseitermotivs zu identifizieren.

Der perspektivisch konzipierte Ausgang der Handlung (ein Mensch wird verbrannt) fragt nach Albuins Ende als Opfer oder Märtyrer.

Ein wichtiges Motiv ist ausgeblendet, um die Stringenz und das Unausweichliche der Handlung nicht zu gefährden: das Zeitmotiv; denn was spräche dagegen, den Ofen zur Hälfte abzutragen und ihn dann von Albuin von außen wieder errichten zu lassen?

Als blindes Motiv erweist sich die angelegte Differenzierung von Wärme und Kälte, sie kommt weder als menschlicher Aspekt noch als Wertungskategorie zum Tragen.

Die **Raumgestaltung** zielt auf den Eindruck der Enge. Gerade indem der Geltungsrahmen der Handlung erweitert wird, vom Ofen zum Zimmer, auf die Wohnung bis zur Stadt, wird Albuins Enge und Wirkungslosigkeit betont. Die Raumkonstellation reduziert sich schließlich entscheidend auf die schon erwähnten Motive des Gefangen-Seins und des Innen und Außen, zusätzlich verschärft dadurch, dass man von außen hinein, Albuin von innen aber nicht hinaus sondern gar nichts sehen kann. Eine konkrete Verortung des Geschehens ist ebenso wie die **zeitliche Fixierung** vermieden, der unmittelbare Gegenwartsbezug zur Entstehungszeit ist jedoch nicht auszuschließen.

Die **Figurenkonstellation** ist über die genannten polarisierenden Motive bereits grundsätzlich angelegt, Albuin steht den anderen Figuren gegenüber, bereits der ungewöhnliche Name kündigt einen Außenseiter an und ist überhaupt der einzige Personenname. Alle anderen Figuren sind über ihre Funktion oder hierarchische Position erfasst; der Meister, dem die Gesellen in Wort und Tat folgen, dem sie nachsprechen, die zukünftigen Bewohner, die den Ofen brauchen, die Gilde, die ihre Ehre erhalten möchte und die Stadtbewohner, von denen jemand diese Wohnung nutzen will. Für Albuin allerdings verschmelzen alle anderen zu einem unpersönlichen Gegenüber; man denkt, man meint und man fragt draußen.

Die **Spannung** steigert sich dramatisch, von Albuins Fehler, als Erregungsmoment konzipiert, über die Verhärtung der Innen- und Außenperspektive bis zur Zuspitzung, zur Katastrophe.

Der Text ist **formal** durch Einrückungen in acht Abschnitte gegliedert. Inhaltlich fällt die Zweiteilung in allgemeine Einführung (erster Abschnitt) und Wiedergabe der konkreten Handlung als Erzählerbericht auf. Eine gesonderte Schlusssequenz gibt es nicht, dennoch kann man nicht von einem offenen Schluss ausgehen, denn die Perspektive der Handlung ist unausweichlich angelegt, wenn auch die Geschichte vorher abbricht.

An dieser Zweiteilung orientiert sich auch ein Wahrnehmungswechsel. Während am Anfang das sichtbar Schöne an Albuins Tätigkeit mit postitiv konnotierten Verben, Adjektiven und Adverbien wie *greifen, fügen, aufsteigen, vollenden, aufstrahlen* und *elegant, sanft, leuchtend, geschwind, kühn, flink* herausgestellt wird, Worte, die ganz allgemein seine besondere Fähigkeit sichtbar machen, bildet der zweite Abschnitt mit den negativ konnotierten Begriffen *blind, Dunkelheit, erlöschen* den Übergang zur Handlung. Der Wechsel von der optischen zur dominant akustischen Wiedergabe der Handlung ab Abschnitt drei lässt zwei Tendenzen erkennen, die sich inhaltlich ergänzen: die artikulatorische Ohnmacht Albuins und das Erstarken der Stimme, der Position und Macht des Meisters. In textchronologischer Reihenfolge gehören folgende Ausdrücke zur akustischen Präsentation: *aufklingen ... hören ... laut werden lassen ... Stimmen schweigen ... rufen ... trauriger Ton ... kläglich fragen ... laut und eindringlich ... die Stimme des Meisters dröhnt ... dröhnen ... flüstern ... raunen ... dämpfende Kacheln ... schallendes Lob ... übertönen ... schnappen ... knistern ... kräftig flackern.*

Genau betrachtet spricht Albuin tatsächlich kein Wort. Der Text benennt seine Scham, etwas „laut werden zu lassen", die „Huldigung", die Albuin die „Lippen verklebt", so dass ihm „keine Erwiderung einfällt", Albuins stummes Überlegen und das Versagen der „eigenen Kehle".

Der **Erzählmodus** wechselt mehrfach. Der Einstieg erfolgt in preisend konstatierenden Ausrufen von Albuins Qualitäten durch die Erzählinstanz, das sein sarkastisches Echo aus dem Mund von Meister und Gesellen in Abschnitt drei findet.

Nach dem Einstieg setzt in Abschnitt zwei die chronologisch erzählende, indikativische Darstellung der Handlungsepisode ein. In der Textmitte wechselt der Modus vom erzählenden Indikativ in den Konjunktiv und die indirekte Rede. Diese Wendung macht u. a. die Erzählinstanz bewusster. Die Wendung zur endgültigen auktorialen Distanz steigert sich zum finalen Bild des kräftig flackernden Feuers als fröhlich gezeichneter Schlussakkord.

Insgesamt bleibt es nach dem kleinen Einführungsabschnitt bei einer mit wechselnden Mitteln aufrecht erhaltenen, schließlich noch gesteigerten Distanzierung. Der Text bietet keine Identifikationsfigur, auch die sachliche Verfremdung erzwingt Abstand beim Leser, was bereits auf eine allegorische Lesart vorausdeutet.

Insgesamt ist in der *Ballade vom Ofensetzer* nur ein sehr geringer Grad an **Bild-sprachlichkeit** festzustellen, erst recht wenig balladesk-lyrische Sprache, bis auf wenige verhaltene Bilder (wie etwa die „im Geviert aufsteigenden Kacheln" oder „brüstungshohe Wände des halbfertigen Wärmeturmes").

Diese Bildferne hält die erzählte Geschichte in sich geschlossen. So wird im Leseprozess auch noch keine Transformation durch bildliche, symbolische oder metaphorische Mehrfachgeltung von Begriffen oder Phrasen provoziert[77].

Die einzige im Text offenbar angelegte zweite Deutungsebene ist mit der Kopplung von Ofen-Setzen und Kunst-Schaffen lexikologisch und semantisch eingeschrieben und wird zum **strukturierenden Textmerkmal**.

Die Topikkette aus „Ofen"-Synonymen weist in Richtung dieser zweiten Ebene. Albuins „vollendete Arbeit", deren „Glanz leuchtend aufstrahlt" ist sein „eigenes Werk", ist „Albuins Werk", schließlich sogar seine „eigene Schöpfung". Für Meister und Gesellen hingegen ist es der „außerordentlich gelungener Hitzespender", den sie als „Albuins bestes Stück" preisen.

Die Konzeption der Hauptfigur strukturiert diese zweite Deutungsebene mit: Albuin ist zunächst der „fleißige Ofensetzer", der sein „eigenes Werk" schafft, „blind vor Schöpfertum" arbeitet, in „Schaffensrausch" gerät, zum „Gefangenen" im eigenen Werk wird und dem seine „Anwesenheit innerhalb der eigenen Schöpfung" vor anderen unangenehm ist.

Der hohe Grad an Individualisierung der Arbeit und die Identifikation mit dem Arbeitsgegenstand unterstützen die latente Künstler-Metaphorik.

Schließlich wird die Fabel entwickeln, dass genau das zu Albuins Verhängnis wird. So wie sich Albuin mit dem Ofensetzen identifiziert, sich selbst nur darüber wahrnimmt, wird er befangen, ist er nicht mehr souverän, kann er angegriffen, schließlich vernichtet werden. Eine größere Distanz, so drängt sich die Erkenntnis auf, hätte ihn vor diesem Verhängnis schützen können.

Die Haltung gegenüber dem Gegenstand „Ofen" spaltet Albuin von dem restlichen Personage ab. Er und die anderen sind damit erkennbar konträr gestaltet. Auf die Künstler-Deutungsebene gehoben, spiegelt das die Diskussion um Wert und Funktion des „Kunstwerkes" in der Gesellschaft.

Die **Erzählhaltung** entwickelt sich zu einer ironisch bis zynischen. Das offenbart sich weniger im Begrifflichen, sondern durch das Verhältnis von indirekter Personenrede, Erzählerbericht und erlebter Rede zum tatsächlichen Handlungsverlauf der Geschichte. Konkret im Schlussbild steht die sachliche bis freundliche Erzählweise der Ungeheuerlichkeit des Erzählten gegenüber.

Die (indirekte) Figurenrede, die vom Meister dominiert wird, kennzeichnet das heuchlerische Phrasendeutsch des Machtbewussten[78]. Diese Rhetorik ermöglicht

---

[77] Der vordergründige Widersinn von Ausdrücken wie „über alle Maßen maßgerecht" verweist auf das Absurde der erzählten Episode und auch der in knieender Haltung ins Feuerloch flüsternde Meister assoziiert zwar einen Blick auf das Höllenfeuer, er bekommt aber dadurch keine „teuflische" Bedeutungsebene, er ist bis zum Schluss der Ofensetzer-Meister.

[78] Abschnitt 6 und 7 im Text.

es (auf der Textoberfläche) den grausamen Tod eines Menschen mit dem Recht anderer auf Behaglichkeit zu rechtfertigen. Auf der zweiten Ebene, im Rahmen der Kunst-Schaffens-Deutung, kann damit nach dem Verhältnis von Künstler und Kunstwerk und rezipierender Gesellschaft gefragt werden, und danach, wer Kunst bewertet und nach welchen Kriterien Kunst beurteilt werden kann. Diese doppelbödige Konstruktion errichtet ein Grundgerüst, auf dem sich Argumente sowohl auf die Produktions- wie auch auf die künstlerischen Verhältnisse des gesellschaftlichen Systems seiner Gegenwart bauen lassen. Dabei muss dann der produktionsästhetische Ansatz einspringen. Andererseits kann das die Basis zu unterschiedlichen Aktualisierungs- und Konkretisierungsleistungen des Lesers sein. Diese zu ermitteln, muss der rezeptionsästhetischen Perspektive überlassen bleiben.

Abschließend soll die latent immer mitgeführte Frage nach dem Genre gestellt werden.

Der Text will gemäß seinem Titel eine Ballade sein. Oberflächlich verglichen wird er dem auch zum Teil gerecht. Dafür spricht das erhandelte dramatische Geschehen, in dessen Mittelpunkt eine schicksalsschwere Begegnung steht. Auch das Zusammenwirken zweier entgegengesetzter Mächte lässt sich über die ermittelte Polarität identifizieren. Die Handlung wird durch Rede und (gedankliche) Gegenrede über einen Spannungsbogen vorangetrieben und ist dabei einsträngig erzählt. Fiktionalität ist über die temporale und lokale Unbestimmtheit der Episode und durch die Erzählinstanz gesichert.

Da der Text aber nun offenbar auf mehr als sich selbst verweist, was gerade die ermittelte abstrahierbare Grundkonstellation zeigt, rückt die Wahrscheinlichkeit einer allegorischen Aussage in den Vordergrund. Als Gleichnis fehlt dem Text die ausgeführte Sachebene, als Fabel die explizierbare Lehre, als Parabel gelesen, als ein Appell zur Abstrahierung, um Wesentliches, Allgemeines sinnfällig zu machen, scheint der Text zu „funktionieren".

Da die zugespitzte Aussage vor dem konkret erzählten Realitätshintergrund absurd und unvorstellbar wird, verlangt sie nach „Übersetzung". Identifiziert man die Künstler-Metaphorik, kann sie als Transfersignal[79] fungieren. Als moderne Form der schwebenden bzw. Wahrnehmungsparabel[80] vermittelt der Text das Comparandum (die Bildebene) ohne ein Tertium Comparationis (Binde- oder Brückenglied), also ohne einen verbindlichen Deutungshinweis. Hier muss die angestrebte Analogie zu einer Sachebene (Comparatum) über die Abstrahierung der Konstellationen erst gesucht werden. Dabei muss der Leser selbstständig ermitteln, eine Deutefolie als Entsprechung in seinem eigenen Erfahrungs- und Erkenntnishintergrund finden.

Für diesen nächsten Schritt ist die textimmanente Werkdeutung untauglich, hier knüpft die rezeptionsästhetische, leserorientierte Deutung des Textgehaltes an.

---

[79] in Form des Tertium Comparationis zwischen Bild- und Sachebene vermittelnd.
[80] Josef Billen (Hg.): *Die deutsche Parabel*. Zur Theorie einer modernen Erzählform. Darmstadt 1986.

4. 3 Die *Ballade vom Ofensetzer*
Rezeptionsästhetischer Ansatz

Einige Skrupel bleiben immer, wenn man einen Text in Anspruch nimmt, wenn man ihm Verantwortung für eigene Fragen aufbürdet, wenn man den Text zum Beweis von etwas hochhält, ihn gar benutzt. Zum Trost sei gleich angefügt, der Leser reagiert damit nur auf das, was der Text ohnehin vorgibt, auch wenn es mehr oder wenn es etwas anderes ist, als der Autor ihm glaubt mitgegeben zu haben.

In unserem, dem Fall des Ofensetzers Albuin, einer Kunstfigur von Günter Kunert, ist die freie Leserdeutung besonders leicht zu rechtfertigen, wir dürfen nicht nur – wir sollen auch – aus dem Text lesen, was wir für uns erkennen, darum hat Kunert in seinen *Frankfurter Vorlesungen*[81] gebeten.

Auch in einem Gedicht heißt es verbildlicht, dass Weisheit sich nicht fortpflanzt, sondern ein fruchtloses Ende ist, zu dem jeder selbst finden muss. Es gibt keine empfehlenswerten allgemein gültigen Wege oder Ziele, nur einzelne und einsame Wege zur Weisheit. Jeder (Leser) muss seinen finden. Kunert befugt, beauftragt seinen Leser, selbst am Text zu erkennen, was sein Weg sein kann oder eben nicht sein soll.

So versetzt auch die *Ballade vom Ofensetzer* den Leser in Unruhe, sie fragt nach Lösungen, nach Alternativen, zeigt aber keine davon. Das Stilprinzip der Indirektheit fordert Reflexe, Entgegnungen, Einsätze, provoziert geistige und emotionale Aktivität. Denn es gibt hier keinen Verweis vom Erzählten zum Gemeinten[82].

Das Konstituieren des Textsinns ist zunächst das Erschließen des erzählten Geschehens, aber dieses Erschließen ist vom ersten Satz an eben nicht allgemein verbindlich.

Jeder Leser bringt seine Vor-Urteilsstruktur ein, die das Textverstehen lenkt. Von der konkreten Lesemotivation zur *Ballade vom Ofensetzer* über physiognomische Assoziationen bei dem Namen Albuin über Genrekenntnisse zur Ballade, über lebenslange Ofenheizungserfahrung oder einen Lebensabschnitt in einem Handwerksbetrieb unter einem mobbenden Meister können die Vorprägungen für ein Textverständnis reichen. Von Abneigung gegenüber Literatur aus der DDR über Vorliebe für Parabeln bis zur Ablehnung von Absurdem bringt jeder Leser seine Leseerfahrung und seinen Horizont ein. So bildet sich die gelesene *Ballade* als einzigartiges Produkt in seinem Bewusstsein ab.

---

[81] Kunert, Günter: *Vor der Sintflut. Das Gedicht als Arche Noah.* Frankfurter Vorlesungen. München 1985.
[82] Auch hier sei verwiesen auf die bereits genannten, ähnlich konzipierten Texte Kunerts wie *Das Holzscheit, Die Auster, Lieferung frei Haus, Die Taucher, Die Maschine* und *Die Schreie der Fledermäuse.* In: *Tagträume in Berlin und andernorts. Kleine Prosa, Erzählungen, Aufsätze,* München 1972.

Dabei wird die Kunstfigur Albuin mit so verschiedenen Aspekten wie Mitleid, Verachtung, Gleichgültigkeit, distanziertem Verständnis, Häme oder Sympathie aufgeladen.
Die Individualisierung des Lesers im Rezeptionsprozess entspricht einer Humanisierung, einer Entgröberung oder Sublimierung. Diese Spezialisierung der Wahrnehmung entspricht der Differenziertheit der Leserposition.

Das, was für die produktionsästhetische Analyse die Zusatzinformationen und die mitgelieferten Belegtexte aus dem Werk Kunerts leisten: nämlich die Begründung dieser oder jener an der Entstehungssituation orientierten Deutung, müsste hier nun das Persönlichkeits- und Leserprofil jedes lesenden Individuums erbringen. Das ist aber praktisch nicht darstellbar.
Es würde bedeuten (wie die Textentstehung vom einzelnen Autor her begriffen wird), die Vorprägung und Rezeptionssituation auch zu jedem *einzelnen Leser* mitzuliefern.
Warum sich der Text schließlich auf diese Weise erklärt, wodurch er jenen Sinn erhält, oder warum er eben nicht gedeutet werden kann, das hängt vom einzelnen Leser ab und seinem stets einmaligen Erwartungshorizont (Rezeptionsbedingungen, Standort und Interesse des Lesers, Kenntnisstand und Leseerfahrung, persönliche Situation im Lesemoment, intellektuelle Fähigkeiten etc.).
Bei diesen, wenn man so will, Tausenden von individuellen Elementen der Vorprägung gibt es dennoch gerade unter Zeitgenossen einen großen Bereich der Überschneidung. Dieser Bereich ergibt sich durch Bildungskanon, gleiche Kulturerfahrung, durch Sozialisierungsmuster oder Wahrnehmungsgewohnheiten.

Was Studenten nach individueller Textlektüre (ohne detaillierte Kenntnis des Werkes von Günter Kunert) an Konkretisierungsleistungen erbracht haben, soll hier zur Diskussion gestellt werden. Wie in der Präsentation der Ergebnisse produktionsästhetischer Deutung werden die Tendenzen thesenhaft erfasst.
Viele der Thesen sind als „Frage nach ..." formuliert, weil zwar das Problemfeld als Deutefolie zu benennen ist, das Problem aber nicht endgültig entschieden werden kann, manches schließlich nur privat zu beantworten ist.

10 (+ x) Rezeptionsästhetische Textdeutungshypothesen

1)
Die *Ballade* spielt mit dem Konflikt zwischen Wollen und Können. Der Text legt ihn einseitig aus, indem er eine Figurenkonzeption verfolgt, die dem Helden kaum mehr einen Willen zugesteht. Die Hauptfigur äußert sich nicht authentisch, ihre gedanklichen Reflexionen bestehen nur aus Reaktionen auf äußere Einwirkungen.

Der Text wird zum Beleg dafür, dass mangelnder eigener Wille das Vermögen zu eigenem Handeln zerstört.

2)
Das räumlich inspirierte Motiv: „drin oder draußen sein" wird auf eine Gesellschaft projiziert, die sich nach starren und dogmatischen Werten bestimmt. Wer nicht über genügend Kaltschnäuzigkeit, Selbsterhaltungstrieb, einen kräftigen Egoismus, der auch die Vernichtung eines anderen in Kauf nimmt, und über agitatorisches Geschick verfügt, wie etwa der Meister, der wird vom System verschlungen, bleibt gefangen oder wird buchstäblich „verbrannt".

3)
Der Text gestaltet das Motiv der Wandlung, von der die erzählte Episode nur die letzte Phase wiedergibt. Ein vormals souveräner Schöpfer wird zum Opfer seines Geschöpfes, der Mensch beherrscht seine Werke nicht mehr, sie bedrohen und zerstören ihn.

4)
Der Text stellt die Frage nach der Subjekt- oder Objektposition des Menschen in seiner Zeit, indem er selbst- bzw. fremdbestimmte Figuren gegenüberstellt. In einer machtdominierten Gesellschaft wird der hohe Selbstwert des Einzelnen nicht aus sich heraus, sondern aus der Geringschätzung des anderen gewonnen. Albuins (und der Gilde) Stolz auf seine prächtigen Öfen ist völlig belanglos im Bezug auf die Wertschätzung seiner Person.
Wer nicht über andere verfügen kann, über den wird verfügt, der wird zum Objekt. So sind auch die Gesellen nur stark, so lange sie die Position des Meisters teilen. Jedoch könnte jedem allein ein ähnliches Schicksal wie Albuin widerfahren.
Selbstbestimmung ist im Text als instrumentalisierte Macht über andere erkennbar. Darin zeigt der Text auch, wie Machtlosigkeit nicht zu Integrität, sondern zu Unmündigkeit führt.

5)
Der Text verbildlicht den Wert eines Menschenlebens. Er zeigt, dass gegen Ende des 20. Jahrhunderts der bezifferbare Maßstab dieses Wertes im Verhältnis zum Wert von Gegenständen festgelegt ist.

6)
Der Text fragt nach der richterlichen Instanz, die über Tod und Leben entscheidet, da der Mensch diese Entscheidung kaum noch selbst treffen kann, denn er ist hier als Opfer, nicht als Märtyrer konzipiert. Zur richterlichen Instanz wird die jeweils höhere Ebene des Systems, in dem sich der Mensch befindet.

7)
Der Text ist eine Satire auf das verrohende Chef-Angestellten-Verhältnis, der profitorientierte Chef „verheizt" seine Leute zum eigenen Ruhm und Vorteil.

8)
Die Ballade polarisiert Handwerk contra Industrieproduktion. Das selbst gefertigte handwerkliche Produkt hatte noch ästhetischen Wert, war noch eine Schöpfung, zu der sein Schöpfer einen Bezug hatte. Industrieprodukte wie Öl und Gas oder Fernwärme entfremden Mensch und Arbeit. Der Ausgang des Textes zeigt die unmenschlichen Züge und die Perspektive dieser fortschreitenden Industrialisierung. Er stigmatisiert den Arbeiter aus Leidenschaft als weltfremden, selbstverliebten, marktwirtschafts-untauglichen Handwerker.

9)
Der Text gestaltet die Ausreiseproblematik in der DDR der 70er Jahre. Der Held hat den richtigen „Moment des Ausstiegs" verpasst, ist nicht rechtzeitig in den Westen „abgehauen" und wird nun „eingemauert", was seinen Untergang bedeutet. Er kultiviert damit zusätzlich die historisch arrogante Lesart, die in dem Helden den DDR-Bürger erkennen will, der sich nicht artikulieren kann und in die Opferrolle gedrängt wird.

10)
Innerhalb der werkimmanent bereits belegten zweiten Deutungsebene als Künstlerproblematik ist der Text auf verschiedene Weise lesbar:

10 a)
Wenn ein Kunstwerk zum Nutzobjekt verfremdet wird, wenn Kunst funktionale, propagandistische Zwecke erfüllen soll, wird sie als Kunst entwertet. Damit ist auch der Künstler wertlos. Soll Kunst also auf einen Zweck gerichtet, funktionalisierbar sein? Oder soll der Künstler unbeirrt Werke schaffen, die nur der Ästhetik und der allgemeinen Geltung verpflichtet sind, keine Rezipientenerwartung kennen?

10 b)
Der Text mahnt die notwendige Distanz jedes Schöpfers zum eigenen Schaffen an.

10 c)
Der Text problematisiert ein Kunstverständnis, bei dem der Künstler sich ausschließlich über sein Werk artikulieren kann, aber seine menschliche und seine öffentliche Stimme verliert.

10 d)
Der Text karikiert eine gängige Praxis der DDR-Kulturpolitik gegenüber einzelnen Kunstschaffenden, die über Lob und hohe Würdigung und Auszeichnung
vom Staat vereinnahmt werden. Derart tot-gelobt sind sie ihrer Wirkung beraubt
und als potenzielle Kritiker oder Konkurrenten zu Wirkungslosigkeit verdammt.

10 + x) ...

Finden Sie selbst weitere Textdeutungshypothesen.

Soviel soll zur Anregung genügen. Die Schwierigkeit bei Lesarten wie der als
Aussage zum Wert individueller Handwerksproduktion oder die vom tot-
gelobten, unschädlich gemachten Konkurrenten oder eine Lesart als modernes
Abel-und-Kain- oder David-und-Goliath-Pendant liegt auf der Hand. Hier sind
die Deutungen kaum ausreichend im Text fundiert. Entweder wurde die Konstellation mißachtet oder die Textperspektive nicht berücksichtigt, überzogen,
verkürzt oder inhaltlich verzerrt.

Für die rezeptionstheoretische Interpretation lässt das literarische Beispiel erkennen: Die Bedeutungen des Textes gehen weit über das Maß dessen hinaus,
was die produktionsästhetische und die werkimmanente Interpretation ermöglichen. Indem die Textdeutung der *Ballade vom Ofensetzer* um die Dimension des
Lesers erweitert wird, wird sie umfassender.

Die Bedeutungserweiterung durch den Leser vergrößert den Geltungsbereich des
Textes. Die Deutungen setzen sich darüber hinweg, was Günter Kunert dem
Text eingeschrieben haben könnte. Sie orientieren sich daran, was die Ofenset-
zer-Ballade für inhaltliche und strukturale Potenzen hat und welche Möglichkeiten, Sinn zu konstituieren, dem Leser damit eröffnet werden. Diese Grund-
konstruktionen sind in der werkimmanenten Analyse aufgezeigt, sie müssen in
der rezeptionsästhetischen Interpretation berücksichtigt werden, um nicht willkürlich mit dem Text zu verfahren.

Die Deutung als Säkularisierung einer richtenden Instanz über Leben und Tod,
als Allegorie zur Ausreiseproblematik oder zur Bestimmung des Wertes eines
Menschenlebens enthält der Text nur latent. Auch die Aussagen zur Souveränität des Künstlers gegenüber seinem Werk oder die Tendenz, dass Albuin „tot-
gelobt" wird oder dass er ein ewig gestriger, nostalgischer Handwerker ist, sind
nur potenziell gegeben.

All das ist der Ballade nicht verbindlich als Rekonstruktion der autorseitigen
Vorbedingungen zu entnehmen und es ist auch der formalen und inhaltlichen
Strukturiertheit nicht unmittelbar abzulesen. Kunert gibt das so nicht vor und
auch der Text sagt das nicht verbindlich aus. So ist auch die Konkretisierung des
Textes als apokalyptische Momentaufnahme vom Zustand des menschlichen
Miteinanders oder als Aussage zu den Folgen mangelnder Selbstbestimmtheit

im Text zwar vorstrukturiert, ihm aber nicht vonvorn herein (inhaltlich konkret) mitgegeben.

Diese (noch leere) Grundstruktur gibt die Textstruktur vor, die der Leser dann mit dem eigenen Horizont auffüllen, mit seinen Kontexten anreichern kann. Der Leser erkennt die Polaritäten in der Ballade, die Konstellation der Figuren, die Steigerung zum Schlimmstmöglichen hin, er identifiziert einzelne Motive, verfolgt die Haltung des Erzählers und vieles mehr. Dieses „Gerippe" wird dann sehr unterschiedlich mit „Fleisch und Blut" belebt, wächst und vervollständigt sich zu einer eigenständigen Bedeutung.

So wird bei drei, sieben oder dreißig Studenten der Text von Günter Kunert auch zu drei, sieben oder dreißig mehr oder weniger verschiedenen Deutungsthesen führen.

Die rezeptionsästhetische Interpretation macht dabei den Leserhorizont transparenter. Sie zeigt über Zwischenschritte wie die eine oder eine ganz andere Deutung als Lektüre-Ergebnis zu einem Text wie der *Ballade vom Ofensetzer* entstehen.

Die Rezeptionstheorie klinkt sich zwischen Textvorgabe und solchen Rezeptionsergebnissen ein. Sie beschreibt, wie sich dazwischen der Lesevorgang als Sinn-Konstitutionsleistung genau abspielt, welche Akte daran beteiligt sind, wie Text und Leser dabei zahnradgleich ineinandergreifen.

Die Abstraktion dieser Prozessbeschreibung ist im Teil DER REZEPTIONSPROZESS dargestellt.

Teil II

5 VORAUSSETZUNGEN und KONSEQUENZEN
Zur Theorie der Rezeption

Das leserseitige Textverstehen und der dabei zu untersuchende Rezeptionsprozess ist an mehrere Voraussetzungen geknüpft. Daraus ergeben sich die verschiedenen Grundlagen, Wege, Methoden und Zugänge zum Untersuchungsgegenstand Rezeptionsprozess.
Dieses Beziehungsgefüge steht u. a. im Blickfeld von Phänomenologie, Wissenssoziologie, Psychologie, Hermeneutik, Fiktions- und Imaginationstheorie und empirischer Leseforschung und es gibt methodische und systematische Überschneidungen mit Strukturalismus, Poststrukturalismus, Text- und Dekonstruktionstheorie.

Die **textseitigen** Voraussetzungen reichen von der medialen Textpräsentation und ihren Bedingungen bis zur eingeschriebenen Leserrolle als Struktureigenschaft des Textes.
Geht man davon aus, dass ein Text kein „Ding an sich", kein in sich geschlossener Weltgegenstand ist, sondern ein Sprach- und Zeichensystem mit Referenzqualität, muss er die Bedingung der Lesbarkeit und der Re-Konstruierbarkeit erfüllen, da der fiktionale Text schließlich, ohne gelesen zu werden, den Existenzbeweis als Kunstwerk schuldig bleibt.
Diese Ansprüche an Text und Lesbarkeit hat u. a. **Roman Ingarden** formuliert, indem er den Text als Normensystem erfasst, das an den Leser die Anforderung der Konkretisation stellt. Das geschieht über das selektive Realisieren der Unbestimmtheitsstellen des Textes auf mehreren verschiedenen Ebenen und zeigt die programmierte Mehrsinnigkeit des fiktionalen Textes als Voraussetzung.

Die **leserseitigen** Voraussetzungen addieren sich zur Leserkompetenz, bestehend aus dem vorauszusetzenden Willen, dem Beherrschen der Kulturleistung Lesen und dem Vermögen, Texte anzuwenden.
So wie Texte keine Kunstgegenstände an sich sind, die sich selbst genügen, sind Leser keine Wahrnehmungssubjekte oder gar Projektionsflächen, auf denen sich ein fertiger Textinhalt einfach abbildet. Sie sind individuelle Decodierer, übertragen Texte nicht in allgemeingültiges, sondern in subjektives Verstehen. Der Leser hat die Freiheit, aus einem Text in seinem Bewusstsein das Kunstwerk zu schaffen.
Von den vielen und auch unterschiedlichen Darstellungen, die diese Leserkompetenz zu beschreiben versuchen, sollen hier die von **Jean-Paul Sartre** und **Manfred Naumann** vorgestellt werden.

Die Folge, die sich daraus ergibt, dass schließlich der Leser über die Bedeutung, Bewertung und Akzeptanz oder Ablehnung eines Textes als Kunstwerk entscheidet, muss sich nicht nur in der Literaturwissenschaft, sondern auch in der **Literaturgeschichte** niederschlagen. **Hans Robert Jauß** hat diese konsequente Einsicht weiter entwickelt, bis zur Forderung, dass die einem starren Werte-Kanon verpflichtete Literaturgeschichte modifiziert werden muss, da sie sich am Leser zu orientieren hat.

Roman Ingarden, Jean-Paul Sartre, Manfred Naumann und Hans Robert Jauß sind hier mit Auszügen aus ihren programmatischen Arbeiten einbezogen. Diese Auszüge sollen zeigen, wie fest die Voraussetzungen der Rezeptionstheorie im längst Vorhandenen verwurzelt sind und wie weit die Folgen dieses Paradigmenwechsels hin zur Leserkompetenz reichen.

Für die Handhabung der Textauszüge, so wie sie hier für Teil II und dann auch für Teil III zusammengestellt worden sind, ist noch ein **wichtiger Hinweis** angebracht. Die **Originaltextauszüge** der vier genannten Autoren (im Teil III die von Wolfgang Iser) sind nicht durch Anführungszeichen gekennzeichnet, sondern → durch eine andere Schriftart (Arial) kenntlich gemacht, damit durch allzu viele Anführungszeichen keine Unübersichtlichkeit entsteht.

Die Originaltextauszüge sind außerdem noch der alten Rechtschreibung verpflichtet, ebenso mussten die im jeweiligen Original vorgenommene Schreibweise (kursiv oder eingedeutschte Eigennamen) und die Zitierweise übernommen werden.

Die einführenden, erläuternden und moderierenden Zwischenteile sind weiterhin fortlaufend in Times New Roman abgebildet.

Die gleiche Unterscheidung gilt für Zwischenüberschriften und Fußnoten; wenn sie zu den zitierten Textteilen gehören → stehen sie entsprechend in Arial und sind der dort angewandten Zitierweise verpflichtet, alle anderen sind weiter einheitlich in Times New Roman dargestellt.

5.1   Der Text als Appell an Freiheit und Engagement des Lesers
Jean-Paul Sartre: *Was ist Literatur?*

„So ist für den Leser alles noch zu tun und doch alles bereits getan ..." Sartre

Nein, Sartre ist kein „Rezeptionstheoretiker". Auch die Zeit nach dem Zweiten Weltkrieg, in der die hier zugrunde liegende Schrift entstanden ist, zeichnet sich gewiss nicht dadurch aus, dass sie Selbstbewusstsein, Initiative und Freiheit der

Leser gegenüber ihrer Lektüre kultivieren wollte. Mit seiner Argumentation legt
Sartre jedoch einen wichtigen Grundstein für ein neues Verständnis des Lesers
und damit für den Paradigmenwechsel in der Literaturwissenschaft. Er gehört
damit wie Hans Georg Gadamer und René Wellek (später auch Jaques Derrida
und Roland Barthes) – auch wenn ihre argumentativen Ansätze jeweils aus anderer Richtung stammen – zu den Berufenen der rezeptionsästhetischen Richtung.

Die Schrift *Qu'est-ce que la littérature?* (Paris 1947) erschien 1950 in deutscher Übersetzung. *Was ist Literatur?* ist unterteilt in die Teile „Was ist Schreiben?", „Warum schreibt man?" und „Für wen schreibt man?". Sartre entwickelt
darin für den aus seiner Erfahrung folgerichtigen Gedanken, dass der Künstler
Verantwortung für seine Zeit trage, eine rechtfertigende Erklärung. In den drei
Teilen begegnet Sartre dem gegen ihn erhobenen Vorwurf, er fordere eine par-
teiergreifende, eine Tendenzliteratur. „Denn beide [Autor und Leser] sind frei;
der eine, zu schreiben oder nicht zu schreiben; der andere, zu lesen oder nicht
zu lesen. Wenn sie sich beide dieser Freiheit begeben, so engagieren sie sich.
[...] Von diesen Überlegungen her gibt Sartre dem seinerzeit vielbesprochenen
Problem der engagierten Literatur eine interessante Wendung. Es kommt nicht
nur darauf an, so argumentiert er, daß der Schriftsteller engagiert ist. Ebenso
wichtig und vielleicht wichtiger ist, daß der Leser engagiert wird."[83]
Für unser Interesse sind Sartres Ausführungen zur Prosa-Literatur wichtig. Die
gewählten Auszüge konzentrieren sich auf den Schwerpunkt der Autor-Leser-
Beziehung bei Prosatexten (auch wenn dadurch andere wichtige Aspekte der
Schrift ausgeklammert werden). Im Gegensatz zur Dichtung hat Prosa für Sartre
keine autonome, sondern eine dienende Funktion. Prosaschriftsteller enthüllen
durch ihre Worte die Welt, das ist als eine Art sekundären Handelns zu verstehen. Zum Objekt dieses Handelns wird das Kunstwerk erst durch die Lektüre.
Somit entsteht Kunst nur für und durch den anderen. In der Betonung der Rolle
des Lesers beim Mitschöpfen zeigt sich für Sartre ein gemeinsames Gen von
Kunst und Demokratie.

Schreiben und Lesen sind zwei Seiten eines Geschehens. Das literarisches Werk
ist Schöpfung aus der Freiheit des Geistes. Diese Schöpfung wird nur zum Teil
vom Schreibenden geleistet, den anderen Teil gibt der lesende Mitschöpfer des
literarischen Werkes dazu. Der Text, der vom Schreibenden ausgeht, ist eine
Aufforderung („appel"). Lässt sich der Leser darauf ein, entsteht ein Pakt „un
pacte de générosité" zwischen Autor und Leser.

---

[83] Harald Weinrich über Sartre in: *Für eine Literaturgeschichte des Lesers*. Aus: Literatur für Leser. Essays und
Aufsätze zur Literaturwissenschaft. DTV München 1986.

Folgende Fragen können das Verständnis der Textauszüge lenken:

1. Wie charakterisiert Sartre die Prosa bzw. die Motivation des Prosaisten zu schreiben?
2. Was ist Lektüre? Wie kommt die Subjekt-Objekt-Beziehung im Lektüreakt zur Wirkung?
3. Was ist, was bedeutet es Literatur zu schreiben? In welchem Status befindet sich der schöpferische Akt der Erschaffung eines Werkes nach Abschluss des Schreibprozesses?
4. Auf welcher Basis wirken Autor und Leser zusammen?
5. Wo und wie wird der ästhetische Gegenstand Kunstwerk generiert? Was ist dabei die Leistung des Lesers?
6. Woraus erklärt sich der von Sartre betonte Appell-Charakter des literarischen Werkes? Welche Rolle spielt dabei die Freiheit des Lesers?
7. Was ist und wie funktioniert der „Pakt der Hingabe"? Wodurch werden „Vertrauen" und „Verantwortung" zu seinen Voraussetzungen?
8. Die Antwort darauf, für wen man schreibt, gibt Sartre nicht mit der Profilierung eines bestimmten Lesers oder einer Lesergruppe, sondern als gesellschaftliche Perspektive. Was ist die Idealsituation für die „tatsächliche Literatur"?

Jean-Paul Sartre: Was ist Literatur?[84]

1. Was ist schreiben?

[...] daß es dem Dichter versagt ist, sich zu engagieren, ist doch kein Grund, den Prosaisten davon zu dispensieren. Was haben beide miteinander gemein? Der Prosaist schreibt zwar ebenso wie der Dichter. Aber zwischen diesen beiden Akten des Schreibens gibt es nichts Gemeinsames, es sei denn die Bewegung der Hand, die die Buchstaben hinmalt. Ansonsten bleiben ihre Welten nicht miteinander kommunizierbar und was für die eine gilt, gilt nicht für die andere. Die Prosa ist ihrem Wesen nach utilitär; ich definiere den Prosaisten gerne als jemanden, der der Wörter *sich bedient*.
[...]
Und wenn die Prosa immer nur das bevorzugte Instrument eines bestimmten Unternehmens ist, wenn es nur Sache des Dichters ist, die Wörter uneigennützig zu betrachten, dann ist man berechtigt, den Prosaisten zunächst zu fragen: Zu welchem Zweck schreibst du? In welches Unternehmen hast du dich gestürzt, und warum erfordert es den Rückgriff auf das Schreiben? Und ein solches Unternehmen kann in gar keinem Fall die reine Kontemplation zum Zwecke haben. Denn die Intuition ist Schweigen, und der Zweck der Sprache ist Kommunikation. Zwar kann sie die Resultate der Intuition *fixieren*, aber in diesem Fall genügten einige hastig aufs Papier geworfene Wörter: der Autor wird sich immer ausreichend darin wiedererkennen. Wenn die Wörter mit einem Streben nach Klarheit zu Sätzen zusammengestellt werden, muß eine Entscheidung eingegriffen haben, die der Intuition, ja sogar der Sprache fremd ist: die Entscheidung, andren die erzielten Resultate zu bieten. Über diese Entscheidung muß man in jedem Fall Rechenschaft verlangen.
[...]

[84] Alle Zitate aus: Jean-Paul Sartre: *Was ist Literatur?* Übersetzt von Traugott König, in: Gesammelte Werke in Einzelausgaben, Hg. Von Vincent von Wroblewski, Bd. III, Schriften zur Literatur, Hamburg 1981, S. 13-123.

So ist der Prosaist jemand, der einen bestimmten sekundären Modus des Handelns gewählt hat, den man Handeln durch Enthüllen nennen könnte. Es ist also legitim, ihm jene zweite Frage zu stellen: Welchen Aspekt der Welt willst du enthüllen, welche Veränderung willst du der Welt durch diese Enthüllung beibringen? Der „engagierte" Schriftsteller weiß, daß Sprechen Handeln ist: er weiß, daß Enthüllen verändern ist und daß man nur enthüllen kann, wenn man verändern will. Er hat den unmöglichen Traum aufgegeben, ein unparteiisches Gemälde der Gesellschaft und des Menschen zu machen. Der Mensch ist das Sein, dem gegenüber kein Sein Unparteilichkeit bewahren kann, nicht einmal Gott. [...]

Aber da für uns Schrift ein Unternehmen ist, da die Schriftsteller lebendig sind [...] da wir denken, daß man versuchen muß, in unseren Büchern recht zu haben, und daß das, selbst wenn die Jahrhunderte uns nachträglich unrecht geben, kein Grund ist, uns im voraus unrecht zu geben, da wir meinen, daß der Schriftsteller sich ganz und gar in seinen Werken engagieren muß [...] als ein entschlossener Wille und als eine Wahl, als jenes totale Unternehmen, zu leben, das jeder von uns ist, müssen wir dieses Problem an seinem Ausgangspunkt wiederaufnehmen und uns unsererseits fragen: *Warum* schreibt man?

2. Warum schreiben?

[...] Lektüre scheint ja die Synthese aus Wahrnehmen und Schaffen zu sein[85]; sie setzt zugleich die Wesentlichkeit des Subjekts und die des Objekts; das Objekt ist wesentlich, weil es streng transzendent ist, weil es seine eignen Strukturen aufzwingt und man es erwarten und beobachten muß; aber das Subjekt ist auch wesentlich, weil es gebraucht wird, nicht nur, damit es das Objekt enthüllt (das heißt bewirkt, daß es ein Objekt *gibt*), sondern auch, damit dieses Objekt absolut *ist* (das heißt, damit es das Objekt hervorbringt). Mit einem Wort, der Leser ist sich bewußt, daß er zugleich enthüllt und schafft, schaffend enthüllt, durch Enthüllen schafft.

[...] der Leser muß in einer ständigen Überschreitung der geschriebenen Dinge alles erfinden. Zwar wird er vom Autor gelenkt; aber er lenkt ihn nur; die Merkzeichen, die er aufgestellt hat, sind durch Leere voneinander getrennt, man muß sie verbinden, man muß über sie hinausgehen. Mit einem Wort, Lektüre ist gesteuertes Schaffen. Einerseits hat ja der literarische Gegenstand keine andre Substanz als die Subjektivität des Lesers; das Warten von Raskolnikow[86] ist *mein* Warten, das ich ihm leihe; ohne diese Ungeduld des Lesers bleiben nur matte Zeichen; sein Haß auf den Untersuchungsrichter, der ihn verhört, ist mein Haß, angestachelt, aufgefangen durch die Zeichen, und selbst der Untersuchungsrichter existierte nicht ohne den Haß, den ich ihm über Raskolnikow entgegenbringe; dieser Haß erweckt ihn zum Leben, er ist sein Fleisch. Aber andrerseits sind die Wörter wie Fallen da, um unsere Gefühle hervorzurufen und sie auf uns zurückzuwerfen; [...]

So ist für den Leser alles noch zu tun und doch alles bereits getan; das Werk existiert nur auf der genauen Ebene seiner Fähigkeiten; während er liest und schafft, weiß er, daß er immer weitergehen könnte in seiner Lektüre, noch tiefer schaffen; und dadurch erscheint ihm das Werk unerschöpflich und opak wie die Dinge. [...]

---

[85] Dasselbe gilt in unterschiedlichem Grad für die Haltung des Betrachters gegenüber den anderen Kunstwerken (Gemälde, Sinfonien, Statuen usw.).

[86] Hauptfigur des Romans *Schuld und Sühne* von Fjodor Dostojewski.

Da das Schaffen seinen Abschluß erst in der Lektüre finden kann, da der Künstler einem andren anvertrauen muß, zu vollenden, was er begonnen hat, da er nur über das Bewußtsein des Lesers sich als seinem Werk wesentlich begreifen kann, ist jedes literarische Werk ein Appell. Schreiben heißt an den Leser appellieren, daß er die Enthüllung, die ich mittels der Sprache unternommen habe, zur objektiven Existenz übergehen lasse. Und wenn man fragt, *woran* der Schriftsteller appelliert, so ist die Antwort einfach. Weil man im Buch niemals den zureichenden Grund dafür findet, daß der ästhetische Gegenstand erscheint, sondern nur Aufforderungen, ihn hervorzubringen, weil auch nicht genug im Geist des Autors vorhanden ist und seine Subjektivität, aus der er nicht hinauskann, den Übergang zur Objektivität nicht begründen kann, ist das Erscheinen des Kunstwerkes ein neues Ereignis, das sich nicht durch frühere Gegebenheiten *erklären* läßt. Und da ja dieses gesteuerte Schaffen ein absoluter Anfang ist, wird es also von der Freiheit des Lesers vollbracht, und zwar von dem, was an dieser Freiheit am reinsten ist. So appelliert der Schriftsteller an die Freiheit des Lesers, daß sie an der Produktion seines Werks mitarbeite. [...]
Damit ist vergessen, daß die Imagination des Lesers nicht nur eine regulative, sondern auch eine konstitutive Funktion hat; sie spielt nicht, sie ist aufgefordert, den schönen Gegenstand jenseits der vom Künstler hinterlassenen Striche neu zusammenzusetzen. [...]
Wenn ich an meinen Leser appelliere, daß er das Unternehmen, das ich begonnen habe, zu Ende führe, so betrachte ich ihn selbstverständlich als reine Freiheit, reines schöpferisches Vermögen, unbedingte Tätigkeit; ich könnte mich also in gar keinem Fall an seine Passivität wenden, das heißt versuchen, ihn zu *affizieren*, ihm auf Anhieb Emotionen der Angst, des Verlangens oder der Wut zu vermitteln. Gewiß gibt es Autoren, denen es einzig und allein darum geht, solche Emotionen hervorzurufen, weil sie voraussehbar, steuerbar sind und es erprobte Mittel gibt, sie mit Sicherheit herbeizuführen. Aber es ist auch wahr, daß man es ihnen vorwirft, wie man es schon in der Antike dem Euripides vorgeworfen hat, weil er Kinder auf der Bühne erscheinen ließ. In der Leidenschaft ist die Freiheit entfremdet; abrupt in partiellen Unternehmen engagiert, verliert sie ihre Aufgabe aus dem Blick, die darin besteht, einen absoluten Zweck hervorzubringen. Und das Buch ist nur noch ein Mittel, Haß oder Verlangen zu unterhalten. [...]
So ist die Lektüre eine Ausübung der Hingabe; und der Schriftsteller verlangt vom Leser nicht die Anwendung einer abstrakten Freiheit, sondern das Geschenk seiner ganzen Person mit ihren Leidenschaften, ihren Vorurteilen, ihren Sympathien, ihrem sexuellen Temperament, ihrer Werteskala. Allerdings wird sich diese Person mit Hingabe schenken, die Freiheit durchdringt sie ganz und gar und verwandelt die verborgensten Bereiche ihrer Sensibilität. [...]
So schreibt der Autor, um sich an die Freiheit der Leser zu wenden, und er braucht sie, um sein Werk existieren zu lassen. Aber er beschränkt sich nicht darauf, und er verlangt außerdem, daß sie das Vertrauen, das er ihnen geschenkt hat, erwidern, daß sie seine schöpferische Freiheit anerkennen und daß sie sie ihrerseits durch einen symmetrischen und umgekehrten Appell hervorrufen. Hier taucht ja das dialektische Paradox der Lektüre auf: je mehr wir unsere Freiheit erfahren, desto mehr verlangen wir von ihm. [...]
So ist die Lektüre ein Pakt der Hingabe zwischen Autor und Leser; jeder vertraut dem andren, jeder zählt auf den andren, verlangt vom andren ebensoviel, wie er von sich selbst verlangt. Denn dieses Vertrauen ist selbst Hingabe: keiner kann den Autor zwingen, zu glauben, daß sein Leser seine Freiheit benutzen wird; keiner kann

den Leser zwingen, zu glauben, daß der Autor seine Freiheit benutzt hat. Es ist eine freie Entscheidung, die der eine wie der andre treffen. Es kommt dann zu einem dialektischen Hin und Her; wenn ich lese, fordere ich; was ich dann lese, wenn meine Forderungen erfüllt werden, bringt mich dazu, noch mehr vom Autor zu fordern, was bedeutet: vom Autor zu fordern, daß er noch mehr von mir selbst fordert. Und umgekehrt fordert der Autor, daß ich mit meinen Forderungen so weit wie möglich gehe. So enthüllt meine Freiheit, indem sie sich manifestiert, die Freiheit des andren. [...]. So zielt die schöpferische Handlung über die wenigen Gegenstände, die sie produziert oder reproduziert, auf eine totale Übernahme der Welt. Jedes Gemälde, jedes Buch ist eine Vereinnahmung der Totalität des Seins; jedes von ihnen bietet diese Totalität der Freiheit des Betrachters dar. Denn genau das ist das Endziel der Kunst: diese Welt vereinnahmen, indem man sie so vorführt, wie sie ist, aber als wenn sie ihre Quelle in der menschlichen Freiheit hätte. Aber weil das, was der Autor schafft, nur in den Augen des Betrachters objektive Realität annimmt, wird diese Vereinnahmung durch die Zeremonie des Schauspiels – und insbesondere der Lektüre – besiegelt. [...]
Die Anerkennung der Freiheit durch sich selbst ist Freude, aber diese Struktur des nicht-thethischen Bewußtseins impliziert eine andre: da ja Lektüre Schaffen ist, erscheint meine Freiheit sich selbst nicht nur als reine Autonomie, sondern als schöpferische Tätigkeit, das heißt, sie beschränkt sich nicht darauf, sich ihr eignes Gesetz zu geben, sondern sie begreift sich als konstitutiv für den Gegenstand. Auf dieser Ebene manifestiert sich das eigentlich ästhetische Phänomen, das heißt eine Schöpfung, wo der geschaffene Gegenstand seinem Schöpfer *als Gegenstand* gegeben ist; das ist der einzigartige Fall, wo der Schöpfer in den Genuß des von ihm geschaffenen Gegenstands kommt.
[...] Schreiben heißt also die Welt enthüllen und sie zugleich der Hingabe des Lesers als eine Aufgabe stellen. Heißt auf das Bewußtsein andrer zurückgreifen, um sich für die Totalität des Seins als *wesentlich* anerkennen zu lassen; heißt diese Wesentlichkeit durch dazwischengeschobene Personen leben wollen; weil aber andrerseits die reale Welt sich nur dem Handeln offenbart, weil man sich nur darin fühlen kann, sofern man sie überschreitet, um sie zu verändern, fehlte es dem Universum des Romanciers an Dichte, wenn man es nicht in einer Bewegung, es zu transzendieren, entdeckte. Man hat oft festgestellt: ein Gegenstand in einer Erzählung gewinnt seine Existenzdichte nicht aus der Zahl und der Länge der Beschreibungen, die man darauf verwendet, sondern aus der Komplexität seiner Bezüge zu den verschiedenen Figuren; er wird um so realer erscheinen, je öfter er gehandhabt, ergriffen und hingestellt, kurz, von den Figuren auf ihre eignen Zwecke hin überschritten wird.
[...]
Was mich, den Leser, angeht, so kann ich, wenn ich eine ungerechte Welt schaffe und an der Existenz erhalte, nicht umhin, mich für sie verantwortlich zu machen. Und die ganze Kunst des Autors besteht darin, daß er mich zwingt, zu *schaffen*, was er *enthüllt*, also mich zu kompromittieren. Jetzt tragen wir also beide die Verantwortung für das Universum. Und gerade weil dieses Universum durch die vereinte Anstrengung unserer beiden Freiheiten getragen wird und der Autor durch meine Vermittlung versucht hat, es ins Menschliche zu integrieren, muß es *in sich selbst*, in seinem tiefsten Stoff, wahrhaft als ein Universum erscheinen, das durch und durch von einer Freiheit durchdrungen und getragen wird, die sich die menschliche Freiheit zum Zweck gesetzt hat [...]

Denn da der Schreibende eben durch die Mühe des Schreibens, die er sich macht, die Freiheit seiner Leser anerkennt, und da der Lesende allein dadurch, daß er das Buch aufschlägt, die Freiheit des Schriftstellers anerkennt, ist das Kunstwerk, von welcher Seite man es auch nimmt, ein Akt des Vertrauens in die Freiheit der Menschen. Und da Leser wie Autor diese Freiheit nur anerkennen, um zu verlangen, daß sie sich manifestiere, läßt sich das Werk als eine imaginäre Präsentation der Welt definieren, insofern sie die menschliche Freiheit verlangt. [...]
Aber vor allem ist der einzige Aspekt, unter dem der Künstler die Welt solchen Freiheiten präsentieren kann, deren Zustimmung er realisieren will, der Aspekt einer Welt, die immer mehr mit Freiheit zu durchtränken ist. Es wäre nicht denkbar, daß die Entfesselung von Hingabe, die der Schriftsteller hervorruft, zur Besiegelung einer Ungerechtigkeit verwendet würde und daß der Leser in den Genuß seiner Freiheit käme, wenn er ein Werk liest, das die Unterdrückung des Menschen durch den Menschen billigt oder akzeptiert oder auch nur zu verurteilen sich enthält.
[...] Denn sobald ich erfahre, daß meine Freiheit unlöslich an die aller anderen Menschen gebunden ist, kann man von mir nicht verlangen, daß ich sie dazu verwende, die Unterdrückung einiger von ihnen zu billigen. Ob also der Schriftsteller Essayist, Pamphletist, Satiriker oder Romancier ist, ob er nun von den individuellen Leidenschaften spricht oder das System der Gesellschaft angreift, als freier Mensch, der sich an freie Menschen wendet, hat er nur ein einziges Sujet: die Freiheit.
Von daher bedroht ihn jeder Versuch, seine Leser zu unterdrücken, in seiner Kunst selbst. Einen Schmied wird der Faschismus in seinem Menschenleben treffen, aber nicht notwendig in seinem Beruf: einen Schriftsteller trifft er in beidem, mehr noch im Beruf als im Leben. Ich habe Autoren gesehen, die vor dem Krieg den Faschismus mit allen ihren Wünschen herbeisehnten, aber sobald die Nazis sie mit Ehren überhäuften, waren sie mit Unfruchtbarkeit geschlagen. Ich denke vor allem an Drieu La Rochelle: er hat sich geirrt, aber er wahr ehrlich, er hat es bewiesen. Er hatte akzeptiert, eine Jubelzeitschrift zu leiten[87]. Die ersten Monate kanzelte er seine Landsleute ab und las ihnen die Leviten. Niemand antwortete ihm: man war ja nicht mehr frei, es zu tun. Er ärgerte sich darüber, er *fühlte* seine Leser nicht mehr. Er tadelte sie noch stärker, aber keinerlei Zeichen bewies ihm, daß er verstanden worden war. Keinerlei Zeichen von Haß noch von Wut mehr: nichts. Er schien verwirrt, von zunehmender Unruhe ergriffen, beklagte sich bitter bei den Deutschen; seine Artikel waren erhaben, sie wurden bitter; es kam der Augenblick, wo er sich an die Brust schlug: keinerlei Echo, außer bei gekauften Journalisten, die er verachtete. Er wollte sein Amt niederlegen, besann sich wieder, sprach weiter, immer noch in der Wüste. Endlich schwieg er, geknebelt vom Schweigen der andern. Er hatte ihre Unterdrückung verlangt, aber in seinem verdrehten Kopf hatte er sie sich noch willentlich, noch frei vorstellen müssen; sie kam, der Mensch in ihm beglückwünschte sich dazu sehr heftig, aber der Schriftsteller konnte sie nicht ertragen. Andre, die glücklicherweise die größte Zahl waren, begriffen im selben Moment, daß die Freiheit, zu schreiben, die Freiheit des Citoyens einschließt. Man schreibt nicht für Sklaven. Die Kunst der Prosa ist mit dem einzigen System solidarisch, wo die Prosa einen Sinn behält: mit der Demokratie. [...]

---

[87] Drieu La Rochelle stellte sich 1940 der deutschen Besatzungsmacht zur Verfügung und übernahm die Leitung der Zeitung *Nouvelle Revue Française*. Siehe dazu auch Sartres Aufsätze *Drieu La Rochelle oder Der Selbsthaß* in: *Der Mensch und die Dinge*, Schriften zur Literatur Band 1, rororo 4260, und *Was ist ein Kollaborateur?* In: *Paris unter der Besatzung*, Politische Schriften Band 1, rororo 4593.

Engagiert wofür? wird man fragen. Die Freiheit verteidigen, das ist schnell gesagt. Geht es darum, sich zum Hüter der idealen Werte zu machen [...] oder ist es die konkrete und alltägliche Freiheit, die man schützen muß, indem man in den politischen und gesellschaftlichen Kämpfen Partei ergreift? Die Frage ist an eine andre, scheinbar ganz einfache, gebunden, die man sich jedoch niemals stellt: „Für wen schreibt man?"

3. Für wen schreibt man?

Auf den ersten Blick besteht gar kein Zweifel: man schreibt für den allgemeinen Leser; und wir haben ja gesehen, daß sich die Forderung des Schriftstellers prinzipiell an *alle* Menschen richtet. Aber die vorangehenden Beschreibungen sind idealtypisch. In Wirklichkeit weiß der Schriftsteller, daß er für versackte, maskierte, unverfügbare Freiheiten schreibt; und selbst seine Freiheit ist nicht so rein, er muß sie säubern; er schreibt auch, um sie zu säubern.
[...] da ja die Freiheiten des Autors und des Lesers einander über eine Welt suchen und affizieren, kann man ebensogut sagen, daß es die Wahl eines bestimmten Aspekts der Welt durch den Autor ist, die über den Leser entscheidet, und daß umgekehrt der Schriftsteller durch die Wahl seines Lesers über sein Sujet entscheidet. So enthalten alle Werke des Geistes in sich selbst das Bild des Lesers, für den sie bestimmt sind. [...]
So wäre das konkrete Publikum eine riesige weibliche Frage, die Erwartung einer ganzen Gesellschaft, die der Schriftsteller aufzufangen und zu erfüllen hätte. Aber dazu müßte dieses Publikum frei sein zu fragen, und der Autor müßte frei sein zu antworten. Das bedeutet, daß in gar keinem Fall die Fragen einer Gruppe oder einer Klasse die der anderen Milieus verdecken dürfen; andernfalls fielen wir ins Abstrakte zurück. Kurz, die tatsächliche Literatur kann nur in einer klassenlosen Gesellschaft ihrem vollen Wesen gleich werden. In dieser Gesellschaft allein könte der Schriftsteller erkennen, daß es keinerlei Unterschied zwischen seinem Sujet und seinem Publikum gibt. Denn das Sujet der Literatur ist immer der Mensch in der Welt gewesen. Allein, solange das virtuelle Publikum wie ein düsteres Meer um den kleinen leuchtenden Strand des realen Publikums blieb, riskierte der Schriftsteller, die Interessen und die Sorgen des Menschen mit denen einer kleinen bevorzugten Gruppe gleichzusetzen. Aber wenn sich das Publikum mit dem konkreten Allgemeinen identifizierte, dann hätte der Schriftsteller wirklich über die menschliche Totalität zu schreiben. [...]
Mit einem Wort, die Literatur ist ihrem Wesen nach die Subjektivität einer Gesellschaft in permanenter Revolution [...] es ist falsch, daß der Autor auf seine Leser einwirkt, er appelliert lediglich an ihre Freiheiten, und damit seine Werke irgendeine Wirkung haben, ist es notwendig, daß das Publikum sie durch eine unbedingte Entscheidung für sich übernimmt. Aber in einer Kollektivität, die sich ständig annimmt und sich beurteilt und sich wandelt, kann das geschriebene Werk eine wesentliche Bedingung für das Handeln, das heißt, der Moment des reflexiven Bewußtseins sein.

5.2　Der Text als Rezeptionsvorgabe

Roman Ingarden: *Konkretisation und Rekonstruktion*

„Das literarische Werk überhaupt ist ein rein intentionales Gebilde ..." Ingarden

Der Text *Konkretisation und Rekonstruktion* ist der von Rainer Warning herausgegebenen Beitragssammlung *Rezeptionsästhetik. Theorie und Praxis*[88] entnommen.

Das literarische Werk ist nach Roman Ingarden ein *intentionaler Gegenstand*, es unterscheidet sich von seinsautonomen Gegenständen wie tatsächlich vorhandenen, sichtbaren Dingen, die ohne Rest erkennbar sind[89]. Der Baum vor dem Fenster des Lesers ist seinsautonom, ist vollständig erfassbar. Der Baum, der in einer Novelle erwähnt wird, ist intentional. Der Leser begegnet dieser Erwähnung mit seiner „Ursprungsmotivation"[90], die Auslöser für Konkretisation und Rekonstruktion ist. Art, Wuchs, Größe, Fruchtstand etc. muss der Leser ausfüllen und den intentionalen Gegenstand Baum im Buch selbst konkretisieren.

Konkretisierungen werden über Schemata und Skelette, über das Auffüllen von Unbestimmtheitsstellen vollzogen, wobei auch deren Variabilität geprüft werden kann. Rekonstruktion bedeutet, die Unbestimmtheitsstellen zu fixieren, den Variabilitätsbereich der Ausfüllung festzulegen.

Der künstlerische Wert ist im Bedeutungspotenzial des Werkes selbst angelegt und besteht primär in seiner Bestimmtheit (als metaphysischer Qualität). Der ästhetische Wert des Kunstwerks entspricht den Konkretisationen durch den Leser.

Beider Zusammenwirken kennzeichnet den Erfassungsakt des Kunstwerkes als Akt „polyphoner Harmonie"[91]. Der Text muss also zuerst in seiner Beschaffenheit als schematisches Gebilde aufgefasst werden, erst dann kann die adäquate Konkretisation (Interpretation) vollzogen werden.

Ingarden geht es in seiner Darstellung, von der hier nur der erste Teil wiedergegeben ist, um das Wirkungspotenzial literarischer Texte.

Die hier aufgelisteten textseitigen Voraussetzungen beschreiben die Komplexität der Bedingungen, die zur Konkretisation und Rekonstruktion der graphischen Zeichen auf dem papiernen Trägermaterial zusammenwirken. Der Text ist demnach ein Normensystem, auf das der Leser mit Konkretisierungen reagiert. Die programmierte Mehrsinnigkeit des literarischen Textes ist zugleich Bedingung seiner Unerschöpflichkeit und Undurchdringlichkeit. Die Vermittlungsvorgänge und Bedingungen bleiben weitgehend ausgegrenzt, Lektüre ist hier allein als ästhetischer Konstitutionsakt verstanden.

---

[88] Rainer Warning (Hg.): *Rezeptionsästhetik*. 4. unv. Auflage 1994, UTB 303, Fink Verlag München, S. 42-44, ursprünglich in: *Vom Erkennen des literarischen Kunstwerkes*. Tübingen 1968.
[89] Fischer Lexikon Literatur, Bd. II, S. 1134.
[90] Rainer Warning: *Rezeptionsästhetik*. München 1994, S. 195.
[91] Ebd. S. 93.

> 1. Wie trägt die Eigenschaft der Mehrschichtigkeit zur Differenzierung von literarischem und Sachtext bei?
> 2. Was meint „Konkretisation" des literarischen Textes?
> 3. Was sind und welche Funktion haben die „Unbestimmtheitsstellen" im literarischen Text?

Roman Ingarden

KONKRETISATION UND REKONSTRUKTION

[...]
1. Das literarische Werk ist ein mehrschichtiges Gebilde. Es enthält a) die Schicht der Wortlaute und der sprachlautlichen Gebilde und Charaktere höherer Ordnung, b) die Schicht der Bedeutungseinheiten: der Satzsinne und der Sinne ganzer Satzzusammenhänge, c) die Schicht der schematisierten Ansichten, in welchen die im Werk dargestellten Gegenstände verschiedener Art zur Erscheinung gelangen, und d) die Schicht der dargestellten Gegenständlichkeiten, welche in den durch die Sätze entworfenen intentionalen Sachverhalten dargestellt werden.
2. Aus der Materie und der Form der einzelnen Schichten ergibt sich ein wesensmäßiger innerer Zusammenhang aller Schichten miteinander und eben damit auch die formale Einheit des ganzen Werkes.
3. Neben dem Schichtenaufbau zeichnet sich das literarische Werk durch eine geordnete Aufeinanderfolge seiner Teile aus, die Sätze, Satzzusammenhänge, Kapitel usw. bilden. Infolgedessen besitzt das Werk eine eigene, quasi zeitliche 'Ausdehnung' vom Anfang bis zum Ende sowie verschiedene, sich daraus ergebende Kompositionseigenheiten, wie z. B. verschiedene Charaktere der dynamischen Entwicklung und dergleichen mehr.
Das literarische Werk hat eigentlich 'zwei Dimensionen': die eine, in welcher sich der Gesamtbestand der Schichten erstreckt, und die zweite, in welcher die Teile aufeinanderfolgen.
4. Im Gegensatz zu der überwiegenden Mehrheit der Sätze eines wissenschaftlichen Werkes, die echte Urteile sind, sind die im literarischen Kunstwerk auftretenden Aussagesätze keine echten Urteile, sondern nur Quasi-Urteile, deren Funktion darauf beruht, den im Werk dargestellten Gegenständen bloß einen Aspekt der Realität zu verleihen, ohne sie zu echten Realitäten zu stempeln. Auch Sätze anderer Typen, wie z. B. die Fragesätze, unterliegen im literarischen Kunstwerk einer entsprechenden Modifikation ihres Sinnes bzw. ihrer Funktion. Je nach dem Typus des Werkes – z. B. in historischen Romanen – sind noch verschiedene Abwandlungen dieser Modifikationen möglich.
Das Vorhandensein der Quasi-Urteile in literarischen Kunstwerken bildet nur *ein* Unterscheidungsmoment zwischen ihnen und den wissenschaftlichen Werken, an das sich andere charakteristische Momente anknüpfen. Und zwar:
5. Wenn ein literarisches Werk ein wertvolles Kunstwerk ist, enthält jede seiner Schichten besondere Qualitäten: es sind wertvolle Qualitäten verschiedener Art, und zwar künstlerisch wertvolle und ästhetisch wertvolle. Die letzteren befinden sich im Kunstwerk selbst in einem eigentümlichen, potentiellen Zustand. In ihrer ganzen Mannigfaltigkeit führen sie zu einer eigentümlichen Polyphonie ästhetisch valenter

Qualitäten, welche über die Qualität des sich im Werk konstituierenden Werts entscheidet.
Auch in einem wissenschaftlichen Werk können literarisch-künstlerische Qualitäten auftreten, die gewisse, ästhetisch wertvolle Qualitäten bestimmen. Dies schafft aber in einem wissenschaftlichen Werk nur ein momentum ornans, das mit der wesentlichen Funktion des Werkes nur in loser oder in gar keiner Verbindung steht und es selbst nicht zu einem Kunstwerk machen kann.
6. Das literarische Kunstwerk (wie auch jedes literarische Werk überhaupt) ist seinen Konkretisationen gegenüberzustellen, welche bei den einzelnen Lesungen des Werkes (eventuell bei der Aufführung des Werkes im Theater und deren Erfassen durch den Betrachter) entstehen.
7. Im Unterschied zu seinen Konkretisationen ist das literarische Werk selbst ein schematisches Gebilde. Das heißt: manche seiner Schichten, insbesondere die Schicht der dargestellten Gegenständlichkeiten und die Schicht der Ansichten, enthält 'Unbestimmtheitsstellen' in sich. Diese werden in den Konkretisationen zum Teil beseitigt. Die Konkretisation des literarischen Werkes ist also selbst noch schematisch, aber – wenn man so sagen darf – weniger als das betreffende Werk selbst.
8. Die Unbestimmtheitsstellen werden in den einzelnen Konkretisationen auf die Weise beseitigt, daß an ihre Stelle eine nähere oder weitere Bestimmung des betreffenden Gegenstandes tritt und sie sozusagen 'ausfüllt'. Diese 'Ausfüllung' ist aber nicht durch die bestimmten Momente dieses Gegenstandes hinreichend bestimmt, kann also im Prinzip in verschiedenen Konkretisationen noch verschieden sein.
9. Das literarische Werk überhaupt ist ein rein intentionales Gebilde, das seine Seinsquelle in den schöpferischen Bewußtseinsakten seines Verfassers hat und dessen physisches Seinsfundament in dem schriftlich festgelegten Text oder in einem anderen physischen Werkzeug der möglichen Reproduktion (z. B. dem Magnetophon) liegt. Vermöge der Doppelschicht seiner Sprache ist es zugleich intersubjektiv zugänglich und reproduzierbar, wodurch es zu einem auf eine Lesergemeinschaft bezogenen, intersubjektiven, intentionalen Gegenstand wird. Als solches ist es nicht psychisch und ist allen Bewußtseinserlebnissen, sowohl denen des Verfassers wie auch denen der Leser, transzendent.

5.3   Eine neue Literaturgeschichte als Lesegeschichte
Hans Robert Jauß: *Literaturgeschichte als Provokation*

„Im Dreieck von Autor, Werk und Publikum ist das letztere nicht nur der passive Teil, keine Kette bloßer Reaktionen, sondern selbst wieder eine geschichtsbildende Energie." Jauß

Der Romanist Hans Robert Jauß hat 1967 an der Universität Konstanz seine öffentliche Antrittsvorlesung gehalten mit dem Titel: *Literaturgeschichte als Provokation*, der Text erschien 1970 in der *edition suhrkamp*.
Im Mittelpunkt seiner Ausführungen steht die Frage nach Aufnahme und Wirkung literarischer Werke, zu gegenwärtigen wie historischen Zeitpunkten. Zen-

trales Verfahren ist dabei die Rekonstruktion des Erwartungshorizontes[92] eines Werkes. Er erhebt damit den Leser (gegenüber dem Kritiker, dem Historiker und dem Literaturwissenschaftler) zur entscheidenden Instanz für die Bedeutung eines Buches. Voraussetzung seiner Argumentation ist die Feststellung, dass die Literaturgeschichten den Leser übergehen. Ein literarisches Werk setzt aber nicht einen beliebigen Leser voraus, und ein Mensch, des Lesens kundig, liest nicht jedes beliebige Buch. Autoren schreiben daher schon für eine bestimmte Leserschaft. Darin zeigt sich eine Wechselwirkung zwischen einem Werk, jedem neuen Leser und dessen konkreter Gegenwart. Daher muss zu jeder historischen Phase neu eruiert werden, was, wie und warum tatsächlich gelesen wurde (und wird). Dabei wird die Eigendynamik der einzelnen Werkrezeption dokumentiert.

Die Folgerungen, die sich daraus für die Literaturgeschichte ableiten lassen, sind einsichtig; Literaturgeschichte soll nicht nur dem Autor, sondern auch dem Leser Rechnung tragen[93].

Dass die Geschichte der Literatur Argumentationshilfe für den Kritiker ist, dass sie für den Historiker Illustrationsfunktion hat und dem Soziologen dazu dient, eigene Thesen zu bekräftigen, soll nicht bestritten werden.

Dass sie sich jedoch in erster Linie am Leser zu orientieren hat, ist unumstößlich. Der „Leser an sich", die zahllosen Leser in ihrer Individualität, die ein Buch die Jahrhunderte hindurch gefunden hat und möglicherweise noch finden wird, ist kaum ermittelbar.

Erfassbar sind jedoch typische Leseerfahrungen und jeweils zeitgemäße Methoden der literarischen Interpretation, die die Leserrolle beschreiben können, die in dem Werk schon enthalten ist. Jedes literarische Werk enthält das Bild seines Lesers. „Der Leser ist eine Person dieses Werkes"[94].

Harald Weinrich hat in *Für eine Literaturgeschichte des Lesers* (1967) den Versuch unternommen, die schon etablierte Ersetzung der „früher üblichen Linguistik des Sprechers durch eine Linguistik des Hörers" zu übertragen auf die „methodische Berücksichtigung der Perspektive des Lesers in der Literarhistorie". Diese Parallelschaltung von Weinrich „zeigt vor allem auch, wie die empirischen Methoden der Literatursoziologie durch die linguistische und literarische Interpretation der Leserrolle, die im Werk implizit enthalten ist, zu ergänzen sind"[95].

---

[92] Der von Jauß eingesetzte Begriff des Erwartungshorizontes stammt von Karl Mannheim, aus: *Mensch und Gesellschaft im Zeitalter des Umbaus.* Darmstadt 1958, ab S. 212, Jauß verwendet ihn in seiner Erläuterung vor allen Dingen gattungspoetisch.

[93] Diese Forderung ist nicht neu, sie ist seit der Antike bekannt. Die *Poetik* des Aristoteles ist zwar einerseits Darstellungsästhetik, andererseits aber auch Wirkungsästhetik. Die Tragödie wird von ihrer Wirkung her beschrieben (Furcht und Mitleid, Katharsis). Aristoteles beschreibt die Affekte der Furcht und des Mitleids nicht nur als publikumsbezogene Intentionen des Autors, sondern berücksichtigt bereits eine bestimmte Publikumserwartung, mit welcher der Autor zu rechnen hat.

[94] Harald Weinrich: *Literatur für Leser.* Essays und Aufsätze zur Literaturwissenschaft. DTV München 1986.

[95] Hans Robert Jauß: *Literaturgeschichte als Provokation.* es 418, Suhrkamp Frankfurt a. M. 1970, S. 144-207.

Das macht es unumgänglich, gerade bei Interpretationen zu Texten mit histori-
schem Abstand alle Voraussetzungen des Textes mit zu interpretieren, weil sie
Lesemotivation, Leseverhalten und Lesereaktion konstituieren.

1. Woraus ergeben sich „Qualität und Rang" eines literarischen Kunstwerkes? Wer bestimmt
   sie?
2. Wie kann oder sollte die Philologie historische Kunstwerke „gerecht" beurteilen? Und wie
   kann man der Geschichtlichkeit von Literatur gerecht werden?
3. Worin besteht das Problem eines „literarischen Kanons"?
4. Woraus erklärt sich die gesellschaftsbildende Funktion von Literatur?
5. Wie gestaltet sich nach Jauß das progressive Verhältnis *Geschichte – Literatur und Literaturgeschichte – Leser* und welche Funktion hat die „Energie" bzw. „Dynamik" des Le-
   sepublikums?
6. Wie stehen sich „historische Tatsächlichkeit" und „Ereignischarakter des Kunstwerkes"
   gegenüber?
7. Worin besteht die Dynamik des „Horizontwandels"? Und welcher Zusammenhang besteht
   zwischen „Horizontwandel" und „ästhetischer Distanz"?
8. Wie kann das einzelne Kunstwerk, das die positivistische Literaturgeschichte zum Bestandteil einer Chronologie verkürzt hat, wieder als „Ereignis" aufgefasst werden? Und
   was ist das Darstellungsprinzip dieser neuen Form der Literaturgeschichte und wie ist seine Praktikabilität einzuschätzen?

Hans Robert Jauß:

Literaturgeschichte als Provokation der Literaturwissenschaft

[...] Eine Beschreibung der Literatur, die einem schon sanktionierten Kanon folgt und
Leben und Werk der Schriftsteller einfach in chronologischer Reihenfolge hinterein-
andersetzt, ist aber – wie schon Gervinus bemerkte – *keine Geschichte; es ist kaum
das Gerippe zu einer Geschichte.*[96] Desgleichen würde kein Historiker eine Darstellung nach Gattungen für historisch halten, die, von Werk zu Werk Änderungen regi-
strierend, die eigengesetzlich Formen der Entwicklung von Lyrik, Drama und Roman
verfolgt und das unerklärte Nebeneinander der literarischen Entwicklung lediglich mit
einer allgemeinen, meist von der Historie erborgten Betrachtung über Zeitgeist und
politische Tendenzen der Epoche umrahmt. Andererseits ist es nicht nur selten, sondern geradezu verpönt, daß ein Literarhistoriker über Werke vergangener Epochen
Qualitätsurteile fällt. Er pflegt sich vielmehr auf das Objektivitätsideal der Historiogra-
phie zu berufen, die nur zu beschreiben habe, *wie es eigentlich gewesen.* Seine ästhetische Abstinenz hat gute Gründe. Denn Qualität und Rang eines literarischen
Werks ergeben sich weder aus seinen biographischen oder historischen Entste-

---

[96] Georg Gottfried Gervinus: Schriften zur Literatur, Berlin 1962, p. 4 (in einer Rezension von 1833
über jüngst erschienene Literaturgeschichten): „Diese Bücher mögen allerhand Verdienste haben,
allein geschichtlich haben sie fast keine. Sie verfolgen chronologisch die verschiedenen Dichtungsar-
ten, sie setzen in chronologischer Reihe die Schriftsteller hintereinander, wie andere die Büchertitel,
und charakterisieren dann, wie es auch sei, Dichter und Dichtung. Das aber ist keine Geschichte ...".

hungsbedingungen noch allein aus seiner Stelle im Folgeverhältnis der Gattungs-
entwicklung, sondern aus den schwerer faßbaren Kriterien von Wirkung, Rezeption
und Nachruhm. Und wenn der Literarhistoriker, dem Objektivitätsideal verpflichtet,
sich auf die Darstellung einer abgeschlossenen Vergangenheit beschränkt, das Urteil
über die Literatur seiner eigenen, noch unvollendeten Epoche dem dafür zuständigen
Kritiker überläßt und sich an den gesicherten Kanon der »Meisterwerke« hält, bleibt
er in seiner historischen Distanz meist ein bis zwei Generationen hinter der jüngsten
Entwicklung der Literatur zurück. Er nimmt an der aktuellen Auseinandersetzung mit
den literarischen Erscheinungen der Gegenwart bestenfalls als passiver Leser teil
und wird damit in seiner Urteilsbildung zum Parasiten einer Kritik, die er im stillen als
»unwissenschaftlich« verachtet. Was also soll heute noch ein historisches Studium
der Literatur [...]?
Dem Dilemma von Abschluß und Fortgang der Geschichte enthoben schien der Geschichtsschreiber des Historismus aber dort zu sein, wo er sich auf Epochen beschränkte, die er bis zu der »Schlußszene« vor Augen stellen und in ihrer je eigenen
Vollkommenheit, ohne Rücksicht auf das, was daraus hervorging, beschreiben
konnte. Geschichte als Epochendarstellung versprach darum auch das methodische
Ideal der historischen Schule am vollsten zu erfüllen. Die Literaturgeschichte reiht
seither, wo ihr die Entfaltung der nationalen Individualität als roter Faden nicht mehr
genügt, vornehmlich abgeschlossene Epochen aneinander. [...] Wenn »volle Objektivität« erfordert, daß der Geschichtsschreiber vom Standpunkt seiner Gegenwart absieht, muß Wert und Bedeutung einer Epoche der Vergangenheit auch unabhängig
vom späteren Verlauf der Geschichte erkennbar sein. [...]

Wenn auf der einen Seite die literarische Evolution im geschichtlichen Wandel
von Systemen und auf der anderen Seite die pragmatische Geschichte in der pro-
zeßhaften Verkettung gesellschaftlicher Zustände begriffen werden kann, muß es
dann nicht auch möglich sein, die »literarische Reihe« und die »nicht-literarische
Reihe« in eine Beziehung zu setzen, die das Verhältnis von Literatur und Geschichte
umgreift, ohne die Literatur unter Preisgabe ihres Kunstcharakters in eine bloße Ab-
bildungs- oder Erläuterungsfunktion hineinzuzwängen?

[...] In der so gestellten Frage sehe ich die Herausforderung der Literaturwissenschaft, das im Streit der marxistischen und der formalistischen Methode offengeblie-
bene Problem der Literaturgeschichte wieder aufzugreifen. Mein Versuch, die Kluft
zwischen Literatur und Geschichte, historischer und ästhetischer Erkenntnis zu über-
brücken, kann an der Grenze ansetzen, vor der beide Schulen stehengeblieben sind.
Ihre Methoden begreifen das *literarische Faktum* im geschlossenen Kreis einer Pro-
duktions- und Darstellungsästhetik. Sie verkürzen die Literatur damit um eine Dimension, die unabdingbar zu ihrem ästhetischen Charakter wie auch zu ihrer gesellschaftlichen Funktion gehört: die Dimension ihrer Rezeption und Wirkung. Leser, Zu-
hörer und Zuschauer, kurzum: der Faktor des Publikums spielt in beiden Litera-
turtheorien eine äußerst beschränkte Rolle. [...]
Die orthodoxe Ästhetik des Marxismus behandelt den Leser – wenn überhaupt –
nicht anders als den Autor: sie fragt nach seiner sozialen Stellung, oder sie sucht ihn
in der Schichtung einer dargestellten Gesellschaft wiederzuerkennen. Die formalistische Schule benötigt den Leser nur als wahrnehmendes Subjekt, das, den Anweisungen des Textes folgend, die Unterscheidung der Form oder die Aufdeckung des
Verfahrens zu leisten hat. Sie mutet dem Leser das theoretische Verständnis des

Philologen zu, der in Kenntnis der Kunstmittel über diese zu reflektieren vermag, wie umgekehrt die marxistische Schule die spontane Erfahrung des Lesers geradezu mit dem wissenschaftlichen Interesse des historischen Materialismus gleichsetzt, der am literarischen Werk Beziehungen zwischen Überbau und Basis aufdecken will. Nun ist aber – wie Walther Bulst formulierte – *kein Text je verfaßt worden, um philologisch von Philologen* oder – wie ich hinzusetze – *historisch von Historikern gelesen und interpretiert zu werden.*[97] Beide Methoden verfehlen den Leser in seiner genuinen, für die ästhetische wie für die historische Erkenntnis gleich unabdingbaren Rolle – als den Adressaten, für den das literarische Werk primär bestimmt ist. [...]

Im Dreieck von Autor, Werk und Publikum ist das letztere nicht nur der passive Teil, keine Kette bloßer Reaktionen, sondern selbst wieder eine geschichtsbildende Energie. Das geschichtliche Leben des literarischen Werks ist ohne den aktiven Anteil seines Adressaten nicht denkbar. Denn erst durch seine Vermittlung tritt das Werk in den sich wandelnden Erfahrungshorizont einer Kontinuität, in der sich die ständige Umsetzung von einfacher Aufnahme in kritisches Verstehen, von passiver in aktive Rezeption, von anerkannten ästhetischen Normen in neue, sie übersteigende Produktion vollzieht. Die Geschichtlichkeit der Literatur wie ihr kommunikativer Charakter setzen ein dialogisches und zugleich prozeßhaftes Verhältnis von Werk, Publikum und neuem Werk voraus, das sowohl in der Beziehung von Mitteilung und Empfänger wie auch in den Beziehungen von Frage und Antwort, Problem und Lösung erfaßt werden kann. Der geschlossene Kreis einer Produktions- und Darstellungsästhetik, in dem sich die Methodologie der Literaturwissenschaft bisher vornehmlich bewegt, muß daher auf eine Rezeptions- und Wirkungsästhetik geöffnet werden, wenn das Problem die die geschichtliche Folge literarischer Werke als Zusammenhang der Literaturgeschichte zu begreifen sei, eine neue Lösung finden soll.

Die rezeptionsästhetische Perspektive vermittelt nicht allein zwischen passiver Aufnahme und aktivem Verstehen, normbildender Erfahrung und neuer Produktion. Sieht man die Geschichte der Literatur derart im Horizont des kontinuitätsbildenden Dialogs von Werk und Publikum, so wird auch der Gegensatz ihres ästhetischen und ihres historischen Aspekts ständig vermittelt und ineins damit der Faden von der vergangenen Erscheinung zu der gegenwärtigen Erfahrung der Dichtung weitergeknüpft, den der Historismus durchschnitten hatte. Das Verhältnis von Literatur und Leser hat sowohl ästhetische als auch historische Implikationen. Die ästhetische Implikation liegt darin, daß schon die primäre Aufnahme eines Werkes durch den Leser eine Erprobung des ästhetischen Wertes im Vergleich mit schon gelesenen Werken einschließt.[98] Die historische Implikation wird daran sichtbar, daß sich das Verständnis der ersten Leser von Generation zu Generation in einer Kette von Rezeptionen fortsetzen und anreichern kann, mithin auch über die geschichtliche Bedeutung eines Werkes entscheidet und seinen ästhetischen Rang sichtbar macht. [...]

Der Rang einer rezeptionsästhetisch fundierten Literaturgeschichte wird davon abhängen, inwieweit sie an der fortwährenden Totalisierung des Vergangenen durch die ästhetische Erfahrung aktiv teilzunehmen vermag. Das erfordert einerseits – dem

---

[97] *Bedenken eines Philologen*, in: *Studium generale* 7, pp. 321-323. – Der neue Zugang zur literarischen Tradition, den R. Guiette mit der ihm eigenen Methode, ästhetische Kritik mit historischer Erkenntnis zu verknüpfen, in einer Reihe von wegweisenden Aufsätzen gesucht hat (zum Teil in: *Questions de littérature,* Gent 1960), entspricht seinem fast gleichlautenden (nicht publizierten) Grundsatz: »Le plus grand tort des philologues, c'est de croire que la littérature a été faite pour des philologues«. Siehe dazu auch sein *Eloge de la lecture,* in: *Revue générale belge,* Janvier 1966, pp. 3-14.

[98] Diese These ist ein Kernstück der *Introduction à une esthétique de la littérature* von G. Picon, Paris 1953, cf. P. 90 sqq.

Objektivismus der positivistischen Literarhistorie gegenüber – eine bewußt angestrebte Kanonbildung, die andererseits – dem Klassizismus der Traditionsforschung gegenüber – eine kritische Revision, wenn nicht Destruktion des überkommenen literarischen Kanons voraussetzt. [...]
Das Kriterium einer solchen Kanonbildung und immer wieder notwendigen Umerzählung der Literaturgeschichte ist durch die Rezeptionsästhetik klar vorgezeichnet. Der Weg von der Rezeptionsgeschichte des einzelnen Werks zur Geschichte der Literatur müßte dazu führen, die geschichtliche Folge der Werke so zu sehen und darzustellen, wie sie den für uns bedeutsamen Zusammenhang der Literatur als Vorgeschichte ihrer gegenwärtigen Erfahrung bedingt und erhellt[99]. [...]

Eine Erneuerung der Literaturgeschichte erfordert, die Vorurteile des historischen Objektivismus abzubauen und die traditionelle Produktions- und Darstellungsästhetik in einer Rezeptions- und Wirkungsästhetik zu fundieren. Die Geschichtlichkeit der Literatur beruht nicht auf einem post festum erstellten Zusammenhang ›literarischer Fakten‹, sondern auf der vorgängigen Erfahrung des literarischen Werkes durch seine Leser. Dieses dialogische Verhältnis ist auch die primäre Gegebenheit für die Literaturgeschichte. Denn der Literarhistoriker muß selbst immer erst wieder zum Leser werden, bevor er ein Werk verstehen und einordnen, anders gesagt: sein eigenes Urteil im Bewußtsein seines gegenwärtigen Standorts in der historischen Reihe der Leser begründen kann. [...]

Das literarische Werk ist kein für sich bestehendes Objekt, das jedem Betrachter zu jeder Zeit den gleichen Anblick darbietet[100]. Es ist kein Monument, das monologisch sein zeitloses Wesen offenbart [...] Die Geschichte der Literatur ist ein Prozeß ästhetischer Rezeption und Produktion, der sich in der Aktualisierung literarischer Texte durch den aufnehmenden Leser, den reflektierenden Kritiker und den selbst wieder produzierenden Schriftsteller vollzieht. Die unabsehbar wachsende Summe literarischer ›Fakten‹, wie sie sich in den konventionellen Literaturgeschichten niederschlägt, ist ein bloßes Residuum dieses Prozesses, nur angesammelte und klassifizierte Vergangenheit und darum keine Geschichte, sondern Pseudogeschichte. Wer eine Reihe solcher literarischer Fakten schon für ein Stück Geschichte der Literatur ansieht, verwechselt den Ereignischarakter eines Kunstwerks mit dem einer historischen Tatsächlichkeit. [...] Das literarische Ereignis hat im Unterschied zum politischen nicht für sich weiterbestehende unausweichliche Folgen, denen sich keine nachfolgende Generation mehr entziehen könnte. Es vermag nur weiterzuwirken, wo es bei den Nachkommen noch oder wieder rezipiert wird – wo sich Leser finden, die sich das vergangene Werk neu aneignen oder Autoren, die es nachahmen, überbieten oder widerlegen wollen. Der Ereigniszusammenhang der Literatur wird primär im Erwartungshorizont der literarischen Erfahrung zeitgenössischer und spä-

---

[99] Entsprechend formulierte W. Benjamin (1931): »Denn es handelt sich ja nicht darum, die Werke des Schrifttums im Zusammenhang ihrer Zeit darzustellen, sondern in der Zeit, da sie entstanden, die Zeit, die sie erkennt – das ist die unsere – zur Darstellung zu bringen. Damit wird die Literatur ein Organon der Geschichte, und sie dazu – nicht das Schrifttum zum Stoffgebiet der Historie – zu machen ist die Aufgabe der Literaturgeschichte« (p. 456).

[100] Hier folge ich A. Nisin in seiner Kritik an dem latenten Platonismus der philologischen Methoden, d. h. an ihrem Glauben an eine zeitlose Substanz des literarischen Werks und an einen zeitlosen Standpunkt seines Betrachters ... in: *La littérature et le lecteur*, Paris 1959, p. 57 (s. dazu meine Rezension in: *Archiv für das Studium der neueren Sprachen* 197, 1960, pp. 223-225).

terer Leser, Kritiker und Autoren vermittelt. Von der Objektivierbarkeit dieses Erwartungshorizontes hängt es darum ab, ob es möglich sein wird, Geschichte der Literatur in der ihr eigenen Geschichtlichkeit zu begreifen und darzustellen. [...]

[...] *Die Analyse der literarischen Erfahrung des Lesers entgeht dann dem drohenden Psychologismus, wenn sie Aufnahme und Wirkung eines Werks in dem objektivierbaren Bezugssystem der Erwartungen beschreibt, das sich für jedes Werk im historischen Augenblick seines Erscheinens aus dem Vorverständnis der Gattung, aus der Form und Thematik zuvor bekannter Werke und aus dem Gegensatz von poetischer und praktischer Sprache ergibt.*

Diese These wendet sich gegen die verbreitete [...] Skepsis, ob eine wirkungsästhetische Analyse überhaupt an die Bedeutungssphäre eines Kunstwerks heranreiche und nicht bestenfalls eine simple Soziologie des Geschmacks bei solchen Versuchen herauskomme, [...] weil [...] weder der individuelle Bewußtseinszustand, da er etwas Augenblickliches, nur Persönliches an sich habe, noch eine kollektive Bewußtseinslage, wie sie J. Mukařovsky als Effekt des Kunstwerks annehme, mit empirischen Mitteln bestimmt werden könnten[101].

[...] Es gibt indes empirische Mittel, an die bisher noch nicht gedacht wurde – literarische Daten, aus denen sich für jedes Werk eine spezifische Disposition des Publikums ermitteln läßt, die der psychologischen Reaktion wie auch dem subjektiven Verständnis des einzelnen Lesers noch vorausliegt. Wie bei jeder aktualen Erfahrung gehört auch zu der literarischen Erfahrung, die ein bisher unbekanntes Werk zum ersten Male zur Kenntnis bringt, ein »Vorwissen, das ein Moment der Erfahrung selbst ist und aufgrund dessen das Neue, das wir zur Kenntnis nehmen, überhaupt erfahrbar, und das heißt: in einem Erfahrungskontext gleichsam lesbar wird«[102]. [...]

Ein literarisches Werk, auch wenn es neu erscheint, präsentiert sich nicht als absolute Neuheit in einem informatorischen Vakuum, sondern prädisponiert sein Publikum durch Ankündigungen, offene und versteckte Signale, vertraute Merkmale oder implizite Hinweise für eine ganz bestimmte Weise der Rezeption. Es weckt Erinnerungen an schon Gelesenes, bringt den Leser in eine bestimmte emotionale Einstellung und stiftet schon mit seinem Anfang Erwartungen für ›Mitte und Ende‹, die im Fortgang der Lektüre nach bestimmten Spielregeln der Gattung oder Textart aufrechterhalten oder abgewandelt, umorientiert oder auch ironisch aufgelöst werden können. Der psychische Vorgang bei der Aufnahme eines Textes ist im primären Horizont der ästhetischen Erfahrung keineswegs nur eine willkürliche Folge nur subjektiver Eindrücke, sondern der Vollzug bestimmter Anweisungen in einem Prozeß gelenkter Wahrnehmung, der nach seinen konstituierenden Motivationen und auslösenden Signalen erfaßt und auch textlinguistisch beschrieben werden kann.

[...] Ein entsprechender Prozeß fortgesetzter Horizontstiftung und Horizontveränderung bestimmt auch das Verhältnis vom einzelnen Text zur gattungsbildenden Textreihe. Der neue Text evoziert für den Leser (Hörer) den aus früheren Texten vertrauten Horizont von Erwartungen und Spielregeln, die alsdann variiert, korrigiert, abgeändert oder auch nur reproduziert werden. Variation und Korrektur bestimmen

---

[101] R. Wellek, 1936, p. 179.

[102] G. Buck, *Lernen und Erfahrung*, Stuttgart 1967, p. 56, der hier an Husserl (*Erfahrung und Urteil*, bes. § 8) anknüpft, im weiteren aber zu einer über Husserl hinausführenden Bestimmung der Negativität im Prozeß der Erfahrung gelangt, die für die Horizontstruktur der ästhetischen Erfahrung bedeutsam ist (vgl. Anm. 111).

den Spielraum, Abänderung und Reproduktion die Grenzen einer Gattungsstruktur[103]. [...]
Die spezifische Disposition für ein bestimmtes Werk, mit der ein Autor bei seinem Publikum rechnet, kann beim Fehlen expliziter Signale auch aus drei allgemein voraussetzbaren Faktoren gewonnen werden: erstens aus bekannten Normen oder der immanenten Poetik der Gattung, zweitens aus den impliziten Beziehungen zu bekannten Werken der literarhistorischen Umgebung und drittens aus dem Gegensatz von Fiktion und Wirklichkeit, poetischer und praktischer Funktion der Sprache, der für den reflektierenden Leser während der Lektüre als Möglichkeit des Vergleichs immer gegeben ist. Der dritte Faktor schließt ein, daß der Leser ein neues Werk sowohl im engeren Horizont seiner literarischen Erwartung als auch im weiteren Horizont seiner Lebenserfahrung wahrnehmen kann. [...]

[...] *Der so rekonstruierbare Erwartungshorizont eines Werkes ermöglicht es, seinen Kunstcharakter an der Art und dem Grad seiner Wirkung auf ein vorausgesetztes Publikum zu bestimmen. Bezeichnet man den Abstand zwischen dem vorgegebenen Erwartungshorizont und der Erscheinung eines neuen Werkes, dessen Aufnahme durch Negierung vertrauter oder Bewußtmachung erstmalig ausgesprochener Erfahrungen einen»Horizontwandel« zur Folge haben kann, als ästhetische Distanz, so läßt sich diese am Spektrum der Reaktionen des Publikums und des Urteils der Kritik (spontaner Erfolg, Ablehnung oder Schockierung; vereinzelte Zustimmung, allmähliches oder verspätetes Verständnis) historisch vergegenständlichen. [...]*
Die Art und Weise, in der ein literarisches Werk im historischen Augenblick seines Erscheinens die Erwartungen seines ersten Publikums einlöst, übertrifft, enttäuscht oder widerlegt, gibt offensichtlich ein Kriterium für die Bestimmung seines ästhetischen Wertes her. Die Distanz zwischen Erwartungshorizont und Werk, zwischen dem schon Vertrauten der bisherigen ästhetischen Erfahrung und dem mit der Aufnahme des neuen Werkes geforderten »Horizontwandel«[104], bestimmt rezeptionsästhetisch den Kunstcharakter eines literarischen Werks: in dem Maße wie sich diese Distanz verringert, dem rezipierenden Bewußtsein keine Umwendung auf den Horizont noch unbekannter Erfahrung abverlangt wird, nähert sich das Werk dem Bereich der ›kulinarischen‹ oder Unterhaltungskunst. Die letztere läßt sich rezeptionsästhetisch dadurch charakterisieren, daß sie keinen Horizontwandel erfordert, sondern Erwartungen, die eine herrschende Geschmacksrichtung vorzeichnet, geradezu erfüllt, indem sie das Verlangen nach der Reproduktion des gewohnten Schönen befriedigt, vertraute Empfindungen bestätigt, Wunschvorstellungen sanktioniert, unalltägliche Erfahrungen als ›Sensation‹ genießbar macht oder auch moralische Probleme aufwirft, aber nur, um sie als schon vorentschiedene Fragen im erbaulichen Sinne zu ›lösen‹[105]. [...]

---

[103] Hierzu kann ich auf meine Abhandlung: *Littérature médiévale et théorie des genres*, in: *Poétique* I (1970), pp. 79-101, verweisen, die demnächst in erweiterter Form auch im Band I des *Grundriß der romanischen Literaturen des Mittelalters*, Heidelberg, erscheinen wird.

[104] Zu diesem Husserlschen Begriff siehe G. Buck, *Lernen und Erfahrung*, op. cit., p. 64 sqq.

[105] Hier nehme ich Ergebnisse der Diskussion über das Kitschige als Grenzerscheinung des Ästhetischen auf, die auf dem III. Kolloquium der Forschungsgruppe *Poetik und Hermeneutik* geführt wurde (jetzt in dem Band: *Die nicht mehr schönen Künste – Grenzphänomene des Ästhetischen*, ed. H. R. Jauß, München 1968). Für die »kulinarische« Einstellung, die bloße Unterhaltungskunst voraussetzt, gilt wie für den Kitsch, daß hier die »Forderungen der Konsumenten a priori befriedigt werden« (P. Beylin), daß »die erfüllte Erwartung zur Norm des Produkts wird« (W. Iser) oder daß »sein Werk, ohne

Wenn umgekehrt der Kunstcharakter eines Werkes an der ästhetischen Distanz zu bemessen ist, in der es der Erwartung seines ersten Publikums entgegentritt, so folgt daraus, daß diese Distanz, die zunächst als neue Sehweise beglückend oder auch befremdlich erfahren wird, für spätere Leser in dem Maße verschwinden kann, wie die ursprüngliche Negativität des Werkes zur Selbstverständlichkeit geworden und selbst als nunmehr vertraute Erwartung in den Horizont künftiger ästhetischer Erfahrung eingegangen ist. Unter diesen zweiten Horizontwandel fällt insbesondere die Klassizität der sogenannten Meisterwerke;[106] ihre selbstverständlich gewordene schöne Form und ihr scheinbar fragloser ›ewiger Sinn‹ bringen sie rezeptionsästhetisch in die gefährliche Nähe der widerstandslos überzeugenden und genießbaren ›kulinarischen‹ Kunst, so daß es der besonderen Anstrengung bedarf, sie ›gegen den Strich‹ der eingewöhnten Erfahrung zu lesen, um ihres Kunstcharakters wieder ansichtig zu werden. [...]

Diese objektivistische Festlegung des literarischen Erfolgs auf die Kongruenz von Absicht des Werkes und Erwartung einer sozialen Gruppe bringt die Literatursoziologie immer dann in Verlegenheit, wenn eine Spät- oder Dauerwirkung zu erklären ist. [...] es gibt Werke, die im Augenblick ihres Erscheinens noch auf kein spezifisches Publikum zu beziehen sind, sondern den vertrauten Horizont literarischer Erwartungen so völlig durchbrechen, daß sich ein Publikum für sie erst allmählich heranbilden kann[107]. Wenn dann der neue Erwartungshorizont allgemeinere Geltung erlangt hat, kann sich die Macht der veränderten ästhetischen Norm daran erweisen, daß das Publikum bisherige Erfolgswerke als veraltet empfindet und ihnen seine Gunst entzieht. Erst im Blick auf solche Horizontwandel gelangt die Analyse der literarischen Wirkung in die Dimension einer Literaturgeschichte des Lesers, und vermitteln die statistischen Kurven der Bestseller historische Erkenntnis. [...]

[...] *Die Rekonstruktion des Erwartungshorizontes, vor dem ein Werk in der Vergangenheit geschaffen und aufgenommen wurde, ermöglicht andererseits Fragen zu stellen, auf die der Text eine Antwort gab, und damit zu erschließen, wie der einstige Leser das Werk gesehen und verstanden haben kann. Dieser Zugang korrigiert die meist unerkannten Normen eines klassischen oder modernisierenden Kunstverständnisses und erspart den zirkelhaften Rekurs auf einen allgemeinen Geist der Epoche. Er bringt die hermeneutische Differenz zwischen dem einstigen und dem heutigen Verständnis eines Werkes vor Augen, macht die – beide Positionen vermittelnde – Geschichte seiner Rezeption bewußt und stellt damit die scheinbare Selbstverständlichkeit, daß im literarischen Text Dichtung zeitlos gegenwärtig und ihr objektiver, ein für allemal geprägter Sinn dem Interpreten jederzeit unmittelbar zugänglich sei, als ein platonisierendes Dogma der philologischen Metaphysik in Frage.* [...]

---

ein Problem zu haben und zu lösen, den Habitus einer Problemlösung aufweist« (M. Imdahl), op. cit., pp. 651 bis 667.

[106] Wie auch das Epigonentum, siehe dazu B. Tomasevskij (in: *Théorie de la littérature ...*, ed. Todorov, cf. Anm. 53, p. 306): »L'apparition d'un génie équivaut toujours à une révolution littéraire qui détrône le canon dominat et donne le pouvoir aux procédés jusqu'alors subordonnés. [...]«

[107] Diese Aspekte hat die ungleich anspruchsvollere Literatursoziologie Erich Auerbachs in der Vielfalt epochaler Brechungen des Verhältnisses von Autor und Publikum ans Licht gerückt, s. dazu die Würdigung von F. Schalk (Ed.), in: E. Auerbach, *Gesammelte Aufsätze zur romanischen Philologie*, Bern/München 1967, p. II sqq.

[...] Wer glaubt, daß sich der ›zeitlos wahre‹ Sinn einer Dichtung dem Interpreten gleichsam auf einem Standort außerhalb der Geschichte über alle ›Irrtümer‹ seiner Vorgänger und der historischen Rezeption hinweg unmittelbar und ganz durch bloße Versenkung in den Text erschließen müsse, »verdeckt die wirkungsgeschichtliche Verflechtung, in der das historische Bewußtsein selber steht«. Er verleugnet »die unwillkürlichen und nicht beliebigen, sondern alles tragenden Voraussetzungen, die sein eigenes Verstehen leiten«, und vermag nur eine Objektivität vorzutäuschen, »die in Wahrheit von der Legitimität ihrer Fragestellungen abhängt«[108].

[...] soll der Philologe ein literarisches Werk nach der Perspektive der Vergangenheit, nach dem Standpunkt der Gegenwart oder nach dem ›Urteil der Jahrhunderte‹ bewerten?[109] Die tatsächlichen Maßstäbe einer Vergangenheit könnten so eng sein, daß ihre Benutzung ein Werk, das in der Geschichte seiner Wirkung ein reiches Bedeutungspotential entfaltet hat, nur ärmer machen würde. Das ästhetische Urteil der Gegenwart würde einen Kanon von Werken bevorzugen, die modernem Geschmack entsprechen, alle anderen Werke aber ungerecht einschätzen, nur weil ihre Funktion zu ihrer Zeit nicht mehr zutage liegt. [...]

Das ›Urteil der Jahrhunderte‹ über ein literarisches Werk ist mehr als nur »das angesammelte Urteil anderer Leser, Kritiker, Zuschauer und sogar Professoren«[110], nämlich die sukzessive Entfaltung eines im Werk angelegten, in seinen historischen Rezeptionsstufen aktualisierten Sinnpotentials, das sich dem verstehenden Urteil erschließt, sofern es die »Verschmelzung der Horizonte« in der Begegnung mit der Überlieferung kontrolliert vollzieht. [...]

Die Wirkung auch der großen literarischen Werke der Vergangenheit ist weder ein sich selbst vermittelndes Geschehen noch einer Emanation zu vergleichen: auch die Tradition der Kunst setzt ein dialogisches Verhältnis des Gegenwärtigen zu dem Vergangenen voraus, demzufolge das vergangene Werk erst antworten und uns ›etwas sagen‹ kann, wenn der gegenwärtige Betrachter die Frage gestellt hat, die es aus seiner Abgeschiedenheit zurückholt. [...]

Diese produktive Funktion des fortschreitenden Verstehens, das notwendig auch Kritik der Tradition und Vergessen einschließt, soll im folgenden den rezeptionsästhetischen Entwurf einer Literaturgeschichte begründen. Dieser Entwurf muß die Geschichtlichkeit der Literatur in dreifacher Hinsicht berücksichtigen: diachronisch im Rezeptionszusammenhang der literarischen Werke (siehe X.), synchronisch im Bezugssystem der gleichzeitigen Literatur wie in der Abfolge solcher Systeme (siehe XI.) und schließlich im Verhältnis der immanenten literarischen Entwicklung zum allgemeinen Prozeß der Geschichte (siehe XII.). [...]

[...] *Die rezeptionsästhetische Theorie erlaubt nicht allein, Sinn und Form des literarischen Werks in der geschichtlichen Entfaltung seines Verständnisses zu begreifen. Sie erfordert auch, das einzelne Werk in seine ›literarische Reihe‹ einzurücken, um seine geschichtliche Stelle und Bedeutung im Erfahrungszusammenhang der Literatur zu erkennen. Im Schritt von einer Rezeptionsgeschichte der Werke zur ereignishaften Geschichte der Literatur zeigt sich diese als ein Prozeß, in dem sich die passive Rezeption des Lesers und Kritikers in die aktive Rezeption und neue Produktion des Autors umsetzt oder in dem – anders gesehen – das nächste Werk for-*

---

[108] H. G. Gadamer, *Wahrheit und Methode,* Tübingen 1960, pp. 284-285.

[109] Wellek, 1936, p. 184; id., 1965, pp. 20-22.

[110] Ibid.

male und moralische Probleme, die das letzte Werk hinterließ, lösen und wieder neue Probleme aufgeben kann. [...]

Die Beschreibung der literarischen Evolution als unaufhörlicher Kampf des Neuen mit dem Alten oder als Wechsel von Kanonisierung und Automatisierung der Formen verkürzt den geschichtlichen Charakter der Literatur auf die eindimensionale Aktualität ihrer Veränderungen und beschränkt das geschichtliche Verstehen auf deren Wahrnehmung. Die Veränderungen der literarischen Reihe werden indes erst dann zu einer geschichtlichen Folge, wenn der Gegensatz von alter und neuer Form auch deren spezifische Vermittlung erkennen läßt. Diese Vermittlung, die den Schritt von der alten zur neuen Form in der Interaktion von Werk und Rezipient (Publikum, Kritiker, neuer Produzent) wie von vergangenem Ereignis und sukzessiver Rezeption umgreift, kann methodisch in dem formalen wie inhaltlichen Problem erfaßt werden, »das jedes Kunstwerk als Horizont der nach ihm möglichen ›Lösungen‹ stellt und hinterläßt«[111]. Die bloße Beschreibung der veränderten Struktur und der neuen Kunstmittel eines Werkes führt nicht notwendig auf dieses Problem und damit auf seine Funktion in der historischen Reihe zurück. Um diese zu bestimmen, das heißt, um das hinterlassene Problem zu erkennen, auf welches das neue Werk in der historischen Reihe die Antwort ist, muß der Interpret seine eigene Erfahrung ins Spiel bringen, weil der vergangene Horizont von alter und neuer Form, Problem und Lösung nur in seiner weiteren Vermittlung, am gegenwärtigen Horizont des rezipierten Werkes, wiedererkennbar ist. Literaturgeschichte als ›literarische Evolution‹ setzt den geschichtlichen Prozeß ästhetischer Rezeption und Produktion bis zur Gegenwart des Betrachters als Bedingung der Vermittlung aller formalen Gegensätze oder »Differenzqualitäten«[112] voraus.

Die rezeptionsästhetische Fundierung gibt der ›literarischen Evolution‹ dabei nicht allein die verlorene Richtung zurück, insofern der Standort des Literaturhistorikers zum Fluchtpunkt – aber nicht Ziel! – des Prozesses wird. Sie öffnet auch den Blick in die Zeitentiefe der literarischen Erfahrung, indem sie den variablen Abstand zwischen der aktuellen und der virtuellen Bedeutung eines literarischen Werkes erkennen läßt. Damit ist gemeint, daß der Kunstcharakter eines Werks, dessen Bedeutungspotential der Formalismus auf die Innovation als einziges Wertkriterium reduziert, im Horizont seines ersten Erscheinens keineswegs immer sogleich wahrnehmbar werden muß, geschweige denn im puren Gegensatz zwischen der alten und der neuen Form auch schon ausgeschöpft werden kann. Der Abstand zwischen der aktuellen ersten Wahrnehmung eines Werks und seinen virtuellen Bedeutungen, oder anders gesagt: der Widerstand, den das neue Werk der Erwartung seines ersten Publikums entgegensetzt, kann so groß sein, daß es eines langen Prozesses der Rezeption bedarf, um das im ersten Horizont Unerwartete und Unverfügbare einzuholen. Dabei kann es geschehen, daß eine virtuelle Bedeutung des Werks so lange unerkannt bleibt, bis die ›literarische Evolution‹ mit der Aktualisierung einer jüngeren Form den Horizont erreicht hat, der nun erst Zugang zum Verständnis der verkannten älteren Form finden läßt. [...]

---

[111] H. Blumenberg, in: *Poetik und Hermeneutik III*, l. c. p. 692.

[112] Nach V. Erlich, op. cit., p. 281, bedeutet dieser Begriff für die Formalisten dreierlei: »auf der Ebene der Wirklichkeitsdarstellung stand die >Differenzqualität< für das >Abweichen< vom Wirklichen, also für die schöpferische Deformierung. Auf sprachlicher Ebene bedeutete der Ausdruck das Abweichen vom geläufigen Sprachgebrauch. Auf der Ebene der literarischen Dynamik schließlich [...] eine Veränderung der vorherrschenden künstlerischen Norm.«

Das Neue ist also nicht nur eine *ästhetische* Kategorie. Es geht nicht in den Faktoren der Innovation, Überraschung, Überbietung, Umgruppierung, Verfremdung auf, denen die formalistische Theorie ausschließlich Bedeutung zumaß. Das Neue wird auch zur *historischen* Kategorie, wenn die diachronische Analyse der Literatur zu der Frage weitergetrieben wird, welche historischen Momente es eigentlich sind, die das Neue einer literarischen Erscheinung erst zum Neuen machen, in welchem Grade dieses Neue im historischen Augenblick seines Hervortretens schon wahrnehmbar ist, welchen Abstand, Weg oder Umweg des Verstehens seine inhaltliche Einlösung erfordert hat, und ob der Moment seiner vollen Aktualisierung so wirkungsmächtig war, daß er die Perspektive auf das Alte und damit die Kanonisierung der literarischen Vergangenheit zu ändern vermochte[113]. [...]

Die Ergebnisse, die in der Sprachwissenschaft mit der Unterscheidung und methodischen Verbindung von diachronischer und synchronischer Analyse erzielt wurden, geben Anlaß, auch in der Literaturgeschichte die bisher allein übliche diachronische Betrachtung zu überwinden. Wenn schon die rezeptionsgeschichtliche Perspektive bei Veränderungen der ästhetischen Einstellung immer wieder auf funktionale Zusammenhänge zwischen dem Verständnis neuer und der Bedeutung älterer Werke stößt, so muß es auch möglich sein, durch einen Moment der Entwicklung einen synchronen Schnitt zu legen, die heterogene Vielfalt der gleichzeitigen Werke in äquivalente, gegensätzliche und hierarchische Strukturen zu gliedern und so ein übergreifendes Bezugssystem in der Literatur eines historischen Augenblicks aufzudecken. Daraus ließe sich das Darstellungsprinzip einer neuen Literaturgeschichte entwickeln, wenn weitere Schnitte im Vorher und Nachher der Diachronie so angelegt werden, daß sie den literarischen Strukturwandel historisch in seinen epochebildenden Momenten artikulieren. [...]

Die rein diachronische Betrachtung, so schlüssig sie etwa in Gattungsgeschichten Veränderungen nach der immanenten Logik von Innovation und Automatisierung, Problem und Lösung zu erklären vermag, gelangt doch erst in die eigentlich geschichtliche Dimension, wenn sie den morphologischen Kanon durchbricht, das wirkungsgeschichtlich bedeutsame Werk mit den historisch versunkenen, konventionellen Stücken der Gattung konfrontiert und auch sein Verhältnis zu der literarischen Umgebung nicht außer acht läßt, in der es sich neben Werken anderer Gattungen durchsetzen mußte. Die Geschichtlichkeit der Literatur tritt gerade an den Schnittpunkten von Diachronie und Synchronie zutage. Also muß es auch möglich sein, den literarischen Horizont eines bestimmten historischen Augenblicks als dasjenige synchrone System faßbar zu machen, auf welches bezogen die gleichzeitig erscheinende Literatur diachronisch in Relationen der Ungleichzeitigkeit, das Werk als aktuell oder unaktuell, als modisch, gestrig oder perennierend, als verfrüht oder verspätet aufgenommen werden konnte. Denn wenn die gleichzeitig erscheinende Literatur – produktionsästhetisch gesehen – in eine heterogene Vielfalt des Ungleichzeigen, das heißt der von verschiedenen Momenten der »shaped time« ihrer Gattung geprägten Werke zerfällt (wie der scheinbar gegenwärtige Sternenhimmel astronomisch in Punkte verschiedenster zeitlicher Ferne auseinandertritt), rückt diese Vielheit der literarischen Erscheinungen – rezeptionsästhetisch gesehen – doch wieder für das Publikum, das sie als Werke *seiner* Gegenwart wahrnimmt und aufeinander bezieht, in

---

[113] Poetik und Hermeneutik II (Immanente Ästhetik – Ästhetische Reflexion, ed. W. Iser, München 1966, bes. pp. 395–418).

die Einheit eines gemeinsamen und bedeutungsstiftenden Horizonts literarischer Erwartungen, Erinnerungen und Antizipationen zusammen. [...]
Aus diesen Prämissen könnte das Darstellungsprinzip einer Literaturgeschichte entwickelt werden, die weder dem allzu bekannten Höhenkamm der traditionellen Gipfelwerke folgen noch sich in den Niederungen der historisch nicht mehr artikulierbaren Vollständigkeit aller Texte verlieren müßte. Das Problem der Auswahl des für eine neue Geschichte der Literatur Bedeutsamen ließe sich mit Hilfe der synchronischen Betrachtung auf eine noch nicht versuchte Weise lösen: ein Horizontwandel im geschichtlichen Prozeß der ›literarischen Evolution‹ braucht nicht erst an dem Gewebe aller diachronischen Fakten und Filiationen verfolgt, sondern kann auch am veränderten Bestand des synchronen literarischen Systems festgestellt und an weiteren Querschnittsanalysen abgelesen werden. Prinzipiell wäre eine Darstellung der Literatur in der geschichtlichen Abfolge solcher Systeme an einer Reihe von beliebigen Schnittpunkten zwischen Diachronie und Synchronie möglich. Die geschichtliche Dimension der Literatur, ihre im Traditionalismus wie im Positivismus verloren gegangene ereignishafte Kontinuität, läßt sich indes erst widergewinnen, wenn der Literaturhistoriker Schnittpunkte auffindet und Werke ins Licht rückt, die den Prozeßcharakter der ›literarischen Evolution‹ in ihren geschichtsbildenden Momenten und epochalen Zäsuren artikulieren. Über diese historische Artikulation aber entscheidet weder die Statistik noch die subjektive Willkür des Literarhistorikers, sondern die Wirkungsgeschichte: das, ›was aus dem Ereignis hervorging‹ und was aus der Perspektive des gegenwärtigen Standorts den Zusammenhang der Literatur als Vorgeschichte ihrer gegenwärtigen Erscheinung konstituiert. [...]

Die Aufgabe der Literaturgeschichte ist erst dann vollendet, wenn die literarische Produktion nicht allein synchron und diachron in der Abfolge ihrer Systeme dargestellt, sondern als besondere Geschichte auch in dem eigenen Verhältnis zu der allgemeinen Geschichte gesehen wird. Dieses Verhältnis geht nicht darin auf, daß sich in der Literatur aller Zeiten ein typisiertes, idealisiertes, satirisches oder utopisches Bild gesellschaftlichen Daseins auffinden läßt. Die gesellschaftliche Funktion der Literatur wird erst dort in ihrer genuinen Möglichkeit manifest, wo die literarische Erfahrung des Lesers in den Erwartungshorizont seiner Lebenspraxis eintritt, sein Weltverständnis präformiert und damit auch auf sein gesellschaftliches Verhalten zurückwirkt. [...]

Die Frage nach der gesellschaftsbildenden Funktion der Literatur rezeptionsästhetisch zu beantworten, überschreitet die Kompetenz der herkömmlichen Darstellungsästhetik. Der Versuch, die Kluft zwischen literarhistorischer und soziologischer Forschung durch die rezeptionsästhetische Methode zu schließen, wird dadurch erleichtert, daß der von mir in die literarhistorische Interpretation eingeführte Begriff des *Erwartungshorizonts* auch in der Axiomatik der Sozialwissenschaft seit Karl Mannheim eine Rolle spielt[114].
[...] Aus alledem ist zu folgern, daß die spezifische Leistung der Literatur im gesellschaftlichen Dasein gerade dort zu suchen ist, wo Literatur nicht in der Funktion einer *darstellenden* Kunst aufgeht. Sieht man in ihrer Geschichte auf die Momente, in denen literarische Werke Tabus der herrschenden Moral zum Einsturz brachten oder dem Leser neue Lösungen für die moralische Kasuistik seiner Lebenspraxis anboten, die hernach durch das Votum aller Leser von der Gesellschaft sanktioniert werden

---

[114] K. Mannheim, *Mensch und Gesellschaft im Zeitalter des Umbaus*, Darmstadt 1958, p. 212 sqq.

konnten, so eröffnet sich dem Literarhistoriker ein noch wenig erschlossenes For-schungsgebiet. Die Kluft zwischen Literatur und Geschichte, zwischen ästhetischer und historischer Erkenntnis, wird überbrückbar, wenn die Literaturgeschichte nicht einfach den Prozeß der allgemeinen Geschichte im Spiegel ihrer Werke ein weiteres Mal beschreibt, sondern wenn sie im Gang der ›literarischen Evolution‹ jene im ei-gentlichen Sinn *gesellschaftsbildende* Funktion aufdeckt, die der mit anderen Kün-sten und gesellschaftlichen Mächten konkurrierenden Literatur in der Emanzipation des Menschen aus seinen naturhaften, religiösen und sozialen Bindungen zukam. [...]

5.2   Der Leser macht das Kunstwerk

Manfred Naumann: *Die Realisierung der Werke durch das tätige Subjekt*

„Die individuelle Werkrezeption ist zugleich Endpunkt und Ausgangspunkt einer Kette von gesell-schaftlich-geschichtlichen, biographisch-individuellen und speziell literaturgeschichtlichen Ereignissen und Prozessen." Naumann

Der vollständige Text *Die Realisierung der Werke durch das tätige Subjekt* er-schien in *Gesellschaft. Literatur. Lesen. Literaturrezeption in theoretischer Sicht* im Jahr 1973[115].

Der Band versammelt verschiedene Studien zur Rezeptionstheorie und stellt vergleichend phänomenologische und marxistische Rezeptionsforschung gegen-über. Der ausgewählte Text ergänzt die Darstellungen von Jauß und Sartre in der Auffassung von Textverstehen und führt ebenso zu der These, dass sich das Kunstwerk erst im Leserbewusstsein konstituiert. Der Prozess der Sinn-Konstituierung ist nach Naumann dort jedoch nicht abgeschlossen, denn er mündet in die gesellschaftliche Wirkung. Den Leser bei Naumann kennzeichnet auch nicht die Art von Freiheit, wie Sartre sie seinem Leser abfordert.

So hegt Naumann Einwände gegen Jauß' Darstellung der „Horizontverschmel-zung" zwischen Text und Leser, die die gesellschaftlichen Komponenten des Textverstehens vernachlässigt und damit differenzierte Gruppeninteressen und Ideologien aus der Betrachtung ausgrenzt.

Der Erwartungshorizont dürfe nicht nur aus den literarischen, ästhetischen und gattungsspezifischen Erfahrungen des Lesers hergeleitet werden, er ist auch ge-sellschaftlich relevant[116].

In seinen Darlegungen zu (Autor und) Leser erweitert bzw. differenziert Nau-mann das *Modell der Textrezeption* aus Kapitel 3.3, indem er betont, dass das

---

[115] Manfred Naumann: *Die Realisierung der Werke durch das tätige Subjekt.* Aus: Karlheinz Barck, Dieter Kli-che, Rosemarie Lenzer, Manfred Naumann, Dieter Schlenstedt: *Gesellschaft – Literatur – Lesen.* Literaturre-zeption in theoretischer Sicht. Aufbau Verlag, Berlin und Weimar 1973, S. 83-97.

[116] Siehe dazu: Karlheinz Barck: *Die Wiederentdeckung des Lesers.* „Rezeptionsästhetik" als Überwindung im-manenter Literaturbetrachtung? In: *Gesellschaft - Literatur - Lesen. S. o.* S. 131ff.

Werk als Rezeptionsvorgabe des Autors wie auch der Erwartungshorizont des Lesers bereits gesellschaftlich „aufgeladen" sind. Er entwickelt eine Argumentation, bei der durch die Verschmelzung von Rezeptionsvorgabe und Erwartungshorizont ein Werk erst zu seiner anschließenden „Wirkung" kommen kann. Problematisch wird dabei, dass eine Konkretisation des Textes (auf dem Wege der Konstituierung eines ästhetischen Gegenstandes) als tatsächliches Ergebnis der individuellen Rezeption kaum fassbar ist, da die Sinngebung des Gelesenen so wesentlich auf die Gesellschaft projiziert wird.

1. Wie und an welchen Stellen wird der Gesellschaftsbezug der Rezeption wirksam? Was sind „gesellschaftliche Rezeptionsweisen"?
2. Was umfasst der Komplex der Rezeptionsvorgabe?
3. Was meint „Interiorisation" der literarisch vermittelten Erfahrungen?
4. Welche Rolle spielt die „historisch funktionale Literaturforschung"?
5. Was ist die Perspektive bzw. das Ergebnis des Rezeptionsvorganges? Welche Funktion haben dabei Urteilskraft und Urteilsvermögen?
6. Wie funktionieren nach Naumann die Wirkungsmechanismen zwischen Werk, Leser und Realität? Beschreiben Sie aus dieser Darstellung die Veränderungswirkung von Lektüre.

Manfred Naumann:

Die Realisierung der Werke durch das „tätige Subjekt"

In der Logik unseres Problemaufrisses sind wir jetzt an dem Punkt angelangt, wo wir das literarische Werk als Vorgabe für die Rezeption als vorhanden betrachten können. Seine Entstehungsgeschichte ist abgeschlossen. Es trägt die Gesamtheit seiner genetischen Bedingungen in sich, die sich aus den Beziehungen seines Autors zur Wirklichkeit, zum Adressaten und zum Literaturprozeß ergeben. Die Leser sind teils direkt (in Gestalt der auf den Schaffensprozeß einwirkenden Personen, die als Ko-Autoren fungieren), vor allem aber indirekt (über die Adressatenbeziehung) an seiner Produktion beteiligt gewesen. Als Aussage über die Wirklichkeit in ihrem Bezug zum Menschen (Beziehung Werk-Wirklichkeit, Abbildbeziehung) ist es zugleich eine Botschaft an die Leser (Beziehung Werk-Adressat): es steht in Beziehung zu anderen Werken, hat Literaturcharakter (Beziehung Werk-Literaturprozeß) und ist geprägt von der individuellen Eigenart seines Urhebers (Werk-Autor). Als Produkt, das seine individuelle, unwiederholbare Eigenart aus den gesellschaftlich-geschichtlichen, literaturgeschichtlichen Bedingungen seines Entstehens erhalten hat, ist es wirkungsästhetisch auf Leser, auf Rezeption und Wirkung, auf Wahrnehmung von Funktionen strukturiert. Als Vorgabe für die Rezeption hat es die Tendenz, den Umgang mit dem Leser von sich aus zu regeln, die Weise und die Wirkung seiner Rezeption zu bestimmen.

Aber gerade weil das Werk für die Rezeption bestimmt ist, ist es, wenn es zwar produziert, aber noch nicht zum Gegenstand der Rezeption geworden ist, noch nicht wirklich vollendet. Es ist nicht nur für Leser bestimmt, sondern es bedarf auch der

Leser, um ein wirkliches Werk zu werden. Unter den Bedingungen des Intervalls zwischen literarischer Produktion und Rezeption endet der Schaffensprozeß in der Gestalt des schrifttextlichen Werkes, das eine von seinem Produzenten und vom Akt seines Hervorbringens gesonderte Existenz hat. Die lebendige geistige Arbeit, die in den literarisch-künstlerischen Schaffensprozessen verausgabt wird, endet weder im „Nichts" noch in der „bloßen Subjektivierung des Gegenständlichen"; in der Gestalt des aus ihr hervorgehenden Werkes setzt sie sich vielmehr selbst wieder als Gegenstand. Sie wird „aus der Form der Tätigkeit in der des Gegenstandes, der Ruhe fixiert, materialisiert"; sie vergegenständlicht sich in einem „Sein"[117]. In dem mit dem schrifttextlichen Werk vorliegenden Produkt der literarisch-künstlerischen Tätigkeit hat sich das Werden des Werkes in das „Sein" des Werkes verwandelt. Aus der Tätigkeit ist „versachlichte Tätigkeit" geworden. Für das Werk in diesem Zustand aber treffen die Bestimmungen zu, die für die Produkte menschlicher Tätigkeit – im Gegensatz zu den bloßen Naturgegenständen – im allgemeinen gelten: Sie können „der Möglichkeit nach" und „der Wirklichkeit nach" existieren. Da die Produktion nämlich darauf gerichtet ist, nicht nur schlechthin „Naturstoff", sondern diesen in einer für die Menschen brauchbaren Form anzueignen, bewährt sich das Produkt, ist das Produkt ein „wirkliches" Produkt „nicht als versachlichte Tätigkeit, sondern nur als Gegenstand für das tätige Subjekt". Als „versachlichte Tätigkeit" ist das Produkt ein Produkt nur „der Möglichkeit nach". Ein Produkt „der Wirklichkeit nach" wird es erst als Gegenstand „für das tätige Subjekt", d. h. in der Konsumtion. Erst hier erhält es „den letzten finish", wird es vollendet[118].

In dem Intervall, das mit dem Abschluß seiner Entstehungsgeschichte, seiner literarästhetischen Hervorbringung durch das „tätige Subjekt" und seiner Trennung von diesem beginnt und das immer dann endet, wenn es zum Rezeptionsgegenstand für das „tätige Subjekt" wird und damit in seine Wirkungsgeschichte eintritt, hat auch das literarische Werk eine Existenz nur der „Möglichkeit nach"[119]. Solange die Werke, indem sie rezipiert werden, nicht wieder dem gesellschaftlichen und individuellen Bewußtsein einverleibt werden, aus dem sie in vergegenständlichter Gestalt herausgetreten sind, haben sie den Status einer unvollendeten Existenz, sind sie

---

[117] Marx, Grundrisse, S. 208.

[118] Marx Engels, Werke, Band 13, S. 623.

[119] In der sowjetischen Forschung wird das immer wieder zum Ausdruck gebracht. So schreibt z. B. Kagan: „Jedes Kunstwerk wird geschaffen, damit es auf Verstand und Gefühl der Menschen einwirkt. Außerhalb dieser Einwirkung ist jede Statue nicht mehr als Stein, Holz oder Metall, dem eine bestimmte Form gegeben ist; ist ein Bild ein Stück Leinwand, auf welches die farbige Darstellung eines Gegenstandes geworfen wurde" (Kagan, Vorlesungen zur marxistisch-leninistischen Ästhetik, S. 20). An anderer Stelle heißt es: „Wir schreiben und sagen viele richtige und kluge Worte über die große erzieherische Bedeutung der Kunst, über ihre Fähigkeit, zur Herausbildung einer harmonisch entwickelten Persönlichkeit beizutragen, ... aber aus irgendeinem Grunde vergessen wir dabei, daß die Kunst *nur dann erzieherisch wirkt, wenn die Menschen die Kunstwerke rezipieren* – die Romane lesen, die Theaterstücke und Filme sehen ..." (Kagan, Kunst und Zuschauer, In: Kunst und Literatur, 4/1971, S. 358.) Meilach führt aus: „Das Kunstwerk, richtiger, das Leben des Kunstwerkes beginnt erst dann, wenn es zu einem Fakt im Bewußtsein des gesellschaftlichen Menschen wird, wenn es in Beziehung zu seinen Anschauungen und ästhetischen Kriterien tritt. Der Roman, der nicht ein Element im Bewußtsein des Lesers wird, ist nichts anderes als ein Buchbindererzeugnis, in dem ‚nichts' kodiert ist. Ein Film ohne Rezeption ist nichts weiter als ein Positivstreifen, eine Sonate eine Notenschrift." (Meilach; Die Kunstrezeption – Forschungsaspekte und Untersuchungsmethoden. In: Kunst und Literatur, 2/1971, S. 151.) In bezug auf Werke der bildenden Kunst sagt W. Glasytschow (Probleme der gesellschaftlichen Rezeption der monumentalen Kunst. In: Kunst und Literatur, 6/1971, S. 644): „Wenn ein Werk ‚unsichtbar' ist (nur im Depot eines Museums existiert, oder verlorengegangen ist, oder nur im Bewußtsein des Künstlers besteht), dann bleibt es ein ‚Ding an sich', bleibt es tot, wie groß seine künstlerischen Qualitäten auch sein mögen."

nicht „fertig", sind sie nur potentielle Werke. Genau das meinte Goethe mit der Bemerkung, das nur „aus Wort und Buchstaben" bestehende Werk müsse von den Menschen „ins Leben des Geistes und des Herzens"[120] zurückgerufen werden, damit es wirkend werde. Nach ihrer Trennung von den „tätigen Subjekten", die sie hervorgebracht haben, werden die Werke zu wirklichen Werken immer dann, wenn sie sich in der Rezeption mit „tätigen Subjekten" wieder verbinden.

Daß die Leser dabei „tätig", aktiv sind, darf nicht metaphorisch verstanden werden. Der *produktionsästhetischen* Aktivität auf seiten der Autoren – die eine *wirkungsästhetische* Komponente in sich schließt – entspricht eine *rezeptionsästhetische* Aktivität[121] auf seiten der Leser. Im Begriff Lesen ist aus der Gesamtmenge menschlicher Tätigkeiten eine Tätigkeit ausgegliedert. Wie jede andere Tätigkeit, so ist auch das Lesen seiner Struktur nach primär durch den Gegenstand bestimmt, auf den es sich richtet, in unserem Fall also durch das literarische Werk, dessen Spezifik als literarästhetischer Gegenstand auch der Tätigkeit, durch die er angeeignet wird, ihre Besonderheit verleiht.

[...] Die Freiheit der Leser im Umgang mit den Werken hat in den gegenständlichen Eigenschaften der Werke selbst ihre Grenze. Der Beweis dafür kann sowohl positiv als auch negativ geführt werden: Manche Werke zwingen auf Grund ihrer gegenständlichen Eigenschaften die Leser dazu, sich mit ihnen immer wieder auseinanderzusetzen; andere wiederum, und das sind die meisten, bewirken aus denselben Gründen, daß die Leser sie nach einer gewissen Zeit als Rezeptionsgegenstände verwerfen. Die Werke rufen bei den Lesern eine allmähliche Annäherung an eine in der Tendenz entweder positive oder negative Beurteilung hervor. Die Romane August Lafontaines z. B., die sich zu ihrer Zeit großer Beliebtheit erfreuten, werden heute nicht mehr gelesen. Balzac dagegen steht immer noch auf der Bestseller-Liste. Es wäre trivial, die Liste solcher Beispiele zu verlängern. Im strikten Sinne endgültig ist das Urteil zwar nie. Ein jahrhundertelang in der „Papiergruft" begrabenes Werk kann plötzlich zu neuem „Leben" erweckt werden, so der 1713 veröffentlichte Roman „Die illustren Französinnen" von Robert Chasles, der seit den fünfziger Jahren unseres Jahrhunderts nach langer Verschollenheit wieder die Aufmerksamkeit des Publikums erregt hat[122]. Doch auch solche Chancen eröffnen sich den Werken nicht unabhängig von ihrer gegenständlichen Beschaffenheit.

Gerade das zuletzt genannte Beispiel deutet aber auch darauf hin, daß der Gegenstand sich in der rezeptiven Tätigkeit nicht mechanisch durchsetzt. Welche qualitative Bestimmtheit die Werke als Rezeptionsvorgabe auch haben mögen – sie wirken nicht von sich aus, sondern nur vermittelt über die „tätigen Subjekte", die sie rezipieren. Auch das braucht nicht besonders belegt zu werden. Selbst wenn sich die Leser über den Wert eines Werkes einig geworden sind, wird er ganz verschieden

---

[120] Goethe; Brief an Zelter, 24. August 1824; WA IV, Band 38, S. 228.
[121] Vgl. dazu: Meilach; Die Kunstrezeption – Forschungsperspektive und Untersuchungsmethoden. In: Kunst und Literatur, 2/1971, S. 142–147. Der Leser ist „kein passiver Verbraucher von Fertigprodukten" (Mjasnikow, Sozialistischer Realismus und Literaturtheorie. In: Sinn und Form, 3/1967, S. 681). Zur Kritik an Theorien, die den Rezeptionsprozeß als einen Vorgang definieren, an dem der Rezipient nur passiv beteiligt ist, vgl.: A. Sokolow, Perspektiven der heutigen ästhetischen Wissenschaft. In: Kunst und Literatur, 8/1967, S. 819–830. Sokolow wendet sich in diesem Zusammenhang mit überzeugenden Argumenten vor allem gegen die Auffassungen von: N. Wlassow, Verteidigung der Ästhetik. In: Kunst und Literatur, 8/1967, S. 812–818. Auch für B. Kublanow ist „das ‚Mitschaffen' ... keine passive Aneignung dessen, was der Künstler geschaffen hat, sondern aktive Betätigung der Phantasie ..." (Kublanow, Ästhetik und Psychologie. In: Kunst und Literatur, 1/1970, S. 430). Moissej S. Kagan, Künstlerische Wahrnehmung und Kunstkritik. In: Kunst und Literatur, 2/1972, S. 129–131.
[122] Robert Chasles ; Les illustres Françaises. Band 1–2, Paris 1967.

begründet. Das gleiche Werk wird nicht nur von der Nachwelt, sondern auch zur Zeit seiner Veröffentlichung von der Mitwelt ganz verschieden rezipiert: selbst der gleiche Leser nimmt das Werk, wenn er es mehrere Male liest, unterschiedlich auf. Daraus ist der Schluß zu ziehen, daß die rezeptive Tätigkeit werk- und leserbedingt zugleich ist, wobei das Werk die objektive und der Leser die subjektive (ihrerseits letztlich auch wieder objektiv bedingte) Seite der Beziehung ist, die sich in dieser Tätigkeit herstellt. Wenn wir zunächst einmal von den gesellschaftlich-geschichtlichen, biographisch-individuellen und speziell literaturgeschichtlichen Vermittlungen absehen, durch die das *Vorher*[123] des Rezeptionsprozesses, die Vorgänge *innerhalb der aktuellen Beziehung zwischen Werk und Leser* und das *Nachher*, die Folgen der Lektüre, bedingt sind, läßt sich das Wechselverhältnis zwischen der werk- und der leserbedingten Seite als ein Spezialfall der allgemeinen Dialektik der Aneignung charakterisieren: Indem der Leser sich das Werk aneignet, baut er es für sich um; indem er die im Werk „schlummernden Potenzen" entwickelt (dessen Vorgabe realisiert), unterwirft er sie „seiner eigenen Botmäßigkeit". Zugleich aber gilt: Indem er das Werk für sich umbildet, verändert er sich auch selbst; indem er im Werk liegende Möglichkeiten realisiert, erweitert er seine eigenen Möglichkeiten als Subjekt; indem der Leser das Werk rezipiert und es dabei verwirklicht, wirkt das Werk auf ihn ein. Die rezeptionsästhetische Tätigkeit ist ein Vorgang, der sich in der Einheit dieser gegensätzlichen Bestimmungen vollzieht. Indem die Sprache die Grenzen zwischen den Begriffen Rezeption und Wirkung nicht eindeutig markiert, bewahrt sie mit den beiden Begriffen etwas von der Zweiseitigkeit des Verhältnisses auf, das sich in der Lektüre einstellt. Der Begriff Rezeption ist vom Leser aus gebildet: Er besagt, daß der Leser sich das Werk als Gegenstand „nimmt", der ihm gegeben ist. Der Begriff Wirkung dagegen akzentuiert die Werk-Seite: das Werk nimmt sich, indem es rezipiert wird, auch den Leser; es wirkt auf den Leser ein. Die Werke sind das Bewirkende, die Vorgänge im Leser in und nach der Lektüre das Bewirkte; zugleich sind die Leser aber auch die Nehmenden und die Werke das von ihnen in Besitz Genommene. Indem die Leser sich zum Subjekt des rezeptiven Verhältnisses machen, machen sie sich zugleich zum Objekt eines Wirkungszusammenhangs, und umgekehrt: indem die Werke auf die Leser eine Macht ausüben, bemächtigen sich ihrer zugleich die Leser. Die Leser sind tätig und empfangend in einem; die Werke sind die Gegenstände ihrer Tätigkeit, und zu gleicher Zeit leiten sie (vermittelt durch die Rezeptionsvorgabe) diese Tätigkeit an. Wir haben also keine Kausalrelation vor uns, in der die Werke als Ursache und die Vorgänge im Leser als Wirkung auftreten oder, umgekehrt, in der die Wirkung der Werke ihre Ursache in den Lesern hat. Vielmehr handelt es sich um die besondere Form eines Wechselverhältnisses, dessen beide Glieder sich gegenseitig durchdringen.

Die Vermittlung zwischen beiden stellt sich durch die wertende Beziehung her, die der Leser mit Notwendigkeit zum Werk eingeht, wenn er es rezipiert. Das Werk selbst fordert diese Beziehung heraus, da die ästhetische Tätigkeit, in der es produziert wurde, durch eine wertende Beziehung zu ihrem Gegenstand selbst strukturiert ist. In die Rezeptionsvorgabe ist ein Appell an den Leser eingeschrieben, das Werk auf die Ganzheit seiner Person, auf seine gesamte rationale und emotionale Lebenstätigkeit, auf sein Bewußtsein, sein Unterbewußtsein, seine gesamte Psyche zu beziehen. Der Leser kann nicht umhin, auf diesen Appell zu reagieren. Indem der Leser (subjektive Seite) das Werk auf sich bezieht, wirkt das Werk (objektive Seite) auf ihn

---

[123] Wir gebrauchen diese von Georg Lukács in seiner „Ästhetik" eingeführten Begriffe rein deskriptiv, ohne die inhaltlichen Bestimmungen zu übernehmen.

ein. Die Leser machen sich die Werke zum Gegenstand des ästhetischen, emotionalen, intellektuellen Genusses, indem sie durch sie ihre Lesebedürfnisse und Literaturinteressen befriedigen: zu Mitteln der Erkenntnis, Wissenserweiterung und Information, der Lebenshilfe, Identitätsfindung, Selbstverwirklichung und Selbstbestätigung, der Unterhaltung, Ablenkung und des Spiels, der Erbauung und des Trosts; zu Mitteln, um einen Autor näher kennenzulernen, um ihre literarästhetischen und literaturgeschichtlichen Kenntnisse zu erweitern, um in die Schönheiten der poetischen Sprache, in die Technik, die Gesetzmäßigkeiten der Literatur einzudringen. Indem aber die Werke auf diese Weise zu Mitteln und Objekten der Leser werden, setzen sich die Leser zugleich ihren Wirkungen aus.

Die beiden Seiten können in den Rezeptionsprozessen einander durchaus verschieden zugeordnet sein. Das Werk kann an den Leser so weit heranrücken, daß die subjektive Konstituente weitestgehend reduziert ist: Der Leser wird von ihm „mitgerissen" und „gefesselt"; er erleidet, das Werk genießend, seine Wirkungen ohne die Möglichkeit einer kritischen Distanz. Die sich dabei automatisch einstellende positive Wertung wird, wenn überhaupt, in mündlichen oder schriftlichen Texten vergegenständlicht, die nach dem Muster „Der Roman hat mir gefallen, war spannend, interessant, rührend" usw. formuliert sind. Umgekehrt kann der Rezeptionsprozeß aber auch durch ein Wegrücken des Werkes vom Leser charakterisiert sein. Dieses distanzierte Lesen braucht den Genuß am Werk keinesfalls einzuschränken, im Gegenteil, dieser kann sich sogar, wenn sich das Interesse auf das Werk selbst, seine ästhetische Struktur, seine Sprache usw. konzentriert, auf eine besondere Weise vertiefen; die Wirkungen können sich dadurch potenzieren. Eine solche Lektüre, die bei Gedichten meistens vorausgesetzt werden muß, wird oftmals durch ein Besinnen unterbrochen: der Leser dringt in das Innere des Werkes ein; er horcht bewußt auf die Botschaft, die es für ihn bereithält. Die Wertungen erfolgen begründeter; das Werk wird auf literaturgeschichtliche Prozesse, auf weltanschaulich-ästhetische Auffassungen bezogen. Eine Perversion dieser Leseweise liegt dann vor, wenn das Werk so weit wegrückt, daß der Leser dem Genusse entsagt. Goethe schrieb dazu: „Es gibt dreierlei Arten Leser: eine, die ohne Urteil genießt, eine dritte, die ohne zu genießen urteilt, die mittlere, die genießend urteilt und urteilend genießt: diese reproduziert eigentlich ein Kunstwerk aufs neue."[124] Johannes R. Becher fügte dem hinzu, „daß die erste Art Leser, die ohne Urteil genießt, sich um den vollen Genuß bringt, der eben im urteilenden Genießen besteht, und daß die dritte Art Leser, die, ohne zu genießen, urteilt, an Urteilsvermögen einbüßt, da zu dem ganzen Urteil auch der Kunstgenuß gehört"[125].

In der Tat ist die Rezeption eines literarischen Werkes nicht Erwerb eines Wissens, das vom Erleben abgetrennt werden könnte. Eine solche Rezeption ist vielmehr nur der Spezialfall, Resultat einer besonderen Abstraktion innerhalb der Lektüre, die bei einer theoretischen Betrachtung des Werkes einsetzt. In ihrer nicht theoretisch spezialisierten Form ist die Lektüre ein komplexer Vorgang, der das Erleben gerade einschließt. Für dieses Erleben trifft zu, was für das Erleben allgemein gilt: „Es besteht kein Zweifel, daß uns irgend etwas so, wie es im unmittelbaren Erleben gegeben ist, auf keine andere Weise gegeben sein kann. Aus keiner Beschreibung, und sei sie noch so lebendig, könnte ein Blinder die Farbigkeit der Welt, ein Tauber den musikalischen Charakter ihrer Töne so erkennen, als wenn er sie unmittelbar wahrnähme. Keine psychologische Abhandlung ersetzt dem Menschen, der nicht

---

[124] Goethe; Brief an J. F. Rochlitz, 13. Juni 1819; WA IV, Band 31, S. 178.
[125] J. R. Becher; Poetische Konfession, Berlin 1959, S. 119.

selbst Liebe, Kampfesgeist und Schaffensfreude erfahren hat, das, was er empfindet, wenn er es selbst erlebt."[126]

[...] Die komplexen psychischen Prozesse, die sich innerhalb der Lektüre abspielen, erhalten eine differenzierte Prägung durch die Qualität des Gegenstandes, auf den sich die rezeptive Tätigkeit richtet, und durch diese Tätigkeit selbst, die von den „tätigen Subjekten" innerhalb konkreter materieller und ideologischer gesellschaftlicher Verhältnisse ausgeführt wird. Die konkrete individuelle Werkrezeption ist immer ein durch viele Glieder vermittelter gesellschaftlicher Vorgang.

Die produzierten Werke haben, bevor sie in die Hand der Leser gelangen, immer bereits Formen der gesellschaftlichen Aneignung hinter sich; sie sind durch gesellschaftliche Institutionen für die Rezeption ausgewählt, zugänglich gemacht und in den meisten Fällen auch schon bewertet worden. Als Vermittlungsinstanzen fungieren Verlage, Buchhandlungen, Bibliotheken sowie die Literaturkritik, die Literaturpropaganda, der Literaturunterricht in den Schulen, die Literaturwissenschaft und alle anderen Institutionen, die zwischen den produzierten Werken und den Lesern materiell oder ideell vermitteln. Nicht also Literatur oder Werke „an sich" sind es, zu denen der Leser in der Lektüre eine Beziehung herstellt. Vielmehr sind es Werke, die aus dem Potential der produzierten Werke nach ideologischen, ästhetischen, ökonomischen und anderen Gesichtspunkten von gesellschaftlichen Institutionen selektiert, propagiert, bewertet wurden und denen die Wege zu Lesern durch Maßnahmen der verschiedensten Art (Reklame, Buchausstattung, Rezensionen, Kommentare, Werk-Diskussionen, öffentliche Lesungen, Literaturpreise, Popularisierung der Autoren usw.) auch zusätzlich noch gebahnt werden. Mit der individuellen Entscheidung, aus den selektierten Werken ein bestimmtes zu wählen, konstituiert der Leser zugleich ein gesellschaftliches Verhältnis.

Eine entscheidende Rolle bei der Überbrückung des Abstands zwischen den produzierten Werken und den Lesern spielen *gesellschaftliche Rezeptionsweisen*. Mit diesem Begriff bezeichnen wir den Sachverhalt, daß sich gemäß den objektiven gesellschaftlichen Funktionen, die der Literatur durch die materiellen und ideologischen Verhältnisse in einer Gesellschaftsformation vermittelt sind, bestimmte Denkweisen, Bewertungsnormen gegenüber der überlieferten und der zeitgenössischen Literatur herausbilden. Diese sind als Konkretisierungen des Bewußtseins der Gesellschaft, ihrer Klassen, Gruppen, Schichten in bezug auf die mit der Literatur zusammenhängenden Probleme aufzufassen: Vorstellungen z. B. davon, was Literatur war, ist, sein soll, bewirken kann, bewirken müßte; wie Werke, Autoren, Strömungen, Schulen, ganze literarische Epochen, die Literaturgeschichte überhaupt zu bewerten, zu interpretieren, zu verstehen sind; welche Werke und Autoren die Leser lesen sollen und welche nicht; Vorstellungen von Normen für die Realisierung der in der literarischen Produktion und Rezeption begründeten Möglichkeiten für eine spezifische Weise der gesellschaftlichen Kommunikation und Bewußtseinsbildung. An der sprachlichen Fixierung der gesellschaftlichen Rezeptionsweisen sind alle auf ideologischem Gebiet Tätigen beteiligt, vor allem aber Literaturwissenschaftler, Literaturkritiker, Literaturpädagogen. Durch ihre Publikationen, Lehrveranstaltungen, Vorträge tragen sie dazu bei, über den Verlauf der Literaturgeschichte, über die Bedeutung von Werken und Autoren, über die Funktion der Literatur, des Künstlers, des Werkes, des Lesers Auffassungen zu entwickeln, die im „Vorher" der individuellen Rezeptionsprozesse, während ihres Verlaufs und in ihrem „Nachher" mehr oder weniger stark als Regula-

---

[126] Sergej L. Rubinstein; Grundlagen der allgemeinen Psychologie. 6. Aufl., Berlin 1968, S. 17.

tive wirken. Über die Entstehung und Wirkung von gesellschaftlichen Rezeptionsweisen liegen noch wenig Untersuchungen vor.

[...] Große Verdienste um die Entwicklung einer neuen Rezeptionsweise in bezug auf die klassische deutsche Literatur erwarb sich Georg Lukács. Paul Rilla traf charakteristische Merkmale bürgerlicher Rezeptionsweisen präzise, wenn er schrieb: „Und es endete mit jener Mythisierung des Goethe-Bildes, bei der sich der Leser überhaupt keine historischen Skrupel mehr zu machen und überhaupt nichts mehr zu denken brauchte, da ihm die beruhigende Eröffnung zuteil wurde, daß das Genie sowohl über historische Bedingungen wie über alles gedankliche Erfassen erhaben sei."[127]

[...] Verallgemeinernd läßt sich konstatieren, daß die Werke, ehe sie zum Gegenstand der individuellen Rezeption werden, je nachdem, wie weit ihre Entstehungszeit zurückliegt, schon durch eine mehr oder weniger große Anzahl gesellschaftlicher Rezeptionsweisen hindurchgegangen sind. Durch die Vermittlungsorgane, die in dem Intervall zwischen den produzierten Werken und dem Beginn der individuellen Rezeptionsprozesse tätig sind, wird mit der Rezeptionsvorgabe zugleich auch immer eine Anweisung darauf geliefert, welche Rezeptions- und Wirkungsvorgänge bei und nach ihrer Realisierung vonstatten gehen. Diese Regulative können so mächtig sein, daß die Rezeption bestimmter Werke und auch von Werken einer ganzen literarischen Epoche entweder verhindert oder so gesteuert wird, daß ihre Wirkungen funktionelle Aufgaben erfüllen, die der qualitativen Beschaffenheit ihrer Vorgaben widersprechen.

[...] Die Anweisungen der gesellschaftlichen Rezeptionsweisen werden nämlich keineswegs im strikten Sinne befolgt. Die Individuen befinden sich nicht in mechanischer Abhängigkeit von den herrschenden Verhältnissen der literarischen Kommunikation. Die gesellschaftlichen Rezeptionsbedingungen – angefangen von dem Angebot der zu Verfügung stehenden Werke, von den Impulsen, bestimmte Werke oder Literatur überhaupt zur Hand zu nehmen, bis hin zur gesellschaftlichen Verständigung über die Rezeptionsergebnisse – wirken sich für bestimmte Individuen, Gruppen, Klassen in jeweils bestimmt-historischer Form aus.

[...] Wenn wir die Lesefähigkeit voraussetzen, dann ist, im Rahmen seiner dialektischen Determiniertheit durch das gesellschaftlich-geschichtliche Sein und Bewußtsein, das Vorher der Lektüre in bezug auf den Leser bestimmt durch seine Weltanschauung und Ideologie; durch seine Zugehörigkeit zu einer Klasse, Schicht und Gruppe; durch seine materielle Situation (Einkommen, Freizeit, Wohn-, Arbeits- und allgemeine Lebensverhältnisse); durch seine Bildung, sein Wissen, sein Kulturniveau, durch sein Geschlecht, und nicht zuletzt durch sein Verhältnis zu den anderen Künsten und vor allem durch die Literatur selbst, die der Leser schon rezipiert hat. Jeder individuellen Werkrezeption sind immer schon andere Rezeptionen vorausgegangen. Das Kennenlernen von Literatur beginnt in einem so frühen Stadium der persönlichen Entwicklung – mit dem Anhören poetisch eingefärbter Geschichten, Märchen, Reime usw. –, daß dabei erworbene Fähigkeiten, poetische Werke zu verstehen, gleichsam als „natürliche" Eigenschaft des Menschen erscheinen. Es handelt sich aber um gesellschaftlich-kulturelle Fähigkeiten, die der Leser im Laufe seines Lebens erworben hat. Dabei werden die gesellschaftlichen Fähigkeiten, die Regeln des Umgangs mit der Literatur, in der Aneignung durch die Individuen entsprechend der konkreten sozial-historischen und individuellen Situation subjektiv „gebrochen".

---

[127] Paul Rilla; Goethe in der Literaturgeschichte. Berlin 1950, S.6.

Hier prägt sich auch die jeweils besondere Art individueller Differenziertheit aus, die die Literatur- und Werkaneignung mitbedingen [...].

Auf diesen vielschichtigen, gesellschaftlich und individuell bedingten Grundlagen bilden die Leser bestimmte Lesemotivationen, Lesebedürfnisse, Literaturinteressen[128] aus, bestimmte Qualitäten des „literarischen Sinns"[129], bestimmte Erwartungen, Ansprüche und Einstellungen der Literatur gegenüber, die in ihrer Gesamtheit nicht nur für die Auswahl des Werkes aus dem gesellschaftlich vermittelten Literaturangebot ausschlaggebend sind, sondern auch die komplizierten Wirkungs- und Wertungsprozesse bei und nach der Realisierung der Rezeptionsvorgabe mitbestimmen. Dabei muß stets berücksichtigt bleiben, daß auch die mehr oder weniger zufällige persönliche Situation, in der sich der Leser befindet, auf den Verlauf und das Ergebnis der Lektüre einwirkt. Die subjektiven Situationen sind so vielfältig wie das Leben selbst und vermitteln den Rezeptionsprozessen zusätzliche Varianten. Der Leser bringt in seine Beziehung zum Werk gewissermaßen seine gesamte, sich ständig verändernde und auch situationsbedingte Erfahrung ein: „... alles, was er irgendwann einmal erfahren und erlebt hat, alle seine Ideale, Gedanken und Bestrebungen, kurz, die ganze Information, die er als biosoziales Wesen sowohl in der Sphäre des Bewußtseins als auch in der Sphäre des Unterbewußtseins in sich trägt."[130]

Die in der Rezeption gewonnenen Erfahrungen, Erkenntnisse, genußvoll erlebten Werte – Resultat des Wechselverhältnisses zwischen der Rezeptionsvorgabe und den gesellschaftlich-geschichtlichen, biographisch-individuell mehrfach „gebrochenen" Bedingungen, unter denen sie realisiert werden – wirken auf die Wahrnehmungs-, Fühl- und Denkweise des Lesers, auf seine Verhaltens- und Handlungsweise mehr oder weniger tief, allgemein und dauernd ein. Wir können deshalb von einem Vorgang der „Interiorisation"[131] literarisch vermittelter Erfahrungen sprechen. Ein Problem liegt dabei in der weitgehenden Unbewußtheit solcherart angenommener Wirkungen. Es handelt sich nicht um einen Interiorisationsvorgang, der im Inneren der Persönlichkeit verläuft. Er bewirkt Bestätigung oder Veränderung im Verhalten und Handeln, in den vertretenen Ansichten und in der gesellschaftlichen Aktion – gerade dadurch geht die Wirkung in die Gesellschaft ein, wird aus der individuellen Wirkung eine gesellschaftliche Wirkung, gewinnt die Literatur geschichtsbildende Kraft. Doch es ist nur in Ausnahmefällen möglich, diese Wirkung der Literatur etwa an der Wirkung eines Werkes oder auf einen Leser nachzuweisen. Sie ist Teil vielfältiger ande-

---

[128] Vgl. dazu: Achim Walter; Sozial bedingte Lesemotivationen. In: Weimarer Beiträge, 11/1970, S. 124–144; Dietrich Löffler, Zur Spezifik literarischer Interessen. In: Weimarer Beiträge, 10/1972, S. 70–94.

[129] Vgl. dazu: Christa Herber; Erziehung zu Kunstsinn und Kunstverständnis. In: Weimarer Beiträge, 12/1972, S. 68–85.

[130] B. Runin; Sehnsucht nach einer Kunstmetrie. In: Kunst und Literatur, 7/1970, S. 748. Vgl. dazu auch Meilach: Die Rezeption „wird durch einen ganzen Komplex von Besonderheiten der Persönlichkeit des Lesers, Zuschauers oder Zuhörers bestimmt. Der Inhalt des Kunstwerks wird stets mit der eigenen Lebenserfahrung verglichen und verbindet sich mit den Assoziationen, die dem Subjekt der Wahrnehmung eigen sind, er hängt sowohl von sozialen Milieu als auch von der jeweiligen Situation ab, in der sich der Wahrnehmungsakt vollzieht" (Meilach; Die Kunstrezeption – Forschungsaspekte und Untersuchungsmethoden. In: Kunst und Literatur, 2/1971, S. 145). Kagan: „Ein und dasselbe Kunstwerk wird von jeder Persönlichkeit auf eigene Weise wahrgenommen, erlebt, interpretiert und aufgefaßt, entsprechend den Besonderheiten der Lebenserfahrungen, der künstlerischen Bildung, des Geschmacks, des Temperaments, den Neigungen und Interessen, der Bildung und den Idealen." (Moissej S. Kagan, Kunst und Persönlichkeit. In: Kunst und Literatur, 5/1968, S. 442.)

[131] Wir gebrauchen diesen Begriff im Sinne der marxistischen Sozialpsychologie. Vgl. dazu: Hiebsch, Sozialpsychologische Grundlagen der Persönlichkeitsformung, S. 58.

rer gesellschaftlicher Einwirkungen, Anregungen, Impulse und läßt sich nur selten von dieser Gesamtheit isolieren und damit der Erforschung zugänglich machen.

Nachprüfbar aber äußern sich solche Wirkungen dort, wo sie nicht „stumm" verarbeitet im Denken und Handeln weiterdauern, sondern ausdrücklich bestimmt und beschrieben werden – in mündlichen oder schriftlichen Texten, die Beobachtungen über die Wirkungen der eigenen Lektüre oder der anderer enthalten. Die sprachlich fixierten Auskünfte über die Wirkung, Bewertung, Rezeption von Literatur oder einzelnen Werken (in Form des Gesprächs, des Diskussionsbeitrags, des Leserbriefs, der Rezension, überhaupt der Literatur über die Literatur, aber auch von diesbezüglichen Äußerungen in Dokumenten beliebiger anderer Art) belegen die gesellschaftliche und individuelle Wirkung der Literatur und können, indem sie an die Autoren zurückgekoppelt werden, produktiv in den Fortgang des literarischen Prozesses eingreifen. Die Formulierung solcher Texte durch die Leser stellt eine Aktivität dar, die eine literaturproduktive Funktion hat. Solche Zeugnisse rezeptorischer Akte verändern gegebenenfalls das Adressatenbild der Autoren und wirken auf diese vermittelte Weise als „innerlich treibender Grund" der neuen literarischen Produktion. Die Rezeption und die Leser als eine Triebkraft des Literaturprozesses zu erkennen und daraus methodologische Konsequenzen für die literaturgeschichtliche Forschung zu ziehen, ist eine sich mit Notwendigkeit aus diesem Sachverhalt ergebende Forderung. Nachweisbare Wirkungen von Rezeptionsprozessen liegen auch dort vor, wo (innerhalb der Beziehung Autor-Literaturprozeß) an bestimmte Elemente und Strukturen früherer Werke, an bestimmte literarische Traditionen angeknüpft wird, um sie in einem neuen literarischen Schaffensprozeß fruchtbar zu machen. Auch dies deutet klar auf Wirkung hin: Erfahrungen, die bei der Rezeption an bestimmten Werken gemacht wurden, gehen als Produktionserfahrungen in das methodische und stoffliche Arsenal der Schriftsteller ein.

Gerade der soeben erwähnte Sachverhalt einer möglichen Rückkopplung der Rezeptionsergebnisse in das Vorher neuer literarischer Produktionsprozesse weist darauf hin, daß die *historisch-funktionale Literaturforschung*[132], die in der Untersuchung der Rezeption und Wirkung von Literatur ihren speziellen Gegenstand hat, und die historisch-genetische Literaturforschung nicht unabhängig voneinander betrieben werden können. Die produzierte Literatur, deren Funktionsweise die historisch-funktionale Forschung untersucht, wird zum Element der Entstehungsbedingungen neuer Literatur. In bestimmter Weise gilt das auch für die *soziologische Wirkungsforschung*[133], die für die Befragung lebendiger Leser zum Zwecke der Untersuchung von Rezeptionsprozessen und ihrer Ergebnisse besondere Methoden zur Verfügung stellt.

Die marxistischen Untersuchungen, die sich auf diesem Feld bewegen, gehen von der Erkenntnis aus, daß die Beziehung zwischen Werk und Leser einerseits die Basis für die gesellschaftlich-geschichtliche, individuelle und speziell auch literaturproduzierende Wirkung von Literatur ist, andererseits aber das Zusammentreffen zwischen einem Leser und einem Werk in seinem Vorher, in seinem Verlauf und in seinem Nachher so viele Varianten aufweist, daß von hier aus verallgemeinernde Schlüsse nur schwer möglich sind. Die individuelle Werkrezeption ist zugleich End-

---

[132] Michail Chraptschenko; Die Zeit und das Leben literarischer Werke. In: Kunst und Literatur, 1/1973, S. 3–25.
[133] Dietrich Sommer/Dietrich Löffler; soziologische Probleme der literarischen Wirkungsforschung. In: Weimarer Beiträge, 8/1970, S. 51–76; Elisabeth Simons; Ästhetische Wirkungsforschung und sozialistische Realismustheorie. In: Einheit, 9/1968, S. 1171; Walter Hohmann; Es geht um die Erforschung der literarischen Wirkung. In: Zeitschrift für das Bibliothekswesen (Leipzig). 19. Jg. 1965, S. 505–515.

punkt und Ausgangspunkt einer Kette von gesellschaftlich-geschichtlichen, biographisch-individuellen und speziell literaturgeschichtlichen Ereignissen und Prozessen, von Vermittlungen und Wechselwirkungen sozialer, psychologischer und ästhetischer Natur, so daß jeder Versuch, von hier aus zu allgemeinen Gesetzmäßigkeiten vorzustoßen, unüberwindliche Schwierigkeiten mit sich bringt. Die individuelle Werkrezeption stellt nur scheinbar das einfachste Verhältnis dar, durch das sich die gesellschaftliche Aneignung von Literatur vermittelt. So konkret sie, da sie die wirkliche Voraussetzung für die Realisierung der Rezeptionsvorgaben ist, zu sein scheint: tatsächlich stellt sie eine Abstraktion von einer Vielzahl mannigfaltiger Bestimmungen dar. Sie ist die Erscheinungsform der gesellschaftlichen Literaturaneignung.

Teil III

6   DER REZEPTIONSPROZESS

Der Verlauf leserseitigen Texterschließens
Wolfgang Iser: *Der Akt des Lesens*

„Das Werk ist das Konstituiertsein des Textes im Bewußtsein des Lesers." Iser

Wolfgang Iser geht in seinem Vorwort zu *Der Akt des Lesens*[134] von den bereits erarbeiteten rezeptionsästhetischen Positionen aus. Die Darlegung seiner Theorie erfolgt wechselseitig mit Originalzitaten (erkennbar an der Schriftart Arial und in originaler Zitier- und Schreibweise) und erklärend zusammenfassenden Einschüben (fortlaufend in Times New Roman).
An einem literarischen Beispiel (Henry James: *The Figure in the Carpet*) veranschaulicht Iser die veränderte Rolle der Literaturkritik und führt in die Problematik ein, die sich ergibt, wenn ein Kunstwerk (gleich einer Rätselaufgabe) nur nach der Bedeutung seiner Aussage wie nach einer richtigen Lösung befragt wird und wenn sich Lese-Verstehen allein darin erschöpft.
Der Leser (oder der Kritiker) ist nun aber kein Bote des Autors. Leser ist er im engeren Sinne dann, *wenn er gerade ein Buch liest*. Beim Nachvollzug der Beschreibung dieses Geschehens helfen die fünf Fragen, die das Studium des aufbereiteten Materials auf das Wesentliche lenken und gleichzeitig den Text in Sinneinheiten teilen.

1. Was ist, wo entsteht und wie „existiert" ein literarisches Werk?
2. Was ist Wirkungstheorie? Wie grenzt sie sich ab?
3. Worin unterscheiden sich Sinn und Bedeutung eines Textes? (Siehe auch Abschnitt zur Vorstellungsbildung)
4. Wie begegnet Iser dem Vorwurf des Subjektivismus, der Willkür des Textverstehens?
5. Was sind Unbestimmtheitsbeträge im Text?

Wolfgang Iser: *Der Akt des Lesens*.

[...] Da ein literarischer Text seine Wirkung erst dann zu entfalten vermag, wenn er gelesen wird, fällt eine Beschreibung dieser Wirkung weitgehend mit einer Analyse des Lesevorgangs zusammen. Deshalb steht das Lesen im Zentrum der folgenden Überlegungen, denn in ihm lassen sich die Prozesse beobachten, die literarische Texte auszulösen vermögen. Im Lesen erfolgt eine Verarbeitung des Textes, die sich

---

[134] Wolfgang Iser: *Der Akt des Lesens*. Theorie ästhetischer Wirkung. Fink Verlag München, UTB 636, 4. Aufl. 1994.

durch bestimmte Inanspruchnahmen menschlicher Vermögen realisiert. Wirkung ist daher weder ausschließlich im Text noch ausschließlich im Leserverhalten zu fassen; der Text ist ein Wirkungspotential, das im Lesevorgang aktualisiert wird [...].

Iser grenzt hiermit sein Beschreibungsverfahren als *Wirkungstheorie* (wirkungsästhetische Theorie) innerhalb der Rezeptionstheorie ein und erklärt es wie folgt:

Ein Text ist hier nicht als Dokument für etwas verstanden, das es – in welcher Form auch immer – gibt, sondern als eine Umformulierung bereits formulierter Realität, durch die etwas in die Welt kommt, das vorher nicht in ihr war. Deshalb stellt sich für eine Wirkungstheorie das Problem, wie ein bislang umformulierter Sachverhalt verarbeitet und gar verstanden werden kann. Rezeptionstheorie hat es dagegen mit historisch ausmachbaren Lesern zu tun, durch deren Reaktion etwas über Literatur in Erfahrung gebracht werden soll. Eine Wirkungstheorie ist im Text verankert. [...]

B Vorüberlegungen
zu einer wirkungsästhetischen Theorie

1. Die leserorientierte Perspektive und die traditionell erhobenen Einwände

[...] Im Gelesenwerden geschieht die für jedes literarische Werk zentrale Interaktion zwischen seiner Struktur und seinem Empfänger. Aus diesem Grunde hat auch die phänomenologische Kunsttheorie mit allem Nachdruck darauf aufmerksam gemacht, daß die Betrachtung eines literarischen Werks nicht allein der Gegebenheit der Textgestalt, sondern in gleichem Maße den Akten seiner Erfassung zu gelten hat. Ingarden stellte daher dem Schichtenaufbau des literarischen Werks die Weisen seiner Konkretisation gegenüber. Der Text als solcher hält nur verschiedene „schematisierte Ansichten"[135] parat, durch die der Gegenstand des Werks hervorgebracht werden kann, während das eigentliche Hervorbringen zu einem Akt der Konkretisation wird. – Daraus ließe sich folgern: das literarische Werk besitzt zwei Pole, die man den künstlerischen und den ästhetischen Pol nennen könnte, wobei der künstlerische den vom Autor geschaffenen Text und der ästhetische die vom Leser geleistete Konkretisation bezeichnet. Aus einer solchen Polarität folgt, daß das literarische Werk weder mit dem Text noch mit dessen Konkretisation ausschließlich identisch ist. Denn das Werk ist mehr als der Text, da es erst in der Konkretisation sein Leben gewinnt, und diese wiederum ist nicht gänzlich frei von den Dispositionen, die der Leser in sie einbringt, wenngleich solche Dispositionen nun zu den Bedingungen des Textes aktiviert werden. Dort also, wo Text und Leser zur Konvergenz gelangen, liegt der Ort des literarischen Werks, und dieser hat zwangsläufig einen virtuellen Charakter, da er weder auf die Realität des Textes noch auf die den Leser kennzeichnenden Dispositionen reduziert werden kann. [...]
Der Text gelangt folglich erst durch die Konstitutionsleistung eines ihn rezipierenden Bewußtseins zu seiner Gegebenheit, so daß sich das Werk zu seinem eigentlichen Charakter als Prozeß nur im Lesevorgang zu entfalten vermag. [...] Das Werk ist das Konstituiertsein des Textes im Bewußtsein des Lesers.

---

[135] Vgl. Roman Ingarden: *Das literarische Kunstwerk*, Tübingen 1960, pp. 294 ff.

Verwandelt der virtuelle Ort des Werks Text und Leser in Pole einer Beziehung, dann gewinnt dieses Verhältnis selbst vorrangiges Interesse. [...] Die Pole zu isolieren, hieße, das Werk auf die Darstellungstechnik des Textes bzw. die Psychologie des Lesers zu reduzieren und damit genau den Vorgang auszublenden, den es zu betrachten gilt. [...]

Daraus folgt, daß man die alte Frage, was dieses Gedicht, dieses Drama, dieser Roman bedeutet, durch die Frage ersetzen muß, was dem Leser geschieht, wenn er fiktionale Texte durch die Lektüre zum Leben erweckt. Bedeutung hätte dann viel eher die Struktur des Ereignisses; sie ist selbst ein Geschehen, das sich nicht auf die Denotation empirischer oder wie immer angenommener Gegebenheiten zurückbringen läßt. Dadurch aber verändert sich der Charakter, zumindest aber die Einschätzung der Bedeutung selbst. [...] Damit stellt sich auch der Interpretation eine andere Aufgabe: statt den Sinn zu entschlüsseln, muß sie die Sinnpotentiale verdeutlichen, die ein Text parat hält, weshalb sich die im Lesen erfolgende Aktualisierung als ein Kommunikationsprozeß vollzieht, den es zu beschreiben gilt. [...] Eine bedeutungsorientierte Interpretation glaubte, dem Leser sagen zu müssen, was er als Bedeutung des Textes zu erkennen habe. Für sie blieb daher der Geschehenscharakter des Textes genauso abgeblendet wie die Erfahrung des Lesers, die von einer solchen Ereignishaftigkeit ausgelöst wurde.

Die kritisierte Reduktion der Leseleistung auf das Erkennen der Textbedeutung meint ihr Bezogensein auf einen außerhalb des Textes liegenden Referenzrahmen (sie findet ihre Zuspitzung in der Schulfrage, was der Autor *damit* sagen will, und der gesamte Text verschwindet hinter dieser Antwort). Somit wäre das Resultat der Rezeption nicht mehr ästhetischer Natur, sondern merkmalsbestimmt, das heißt, die Rezeption besitzt dann einen diskursiven Charakter. Der konstituierte Sinn aber, der im Lesen entsteht, hat ästhetischen Charakter, weil er sich selbst bedeutet. Er ist ein neuer Weltgegenstand, der sich als Wirkung manifestiert und sich vor keiner bestehenden Referenz ausweisen muss.

[...] Doch der Sinn beginnt erst dann seinen ästhetischen Charakter zu verlieren und einen diskursiven anzunehmen, wenn man nach seiner Bedeutung fragt. [...]

Damit wird der Scheitelpunkt dieses Sinnbegriffs deutlich, durch den sich Interpretationsstrategien voneinander sondern lassen. Eine bedeutungsorientierte Interpretation verstellt diese Unterscheidung; ihr kommt daher das eigentümliche Verhältnis, daß sich eine ästhetische Wirkung in außerästhetische Verursachung fortpflanzt, nicht in den Blick. Sie steht immer schon jenseits dieses Scheitelpunkts und versteht Sinn als Ausdruck von kollektiv anerkannten Geltungen. Eine Analyse ästhetischer Wirkung steht diesseits dieses Scheitelpunkts [...]

Diese Feststellung ist deshalb notwendig, weil eine leserorientierte Theorie von vornherein dem Vorwurf des unkontrollierten Subjektivismus ausgesetzt ist. [...] Folglich besitzt die von fiktionalen Texten entworfene Gegenständlichkeit nicht jene allseitige Bestimmtheit, die den realen Gegenständen zukommt; sie sind mit Unbestimmtheitsbeträgen durchsetzt. Diese stellen jedoch kein Manko dar, sondern verkörpern elementare Kommunikationsbedingungen des Textes, die eine Beteiligung des Lesers am Hervorbringen der Textintention ermöglichen. [...] So eröffnen zwar die Unbestimmtheitsbeträge der Texte ein gewisses Realisationsspektrum, doch die-

ses bedeutet nicht Willkür des Erfassens, sondern verkörpert die zentrale Bedingung der Interaktion von Text und Leser. [...]
Erweisen sich die Unbestimmtheitsbeträge als Kommunikationsbedingungen, die eine Interaktion in Gang bringen, in deren Verlauf der Text erfahren werden kann, dann läßt sich diese Erfahrung noch nicht als privatistisch qualifizieren. Vielmehr erfolgt ihre mögliche Privatisierung erst dort, wo sie in den Erfahrungshaushalt des individuellen Lesers eingeht. Das aber ist durchaus angemessen und macht deutlich, daß sich die Privatisierung der Texte in einer leserorientierten Theorie an eine ganz andere als die vermutete Stelle im Erfassungsprozeß verschiebt: dorthin nämlich, wo ästhetische Erfahrung in praktische Verarbeitung übergeht.

Die wirkungsästhetische Theorie erkennt die ästhetische Qualität in der 'Vollzugsstruktur' des Lesens, vom Vorwurf der Willkür kann sie daher gar nicht getroffen werden.

2. Leserkonzepte und das Konzept des impliziten Lesers

Einführend greift Iser in diesem Kapitel einen bekannten Vergleich auf; Bücher sind ein Picknick, wozu der Autor die Worte und der Leser Sinn und Bedeutung mitbringen. Der Autor ist fassbar, aber gibt es "*den* Leser"? Gibt es Lesergruppen oder bestimmte Arten von Lesern?

1. Was ist der implizite Leser?
2. Worin unterscheidet sich seine Konzeption von der aus anderen Lesertypologien?
3. Was ist die Leserrolle und was die Leserfiktion? Wie verhalten sie sich zueinander?
4. Wie und zu welchem Zweck wirken Text- und Aktstruktur zusammen?

[...] Die Literaturkritik kennt mittlerweile schon eine Reihe von Lesertypen, die immer dann angerufen werden, wenn es Feststellungen über Wirkung oder Rezeption von Literatur zu treffen gilt. In der Regel sind solche Lesertypen Konstruktionen, die der Formulierung von Erkenntniszielen dienen. [...]

Die Rezeptions- und die Leserforschung haben bereits einige solcher Typen benannt. Wenn man die rein empirischen und psychologischen Typologien ausgrenzt, die für unser Thema weniger tauglich sind (beispielhaft dafür sind die Untersuchungen von Simon Lesser und Gunter Grimm, Hans Blumenberg und Heiner Willeberg), bleiben der zeitgenössische Leser, der informierte Leser, der ideale Leser, der intendierte Leser und der Archileser.

Mit dem *zeitgenössischen Leser* lässt sich vorrangig Rezeptionsgeschichte betreiben. Er verkörpert das Durchschnittspublikum, dessen Urteile, Haltungen, Einstellungen und Normen, also dessen kulturellen Code. Die Rezeptionsgeschichte reiht mit der Beschreibung der zeitgenössischen Leser historische Urteilsnormen auf, betreibt eine Art intellektuelle Geschmacks- und Sozialgeschichte des lesenden Publikums. Geht man dabei jedoch hinter das 18. Jahrhundert zurück, wird der zeitgenössische Leser schwer rekonstruierbar. Der *ideale Leser* verkörpert eine strukturelle Unmöglichkeit der Kommunikation, denn er müsste den gleichen Code wie der Autor besitzen und über die gleichen Intentionen verfügen. Dann allerdings würde sich die Kommunikation als überflüssig erweisen. Auch der Autor selbst kann kaum sein idealer Leser sein, denn um das Sinnpotenzial des fiktionalen Textes beim Lesen vollständig zu realisieren, dürfte sich sein Erfahrungshorizont vom Schreiben bis zum Lesen jeder einzelnen Zeile nicht verändert haben. Nun zeigt die Wirkungsgeschichte der Texte, dass die Aktualisierung historisch, sozial und anderweitig veränderbar ist. Ein idealer Leser müsste zudem das Sinnpotenzial nicht nur zu allen Zeiten gleich (also unpersönlich) realisieren, sondern müsste es auch ausschöpfen können. Dabei würde der Text vollständig verbraucht – „für die Literatur gewiß eine ruinöse Idealität", folgert Iser.

Lesertypen werden auch als heuristische Konzepte entwickelt. Derart profilierte Typen sind u. a. der *Archileser* (Michael Riffaterre[136]), der *informierte Leser* (Stanley Fish[137]) und der *intendierte Leser* (Erwin Wolff[138]).

Der *Archileser* Riffaterres bündelt eine Gruppe von Informatoren, die an zentralen Textstellen den Sinn einheitlich decodiert bzw. konstituiert. Er ist erfassbar in einer empirischen Ermittlung von Wirkungspotenzialen des Textes. Ziel soll es sein, die subjektive Schwankungsbreite aufzuheben, die sich aus unterschiedlichen Leserdispositionen ergibt. Der Archileser entspricht einem Testkonzept.

Das Konzept des *informierten Lesers* von Stanley Fish will Verarbeitungsprozesse des Textes durch den Leser beschreiben, damit entspricht es eher einem Lernkonzept. Dieser Lesertyp also muss idealerweise vollständige sprachliche, kulturelle und literarische Kompetenzen besitzen und er muss auch seine Reaktionen im Aktualisierungsvorgang beobachten. Strukturiert der Leser durch seine Kompetenzen den Text, so heißt dies, dass sich im zeitlichen Fluß der Lektüre eine Reaktionssequenz bildet, in der die Textbedeutung generiert wird. Soweit folgt Fish dem Modell der Transformationsgrammatik.

Der von Erwin Wolff eingebrachte Vorschlag des *intendierten Lesers* ist die Rekonstruktion der Idee von einem bestimmten Leser, den sich der Autor für sein Werk vorstellt. Er kann ein Abbild des idealisierten Lesers sein, kann sich in massiven Antizipationen des Normen- und Wertrepertoires zeitgenössischer Leser darstellen, in Positionszuschreibungen oder in pädagogischen Absichten. Damit ist der intendierte Leser eine vom Autor in den Text eingezeichnete Leserfiktion. Offen bleibt die Frage, warum ein Leser über historische Distanz

---

[136] Michael Rifaterre: *Strukturale Stilistik*. München 1973, S. 46ff.
[137] Stanley Fish: *Literature in the Reader: Affective Stylistics*. In: *New Literary History* 2, 1970, S. 123ff.
[138] Erwin Wolf: *Der intendierte Leser*. In: *Poetica* 4, 1971, S. 141.

hinweg einen Text immer noch aufzufassen vermag, obwohl er von diesem Text und seinem Autor kaum intendiert gewesen sein kann.

Diese unterschiedlichen Versuche zur Lesertypologie zielen überwiegend auf den tatsächlich vorstellbaren Leser. Sie meinen eine Leserfiktion und beschreiben, wie der Text auf diese wirkt und umgekehrt. Der Blick auf den eigentlichen Akt des Geschehens, bei dem der Leser seine Rolle tatsächlich innehat, also *lesend ist*, der Text also unmittelbar auf ihn wirkt, bleibt bei diesen Typologien weitgehend unberücksichtigt.

Es empfiehlt sich daher, zwischen Leserfiktion und Leserrolle zu unterscheiden. Die Leserfiktion ist im Text durch ein bestimmtes Signalrepertoire markiert. Dieses jedoch ist weder isoliert noch unabhängig von den anderen im Text gesetzten Perspektiven, die im Roman etwa durch den Erzähler, die Figuren sowie durch die Handlung gegeben sind. Folglich ist die Leserfiktion nur eine der Textperspektiven, die mit den anderen zu einem Interaktionsverhältnis zusammengeschlossen bleibt. Die Leserrolle hingegen ergibt sich erst aus dem Zusammenspiel der Perspektiven; sie entfaltet sich in der gelenkten Aktivität des Lesens, weshalb die Leserfiktion des Textes immer nur ein Aspekt der Leserrolle sein kann. [...]

Eine Theorie literarischer Texte vermag ohne die Einbeziehung des Lesers offensichtlich nicht mehr auszukommen. Das aber heißt, der Leser ist zur ,Systemreferenz' jener Texte avanciert, die ihren vollen Sinn erst in den von ihnen ausgelösten Verarbeitungsprozessen gewinnen. Was aber ist das für ein Leser, der hier vorausgesetzt wird? Ist er eine reine Konstruktion, oder gründet er gar in einem empirischen Substrat? Nun, wenn in den folgenden Kapiteln dieser Arbeit vom Leser die Rede ist, so ist damit die den Texten eingezeichnete Struktur des impliziten Lesers gemeint. Im Unterschied zu den besprochenen Lesertypen besitzt der implizite Leser keine reale Existenz; denn er verkörpert die Gesamtheit der Vororientierungen, die ein fiktionaler Text seinen möglichen Lesern als Rezeptionsbedingungen anbietet. Folglich ist der implizite Leser nicht in einem empirischen Substrat verankert, sondern in der Struktur der Texte selbst fundiert.

[...] Daher bezeichnet das Konzept des impliziten Lesers eine Textstruktur, durch die der Empfänger immer schon vorgedacht ist, und die Besetzung dieser strukturierten Hohlform läßt sich auch dort nicht verhindern, wo sich Texte durch ihre Leserfiktion erklärtermaßen um einen Empfänger nicht zu kümmern scheinen oder gar ihr mögliches Publikum durch die verwendeten Strategien auszuschließen trachten. So rückt das Konzept des impliziten Lesers die Wirkungsstrukturen des Textes in den Blick, durch die der Empfänger zum Text situiert und mit diesem durch die von ihm ausgelösten Erfassungsakte verbunden wird. [...]

Folglich hält jeder literarische Text ein bestimmtes Rollenangebot für seine möglichen Empfänger parat. Es besitzt zwei zentrale Aspekte, die trotz der von der Analyse geforderten Trennung eng miteinander verbunden sind: Die Leserrolle bestimmt sich als eine Textstruktur und als eine Aktstruktur. Was die Textstruktur anlangt, so muß man davon ausgehen, daß jeder literarische Text eine von seinem Autor entworfene perspektivische Hinsicht auf Welt darstellt. Als solche bildet der Text gegebene Welt nicht einfach ab, sondern konstituiert eine Welt aus dem Material dessen, was ihm vorliegt. In der Art der Konstitution manifestiert sich die Perspektive des Autors. Soll die graduelle Fremdheit einer solchen vom Text entworfenen Welt erfaßt werden, so ist eine Struktur notwendig, die es dem Leser ermöglicht, die ihm vorgegebenen Ansichten zu realisieren. [...] Insoweit ist dem Leser eine bestimmte Textstruktur vorgegeben, die ihn nötigt, einen Blickpunkt einzunehmen, der die geforderte Integration der Textperspektiven herzustellen erlaubt. Der Leser ist jedoch in der Wahl dieses Blickpunkts nicht frei, denn dieser ergibt sich aus der perspektivierten Darstellungsweise des Textes. Nur wenn sich alle Textperspektiven auf den ihnen gemeinsamen Verweisungshorizont sammeln lassen, wird der Blickpunkt des Lesers adäquat. Blickpunkt und Horizont ergeben sich folglich aus der perspektivischen Anlage des Textes, sind jedoch im Text selbst nicht mehr dargestellt. Gerade dadurch erhält der Leser die Möglichkeit, *den* Blickpunkt zu besetzen, der vom Text eingerichtet ist, um den Verweisungshorizont der Textperspektiven konstituieren zu können. Daraus ergibt sich das elementare Schema der im Text angelegten Leserrolle. Sie verlangt von jedem Leser, daß er den ihm vorgegebenen Blickpunkt bezieht, damit er die divergierenden Orientierungszentren der Textperspektiven zum System der Perspektivität aufheben kann, wodurch sich zugleich der Sinn dessen erschließt, was in den einzelnen Perspektiven jeweils repräsentiert ist.

Dieses Schema läßt dann auch erkennen, daß die dem Text eingezeichnete Leserrolle nicht mit der Leserfiktion des Textes zusammenfallen kann. Denn durch die Leserfiktion setzt der Autor einen angenommenen Leser der Welt des Textes aus; er schafft damit lediglich eine zusätzliche Perspektive, die die perspektivische Anlage des Textes erhöht. Zeigt sich in der Leserfiktion das Bild des Lesers, das dem Autor vorschwebte und das nun in Interaktion mit den anderen Textperspektiven tritt, so bezeichnet die Leserrolle die den Empfängern der Texte vorgezeichnete Konstitutionsaktivität. In diesem Sinne ist das beschriebene Schema der Leserrolle eine Textstruktur. Doch als Textstruktur verkörpert sie eher eine Intention, die sich erst durch die im Empfänger ausgelösten Akte erfüllt. Textstruktur und Aktstruktur der Leserrolle hängen daher eng zusammen.

[...]

Der Sinn literarischer Texte ist nur vorstellbar, da er nicht explizit gegeben ist und folglich nur im Vorstellungsbewußtsein des Empfängers vergegenwärtigt werden kann. Dabei kommt es im Verlaufe der Lektüre zu einer Sequenz solcher Vorstellungsakte, weil einmal gebildete Vorstellungen immer wieder preisgegeben werden müssen, wenn sie die geforderte Integration der perspektivischen Vielfalt nicht mehr zu leisten vermögen. Über diese Korrektur der Vorstellungen ergibt sich zugleich eine ständige Modifikation des Blickpunkts, der als solcher nicht starr vorgegeben ist, sondern über die modifizierte Vorstellungsfolge immer erneut justiert werden muß, bis er zum Schluß mit dem über die Vorstellungssequenz konstituierten Sinn zusammenfällt. Dadurch aber ist dann der Leser endgültig im Text bzw. in der Welt des Textes.

Textstruktur und Aktstruktur verhalten sich zueinander wie Intention und Erfüllung. Im Konzept des impliziten Lesers sind sie zusammengeschlossen.

[...] Wie immer es in der Lektüre auch um den Ausgleich zwischen dem Rollenangebot des Textes und den habituellen Dispositionen des Lesers bestellt sein mag, die Deckung wird nie so vollkommen sein, daß die eine Position in der anderen restlos aufgeht. [...] Würden wir in der vorgegebenen Rolle total aufgehen, dann müßten wir uns vollkommen vergessen, und das bedeutete, wir müßten uns von all den Erfahrungen freimachen, die wir doch unentwegt in die Lektüre einbringen und die für die oft recht unterschiedliche Aktualisierung der Leserrolle verantwortlich sind. Selbst wenn uns die Rolle ganz gefangen nimmt, so verspüren wir spätestens am Ende der Lektüre das Verlangen, diese seltsame Erfahrung auf den Horizont unserer Ansichten zu beziehen, von dem unsere Bereitschaft, auf den Text einzugehen, auch während der Lektüre latent gesteuert blieb.

Daraus folgt, daß die Leserrolle des Textes historisch und individuell unterschiedlich realisiert wird, je nach den lebensweltlichen Dispositionen sowie dem Vorverständnis, das der einzelne Leser in die Lektüre einbringt. Das muß nicht Willkür sein, sondern ergibt sich daraus, daß das Rollenangebot des Textes immer nur selektiv realisiert wird.

[...]

Fassen wir zusammen: Das Konzept des impliziten Lesers ist ein transzendentales Modell, durch das sich allgemeine Wirkungsstrukturen fiktionaler Texte beschreiben lassen. Es meint die im Text ausmachbare Leserrolle, die aus einer Textstruktur und einer Aktstruktur besteht. Richtet die Textstruktur den Blickpunkt für den Leser ein, so heißt dies, daß sie insofern einer grundlegenden Gegebenheit unserer Wahrnehmung folgt, als unsere Weltzugänge immer nur perspektivischer Natur sind. „Betrachtendes Subjekt und dargestelltes Objekt werden so in bestimmter Hinsicht aufeinander bezogen, die ‚Subjekt-Objekt-Beziehung' fließt [...] in die perspektivische Darstellungsweise ein. Sie fließt zugleich aber auch in die Sichtweise des Betrachters ein; denn so, wie der Künstler sich in seiner Darstellung nach dem Blickpunkt eines Betrachters richtet, so findet sich der Betrachter durch eben diese Darstellungsweise auf eine bestimmte Ansicht verwiesen, die ihn – mehr oder weniger – anhält, den ihr allein korrespondierenden Blickpunkt aufzusuchen."[139]

[...]

Das Konzept des impliziten Lesers umschreibt daher einen Übertragungsvorgang, durch den sich die Textstrukturen über die Vorstellungsakte in den Erfahrungshaushalt des Lesers übersetzen. Da diese Struktur für die Lektüre fiktionaler Texte allgemein gilt, darf sie transzendentalen Charakter beanspruchen. Sie zu entfalten ist Ziel der folgenden Kapitel, in denen der Charakter des Lesens und das sich in ihm vollziehende Geschehen deutlich werden sollen.

III PHÄNOMENOLOGIE DES LESENS

A Die Erfassungsakte des Textes

---

1. Wie ist das Zusammenwirken von Text und Leser geregelt?
2. Was beschreibt der wandernde Blickpunkt und wie wirken dabei Protention und Retention zusammen?
3. Was sind Selektionsentscheidungen? Wozu tragen sie bei?

---

1. Das Zusammenspiel von Text und Leser

Textmodelle umschreiben immer nur einen Pol der Kommunikationssituation. Daher halten Repertoire und Strategien den Text lediglich parat, dessen Potential sie zwar entwerfen und vorstrukturieren, das jedoch der Aktualisierung durch den Leser bedarf, um sich einlösen zu können. Textstruktur und Aktstruktur bilden folglich die

---

[139] Carl Friedrich Graumann, Grundlagen einer Phänomenologie und Psychologie der Perspektivität, Berlin 1960, p 14.

Komplemente der Kommunikationssituation, die sich in dem Maße erfüllt, in dem der Text als Bewußtseinskorrelat im Leser erscheint. Dieser Transfer des Textes in das Bewußtsein des Lesers wird häufig so verstanden, als ob er ausschließlich vom Text besorgt würde. Gewiß initiiert der Text seinen Transfer; doch dieser vermag nur zu gelingen, insofern durch ihn Dispositionen des Bewußtseins – solche des Erfassens wie solche des Verarbeitens – in Anspruch genommen werden. Indem sich der Text auf diese Gegebenheiten bezieht, zu denen ohne Zweifel auch das soziale Verhaltensrepertoire seiner möglichen Leser gehört, vermag er die Akte auszulösen, die zu seiner Auffassung führen. Vollendet sich der Text in der vom Leser zu vollziehenden Sinnkonstitution, dann funktioniert er primär als Anweisung auf das, was es hervorzubringen gilt, und kann daher selbst noch nicht das Hervorgebrachte sein. Diese Tatsache gilt es deshalb zu unterstreichen, weil eine Reihe gegenwärtiger Texttheorien vielfach den Eindruck vermitteln, als ob sich ein Text dem Bewußtsein seiner Leser gleichsam von selbst ‚einbilden' würde. [...] Sprachzeichen des Textes bzw. seine Strukturen gewinnen dadurch ihre Finalität, daß sie Akte auszulösen vermögen, in deren Entwicklung eine Übersetzbarkeit des Textes in das Bewußtsein des Lesers erfolgt. Damit ist zugleich gesagt, daß sich diese vom Text ausgelösten Akte einer totalen Steuerbarkeit durch den Text entziehen. Diese Kluft indes begründet erst die Kreativität der Rezeption. [...]

2. Der wandernde Blickpunkt

Es fragt sich nun, inwieweit dieser Vorgang eine der Beschreibung zugängliche intersubjektive Struktur besitzt. Denn auf der einen Seite ist der Text nur eine Partitur, und auf der anderen sind es die individuell verschiedenen Fähigkeiten der Leser, die das Werk instrumentieren. Eine Phänomenologie des Lesens muß folglich die Erfassungsakte verdeutlichen, durch die sich der Text in das Bewußtsein des Lesers übersetzt. Nun aber sind wir gar nicht in der Lage, einen Text in einem einzigen Augenblick aufzunehmen, ganz im Gegensatz etwa zur Objektwahrnehmung, die vielleicht ihren Gegenstand im Akt der Zuwendung nicht voll erfaßt, ihn jedoch in einem solchen Akt zunächst als ganzen vor sich hat. Bereits in dieser Hinsicht unterscheidet sich ein Text von Wahrnehmungsobjekten, wenngleich er wie diese erfaßt werden soll. Steht das Wahrnehmungsobjekt immer gegenüber, so sind wir im Text immer mitten drin. Daraus folgt, daß der Beziehung zwischen Text und Leser ein vom Wahrnehmungsvorgang unterschiedener Erfassungsmodus zugrunde liegt. Statt einer Subjekt-Objekt-Relation bewegt sich der Leser als perspektivischer Punkt durch seinen Gegenstandsbereich hindurch. Als wandernder Blickpunkt innerhalb dessen zu sein, was es aufzufassen gilt, bedingt die Eigenart der Erfassung ästhetischer Gegenständlichkeit fiktionaler Texte. [...]

Mitten drin zu sein und gleichzeitig von dem überstiegen zu werden, worin man ist, charakterisiert das Verhältnis von Text und Leser. Ist der Leser als ständig sich verschiebender Punkt im Text, so ist ihm dieser jeweils nur in Phasen gegenwärtig; [...] Denn die Gegenständlichkeit ist immer mehr als das, was der Leser von ihr in der jeweiligen Erstreckung des Lektüreaugenblicks zu gewärtigen vermag. Folglich ist die Gegenständlichkeit des Textes mit keiner ihrer Erscheinungsweisen im stromzeitlichen Fluß der Lektüre identisch, weshalb ihre Ganzheit nur durch Synthesen zu gewinnen ist. Durch sie übersetzt sich der Text in das Bewußtsein des Leser, so daß sich die Gegenständlichkeit des Textes durch die Abfolge der Synthesen als ein Bewußtseinskorrelat aufzubauen beginnt. [...]

Das Korrelat entsteht nur schrittweise im Bewusstsein. Durch allmählich sich fortsetzende synthetische Aktivität wächst ein Zusammenhang heran, der die dargestellte fiktionale Welt bzw. den komplexen fiktionalen Gegenstand immer deutlicher werden lässt.

Wie sind nun die Beziehungen dieser Korrelate zu denken, zumal diese nicht jenen Bestimmtheitsgrad besitzen, der den Aussagen und Behauptungen jeweils isolierter Sätze zukommt? [...] Die Sätze selbst sind als Aussagen und Behauptungen immer Anweisungen auf Kommendes, das durch ihren jeweils konkreten Inhalt vorentworfen wird. Sie bringen einen Prozeß in Gang, aus dem sich der Gegenstand des Textes als Bewußtseinskorrelat zu bilden vermag. [...] Der semantische Richtungsstrahl einzelner Sätze impliziert immer eine Erwartung, die auf Kommendes zielt. Husserl nennt solche Erwartungen Protentionen. Da diese Struktur allen Satzkorrelaten in fiktionalen Texten eigentümlich ist, wird ihr Zusammenspiel weniger eine Einlösung ihrer jeweils erzeugten Erwartung, sondern viel eher deren unausgesetzte Modifikation zur Folge haben.

In diesem Vorgang kommt eine elementare Struktur des wandernden Blickpunktes zur Geltung. Das Mittendrin-Sein des Lesers im Text bestimmt sich als Scheitelpunkt zwischen Protention und Retention, der die Satzfolge organisiert und dadurch die Innenhorizonte des Textes eröffnet. Mit jedem einzelnen Satzkorrelat wird ein bestimmter Horizont vorentworfen, der sich aber sogleich in eine Projektionsfläche für das folgende Korrelat wandelt und dadurch zwangsläufig eine Veränderung erfährt. [...]

Nun aber kommt es im Fortgang der Lektüre zu einer oft vielfältigen Weckung dessen, was wir nur noch in Retention besitzen, und das heißt, daß Erinnertes vor einen neuen Horizont gestellt wird, den es noch nicht gab, als es selbst erfaßt wurde. Dadurch wird zwar das Erinnerte nicht wieder volle Gegenwart – denn dies würde bedeuten, daß Erinnerung und Wahrnehmung zusammenfielen. Dennoch wird sich das Erinnerte wandeln, da der neue Horizont es nun anders zu sehen erlaubt. Das Erinnerte wird neuer Beziehungen fähig, die ihrerseits nicht ohne Einfluß auf die Erwartungslenkung der einzelnen Korrelate in der Satzfolge bleiben. So spielen im Lesevorgang ständig modifizierte Erwartungen und erneut abgewandelte Erinnerungen ineinander. Da aber der Text selbst weder die Modifikationen der Erwartung noch die Beziehungsfähigkeit des Erinnerten formuliert, gibt das Produkt, das aus dieser im einzelnen noch zu klärenden Verspannung entsteht, eine erste Anschauung davon, wie sich der Text durch die synthetische Aktivität des Lesens in ein Bewußtseinskorrelat übersetzt. In einem solchen Übersetzungsvorgang wird zugleich die hermeneutische Grundstruktur des Lesens deutlich. Im Text enthält jedes Satzkorrelat durch seine Leervorstellungen einen Vorblick auf den nächsten und bildet durch seine gesättigte Anschauung den Horizont für den vorhergehenden Satz. Daraus folgt: Jeder Augenblick der Lektüre ist eine Dialektik von Protention und Retention, indem sich ein noch leerer, aber zu füllender Zukunftshorizont mit einem gesättigten, aber kontinuierlich ausbleichenden Vergangenheitshorizont so vermittelt, daß durch den wandernden Blickpunkt des Lesers ständig die beiden Innenhorizonte des Textes eröffnet werden, um miteinander verschmelzen zu können. Die Notwendigkeit dieses Vorgangs ergibt sich aus der eingangs festgestellten Tatsache, daß wir einen Text nicht in einem einzigen Augenblick erfassen können. [...]

Mit jedem neuen Textaspekt, jeder neuen Konkretisierungsentscheidung verändert sich die Perspektive auf den Text vorwärts und rückwärts. Das vorher Entschiedene wird verändert und die Erwartung wird von dieser neuen Vergegenwärtigung gelenkt (Der Protagonist ist also doch liebesfähig! Oder: Das erst so idyllisch wirkende Haus ist auch ein weltabgewandtes Gefängnis o. ä.). Oft entsteht mit neuen Selektionsentscheidungen auch ein paralleler zweiter oder dritter Konkretisierungsbereich, daraus ergibt sich eine mehrstrahlige Erwartungshaltung. So können konkurrierende oder sich ergänzende Perspektiven der Konkretisationen entstehen. (Der Ofensetzer Albuin bei Kunert ist gleichzeitig Systemrepräsentant, verkörpert den Künstlerkonflikt und zeigt das Menschenbild im Industriezeitalter.)

Wichtiger indes bleibt die Tatsache, daß es der wandernde Blickpunkt dem Leser erlaubt, den Text in die Beziehungsvielfalt seiner Perspektiven aufzufächern, die sich im Blickpunktwechsel voneinander abheben. Daraus ergibt sich ein Netz von Beziehungsmöglichkeiten, dessen Besonderheit darin liegt, daß nicht isolierte Daten verschiedener Textperspektiven miteinander verbunden werden, sondern daß weckende und geweckte Perspektiven zu Standpunktverhältnissen wechselseitiger Beobachtung zusammenlaufen. Dadurch vermag der wandernde Blickpunkt ein Beziehungsnetz zu entfalten, das in den artikulierten Leseaugenblicken potentiell immer den ganzen Text parat zu halten vermag. [...]

3. Die Bewußtseinskorrelate des wandernden Blickpunkts

a) Konsistenzbildung als Basis des Geschehenscharakters und der Verstrickung

[...] Folglich herrscht in der Gestaltbildung der Handlungsebene ein hoher Grad intersubjektiver Eindeutigkeit, während auf der Sinnebene Selektionsentscheidungen fallen, die nicht deshalb subjektiv sind, weil sie von Willkür gezeichnet wären, sondern weil sich eine Gestalt nur dann schließen läßt, wenn eine und nicht alle Möglichkeiten gleichzeitig gewählt werden. Gerade die Spannung, die die Gestalt der Handlungsebene hinterläßt, verlangt – um abgebaut zu werden – den Eindeutigkeitsgrad einer geschlossenen Sinngestalt, der nur über die Selektionsentscheidungen zu gewinnen ist. Daß diese von den individuellen Dispositionen des Lesers, von seinen Bewußtseinsinhalten, seinen epochal und sozial bedingten Anschauungen – kurz, von seiner Erfahrungsgeschichte beeinflußt sein wird, ändert nichts daran, daß die Gestalten der Handlungsebene einen Fächer von Bedeutungsmöglichkeiten parat halten, der aller subjektiv bedingten Realisierung strukturell vorgegeben ist. [...]

Der fiktionale Text ist also ein Strukturierungsangebot, wobei etwas entstehen bzw. geschaffen werden kann, was in der realen Welt nicht gegeben ist.

Für diesen Konstitutionsvorgang aber müssen die gleichen Voraussetzungen in Anspruch genommen werden, die für die Erfassungsakte überhaupt gelten: die Konsistenzbildung. Diese vollzieht sich als Folge ständig zu schließender Gestalten. So läuft die Gestaltbildung gegen die Offenheit des Textes, und dem Grad ihrer Geschlossenheit entspricht der Illusionsanteil. [...]

b) Der Geschehenscharakter als Bewußtseinskorrelat des Textes

Die Konsistenzbildung ist die unabdingbare Grundlage für Erfassungsakte überhaupt. [...] Entspringt die Gestalt der gewärtigten Beziehung zwischen den Zeichen, so heißt dies, daß die Beziehung selbst sprachlich nicht manifestiert ist, sondern aus der retentionalen Modifikation der zur Äquivalenz zusammengeschlossenen Zeichen hervorgeht. So gewiß Zeichen durch die Textstruktur eine wechselseitige Beziehung vorgeben, so gewiß ist die der retentionalen Modifikation der Zeichen entspringende Äquivalenz ein Produkt des Lesers. Damit ist der Punkt markiert, an dem die Textstruktur in eine Aktstruktur umschlägt, bzw. an dem die Sprachzeichen die zu ihrer Erfüllung notwendige Affektion des Lesers bewirken. [...] Da aber nur geschlossene Gestalten die notwendige Prägnanz besitzen, kommt es bei der Auslegung der Handlung – [...] – zu Selektionsentscheidungen für bestimmte Möglichkeiten. Diese Grundstruktur der Erfassungsakte wird nun von fiktionalen Texten in einer bestimmten Weise in Anspruch genommen, um den Transfer des Textes in das Bewußtsein des Lesers entsprechend zu sichern. Folglich muß die Anlage des Textes Modalitäten erkennen lassen, durch die auf den Prozeß der Gestaltbildung wie auf die in ihm erfolgenden Selektionsentscheidungen des Lesers eingewirkt werden kann. [...]

So bringen die Selektionsentscheidungen im Lesen zugleich einen Möglichkeitsüberschuß hervor, und das heißt, daß in solchen Akten auch die Möglichkeiten mit präsentiert werden, die virtualisiert worden sind. Sie verkörpern denjenigen Bereich der Fremderfahrung, der im Leseakt konturiert wird, ohne zunächst von Belang zu sein. [...] Deshalb gewinnen wir beim Lesen oftmals den Eindruck, als ob Charaktere, Ereignisse und Vorgänge ihre Bedeutsamkeit geändert hätten; sie erscheinen uns dann ‚in einem anderen Licht', und das heißt, daß sich die Richtung der Selektionsentscheidung geändert hat, weil die „alien associations" der damals nur mit präsentierten, aber virtuell gebliebenen Möglichkeiten nun die gebildeten Sinngestalten so weit relativiert haben, daß sich unsere Einstellung zu verändern beginnt. [...]

Indem der fiktionale Text den allen Erfassungsakten zugrundeliegenden Gestaltbildungsprozeß in der beschriebenen Weise in Anspruch nimmt, vermag er ein Bewußtseinskorrelat hervorzurufen, durch das der Text für den Leser zu einem Geschehen und damit schließlich zu einer Welt wird. [...]

Daraus folgt, daß der Sinn des Textes weder in den Erwartungen noch in den Überraschungen und Enttäuschungen, geschweige denn in den Frustrationen steckt, die wir im Vorgang der Gestaltbildung durchleben. Diese verkörpern eher Reaktionen, die durch das Aufbrechen, die Störung und das Durchkreuztwerden der von uns im Lesen gebildeten Gestalten zustande kommen. Das aber heißt, wir reagieren im Lesen auf das, was wir selbst hervorgebracht haben, und dieser Reaktionsmodus erst macht es plausibel, weshalb wir den Text wie ein reales Geschehen zu erfahren vermögen. Wir fassen ihn nicht auf wie ein gegebenes Objekt, wir begreifen ihn auch nicht wie einen Sachverhalt, der durch prädikative Urteile bestimmt wird; vielmehr ist er uns durch unsere Reaktionen gegenwärtig. Der Sinn des Werks gewinnt damit selbst den Charakter des Geschehens, und da wir dieses als das Bewußtseinskorrelat des Textes erzeugen, erfahren wir dessen Sinn als Wirklichkeit. [...]

c) Das Verstricktsein als Erfahrungsbedingung

Iser legt hier die Bedingungen der Integrationsleistung des Lesers dar, erklärt sein Engagement im Text. Ist der Leser im Text integriert, ist der Text seine Gegenwart.
[...] Da sich dieser Vorgang in unserer Einbildungskraft abspielt, vermögen wir uns von ihm nicht abzulösen. Das aber heißt, wir sind in das verstrickt, was wir hervorbringen. Verstricktsein ist der Modus, durch den wir in der Gegenwart des Textes sind, und durch den der Text für uns zur Gegenwart geworden ist. [...] Indem wir in Texte verstrickt sind, wissen wir zunächst nicht, was uns in solcher Beteiligung geschieht. Deshalb verspüren wir auch immer wieder das Bedürfnis, über gelesene Texte zu reden – weniger, um uns von ihnen zu distanzieren, als vielmehr, um in solcher Distanz das zu begreifen, worin wir verstrickt waren. Hierin wurzelt nicht zuletzt eine latente Notwendigkeit der Literaturkritik, die auf weiten Strecken nur der diskursive Versuch des Einholens solcher Verstrickungen ist. Bewirkt die Verstrickung unser Gegenwärtigsein im Text, so ist dieses ein Bewußtseinskorrelat, durch das der Geschehenscharakter seine notwendige Ergänzung erfährt. Einem Geschehen gegenwärtig zu sein, heißt, daß uns in solcher Gegenwart auch etwas geschieht.
[...] Die neue Erfahrung bringt sich in der Umschichtung sedimentierter Erfahrung zur Geltung, die ihrerseits durch eine solche Umstrukturierung der neuen Erfahrung Form zu geben vermag. Was jedoch in einer solchen Umschichtung wirklich geschieht, kann wiederum nur erfahren werden, wenn die von einem solchen Prozeß aufgerufenen Empfindungen, Orientierungen, Ansichten und Werte aus unserer zur Vergangenheit entrückten Erfahrung mit der neuen verschmelzen. [...] Mit einem Wort: ästhetische Erfahrung macht den Erfahrungserwerb selbst bewußt; das Zustandekommen der Erfahrung ist von der ständigen Einsicht in die Bedingungsverhältnisse begleitet. [...]

B   Die passiven Synthesen des Lesevorgangs

1. Was unterscheidet Wahrnehmung und Vorstellung?
2. Wie entsteht ein Vorstellungsbild und wie ist es zu charakterisieren?
3. Wie konstituiert sich ein lesendes Subjekt aus dem Objekt der Lektüre?

1. Der Bildcharakter der Vorstellung

Die Erfassungsakte des wandernden Blickpunkts organisieren den Transfer des Textes in das Bewußtsein. Der Wechsel des Blickpunkts zwischen den Darstellungsperspektiven fächert den Text im Bewußtsein zur Struktur von Protention und Retention auseinander, woraus sich Erwartung und Erinnerung als wechselseitige Projektionsflächen im Lektürevorgang ergeben. Der Text selbst ist weder Erwartung noch Erinnerung, so daß die Dialektik von Vorblick und Rückkoppelung zum Anstoß wird, eine Synthese zu bilden [...].

Der zentrale Modus passiver Synthesen ist das Bild. [...] Das Bildersehen der Einbildungskraft ist folglich nicht der Abdruck von Gegenständen in unserer ‚Empfindung', wie Hume noch zu sagen pflegte; es ist auch kein optisches Sehen im eigentlichen Sinne, sondern gerade der Versuch, sich das vorzustellen, was man als solches niemals sehen kann. Der eigentümliche Charakter solcher Bilder besteht darin, daß in ihnen Ansichten zur Erscheinung kommen, die sich im unmittelbaren Wahrnehmen des Gegenstandes nicht hätten einstellen können. So setzt das Bildersehen die faktische Abwesenheit dessen voraus, was in den Bildern zur Anschauung gelangt. Daraus folgt, daß wir zwischen Wahrnehmen und Vorstellen als zwei verschiedenen Weltzugängen unterscheiden müssen, da für die Wahrnehmung immer ein Objekt vorgegeben sein muß, während die konstitutive Bedingung für die Vorstellung gerade darin besteht, daß sie sich auf Nicht-Gegebenes oder Abwesendes bezieht, das durch sie zur Erscheinung gelangt. In der Lektüre fiktionaler Texte müssen wir uns deshalb immer Vorstellungen bilden, weil die „schematisierten Ansichten" des Textes uns nur ein Wissen davon bieten, über welche Voraussetzungen der imaginäre Gegenstand erzeugt werden soll. So kommt der Bildcharakter der Vorstellung durch das Nutzbarmachen eines angebotenen bzw. eines im Leser aufgerufenen Wissens zustande, und das heißt nicht das Wissen als solches soll vorgestellt werden, sondern die nicht-gegebene Kombination angebotener Daten soll im Bild zur Erscheinung gelangen. [...] Das Bild ist die zentrale Kategorie der Vorstellung. Es bezieht sich auf das Nicht-Gegebene bzw. Abwesende, dessen Vergegenwärtigung im Bild geleistet ist. [...]

Iser verweist hier darauf, dass bei der Betrachtung der Verfilmung eines bereits gelesenen Romans der Unterschied zwischen der Bebilderung der eigenen Vorstellung und der eines anderen (z. B. der des Regisseurs) deutlich wird. Es ist zugleich der Unterschied von Wahrnehmung und Vorstellung. Aus der von der Kamera wahrgenommenen und dargestellten Welt ist der Betrachter ausgeschlossen, Konstitutionsaktivität findet hier nicht statt. Die fiktionale Welt aus dem Buch aber ist durch die individuelle Konstitutionsleistung in seiner Vorstellung zur Welt des Lesers geworden.

Daraus ergibt sich im Prinzip zweierlei: Durch die Vorstellung produzieren wir ein Bild des imaginären Gegenstandes, der als solcher im Unterschied zur Wahrnehmung nicht gegeben ist. Doch indem wir uns etwas vorstellen, sind wir zugleich in der Präsenz des Vorgestellten; denn dieses existiert während seines Vorgestelltseins nur durch uns, so daß wir in der Gegenwart dessen sind, was wir hervorgebracht haben. [...]

2. Der affektive Charakter des Vorstellungsbildes

[...] Charakterisieren sich die von uns im Lesen gebildeten Vorstellungsgegenstände dadurch, daß sie Abwesendes bzw. Nicht-Gegebenes zur Präsenz bringen, so besagt dieses immer zugleich, daß wir in der Präsenz des Vorgestellten sind. Ist man aber in einer Vorstellung, so ist man nicht in der Realität. In der Gegenwart einer Vorstellung zu sein bedeutet daher stets, eine gewisse Irrealisierung zu erleben; denn eine Vorstellung ist insofern eine Irrealitätssetzung, als ich durch sie mit etwas beschäftigt bin, das mich aus der Gegebenheit meiner Realität heraushebt. Deshalb spricht man auch oft von den Fluchtreaktionen, die die Literatur zu gewähren scheint, und qualifiziert damit häufig nur jenen in der Lektüre geschehenden Vorgang der Irrealisierung. Wenn nun ein fiktionaler Text über die von ihm hervorgerufenen Vorstellungen den Leser zumindest für die Dauer der Lektüre irrealisiert, so ist es nur folgerichtig, wenn am Ende eines solchen Vorganges ein ‚Erwachen' stattfindet. Dieses hat oft den Charakter der Ernüchterung und ist dort besonders deutlich zu verspüren, wo uns ein Text gefesselt hat. [...] Geschieht im Vorstellungsbild eine Irrealisierung des Lesers, so ist diese Irrealisierung die Bedingung dafür, daß ihm im Bild das Ungesagte der Zeichenbeziehung als Realität erscheinen kann. Dadurch vermag die vom Leser produzierte Sinnkonfiguration zu einer Erfahrung zu werden.

3. Vorstellungsbildung

Das Bild ist die Erscheinungsweise des imaginären Gegenstandes. Dieser besitzt jedoch im Blick auf die Literatur eine Besonderheit, die ihn von jenen Gegenständen unterscheidet, deren bloße Abwesenheit im Bild vergegenwärtigt wird. [...] Im lebensweltlichen Verhalten dient das Vorstellungsbild vornehmlich einer solchen Vergegenwärtigung abwesender, aber doch existierender Gegenstände, deren Erscheinungsweise natürlich von dem Wissen abhängt, das man von diesem Gegenstand hat und das folglich in die Vorstellungstätigkeit eingebracht werden muß. Dem imaginären Gegenstand fiktionaler Texte aber fehlt die Qualität empirisch vorhandener Existenz. Hier wird nicht ein abwesender, ansonsten aber existierender Gegenstand vergegenwärtigt, sondern vielmehr ein solcher erzeugt, der nicht seinesgleichen hat. Nicht die Abwesenheit bildet den Anstoß zu seiner Hervorbringung; vielmehr ist seine Erscheinungsweise eher ein Zuwachs zu jenem vorhandenen Wissen, das auch für seine Hervorbringung eine Rolle spielt. Damit ist zugleich gesagt, daß das Vorstellungsbild eines existierenden, wenngleich abwesenden Objekts durch die Kenntnis des Objekts kontrolliert werden kann, während jenes Objekt, das sich als ein Zuwachs einstellt, sich der Kontrolle eher zu entziehen scheint. Deshalb sind die Phasen seines Zustandekommens wichtig; denn die Vorstellungsbildung in fiktionalen Texten vollzieht sich über bestimmte Vorgegebenheiten, die jedoch bloß eine Steuerungsfunktion besitzen und nicht selbst im Vorstellungsbild vergegenwärtigt werden sollen. In den Phasen der Vorstellungsbildung vollziehen sich die passiven Synthesen während der Lektüre eines fiktionalen Textes; in diesem Vorgang entstehen Bilder, die etwas zur Erscheinung bringen, das es im Blick auf das vorhandene Wissen noch nicht gegeben hat. [...]

Die so verlaufende Vorstellungsbildung ist in ihrer Abfolge wesentlich durch die zeitliche Erstreckung der Lektüre bedingt. Das Lesen bringt durch seinen Verlauf eine Zeitachse hervor, auf der sich die von der Vorstellung erzeugten imaginären Objekte im Nacheinander versammeln. Folglich läuft auf der Zeitachse alles zusammen, was die Vorstellung hervorgebracht hat, so gegenläufig und heterogen das im einzelnen auch sein mag. Ein solches Nacheinander ermöglicht dann, Unterschiede, Kontraste und Oppositionen zwischen den im Lektüreprozeß erzeugten Vorstellungsgegenständen zu gewärtigen. Die Zeitachse erfährt dadurch ihre Gliederung, und die imaginären Objekte gewinnen im Abheben voneinander ihre jeweilige Identität. Verdeutlicht der Zeitfaktor die Differenz, die zwischen den einzelnen Vorstellungsgegenständen herrscht, so ist deren Unterscheidung voneinander für den zeitlichen Verlauf der Lektüre wiederum Anstoß, sie aufeinander zu beziehen. „Es ist also", wie Husserl einmal formuliert hat, „ein allgemeines Gesetz, daß an jede gegebene Vorstellung sich von Natur aus ein kontinuierliche Reihe von Vorstellungen anknüpft, wovon jede den Inhalt der vorhergehenden reproduziert, aber so, daß sie der neuen stets das Moment der Vergangenheit anheftet."[140] [...]

Die schematische Darstellung der Sinnkonstitution hat [...] erkennen lassen, in welchem Maße der Leser im Verlauf der Vorstellungsbildung zwei eng miteinander verbundene Aktivitäten vollzieht: 1. die Entfaltung der im Text vorgegebenen Aspekte zu Vorstellungsgegenständen, und 2. deren ständige Modifikation auf der Zeitachse der Lektüre.

In diesem Vorgang stellt der Leser seine synthetische Aktivität einer fremden Realität (der des Textes) zur Verfügung und gerät dadurch in eine Zwischenlage, die ihn für die Dauer der Lektüre aus dem heraushebt, was er ist. Daraus folgt, daß der Leser durch den Prozeß der Sinnkonstitution selbst in einer bestimmten Weise konstituiert wird; durch das, was der Leser bewirkt, geschieht ihm auch immer etwas.

Faßbar ist diese Erfahrung noch am ehesten in dem Wunsch, nun die Bedeutung des Sinnes begreifen zu wollen. Die unentwegte, weil unvermeidliche Frage nach der Bedeutung zeigt an, daß in der Sinnkonstitution etwas mit uns geschehen ist, dessen Bedeutung wir uns klarzumachen versuchen. Sinn und Bedeutung also sind nicht dasselbe [...]. Denn die Bedeutung des Sinnes erschließt sich immer nur durch die Beziehung des Sinnes auf eine bestimmte Referenz; sie übersetzt den Sinn in ein Bezugssystem, und sie legt ihn im Blick auf bekannte Gegebenheiten aus. [...] Daraus folgt, daß die intersubjektive Struktur der Sinnkonstitution sehr viele Bedeutungen haben kann [...].

Daher sollte der Unterschied von Sinn und Bedeutung festgehalten werden. Beide bezeichnen Stufen des Verstehens, [...]. Sinn ist die in der Aspekthaftigkeit des Textes implizierte Verweisungsganzheit, die im Lesen konstituiert werden muß. Bedeutung ist die Übernahme des Sinnes durch den Leser in seine Existenz. Sinn und Bedeutung zusammen garantieren dann erst das Wirksamwerden einer Erfahrung, die darin besteht, das ich in der Konstituierung einer fremden Realität selbst in einer bestimmten Weise konstituiert werde. [...]

4. Die Konstituierung des lesenden Subjekts

(Iser zitiert hier am Anfang Edmung Husserl:)

„Während Realitäten an sich sind, was sie sind, ohne Frage nach Subjekten, die sich auf sie beziehen, sind Kulturobjekte in bestimmter Weise subjektiv, aus subjektivem Tun entspringend und an Subjekte als personale Subjekte sich andererseits adressierend, sich ihnen etwa darbietend als für sie nützlich, als für sie und für jedermann unter passenden Umständen brauchbare Werkzeuge, als für ihr ästhetisches Genießen bestimmt und dazu geeignet usw. Sie haben Objektivität, eine Objektivität für ‚Subjekte' und zwischen Subjekten. Die Subjektbeziehung gehört zu ihrem eigenwesentlichen Inhalt selbst, mit dem sie jeweils gemeint und erfahren sind ..."[141].
[...] Fordert die Sinnkonstitution des Textes die Beteiligung des Lesers, der die ihm vorgegebene Struktur realisieren muß, um den Sinn zur Erscheinung zu bringen, so

---

[140] Edmund Husserl: *Zur Phänomenologie des inneren Zeitbewußtseins.* GW Bd. X, Den Haag 1966, S. 11.
[141] Edmund Husserl: *Phänomenologische Psychologie.* GW Bd. IX, Den Haag 1968, S. 118.

darf man nicht vergessen, daß der Leser immer diesseits des Textes steht. Auf diese Position muß der Text Einfluß nehmen, um den Leserblickpunkt in einer bestimmten Weise ins Spiel zu bringen. Denn die Sinnkonstitution ist keine einseitige Forderung des Textes an den Leser; vielmehr gewinnt sie ihren Sinn erst dadurch, daß in einem solchen Vorgang dem Leser selbst etwas widerfährt. Wenn daher Texte als „Kulturobjekte" des Subjekts bedürfen, so nicht um ihrer selbst willen, sondern um sich im Subjekt auswirken zu können. [...]

Bücher sind zwar eigentlich die verschriftlichten Gedanken eines anderen, aber wenn der Leser sich diesen Gedanken widmet, sind es schließlich auch seine, denn alles, was gedacht wird, gehört zur geistigen Welt dessen, der es denkt. Die sonst plausible Trennung von Subjekt und Objekt in der Wahrnehmung wird so in der Lektüre aufgehoben.

[...] Indem es die fremden Gedanken denkt, muß sich das Subjekt den Text gegenwärtig machen und damit das, was es bestimmt, hinter sich lassen. [...] Gegenwärtigkeit heißt Herausgehobensein aus der Zeit; die Vergangenheit ist ohne Einfluß, und die Zukunft bleibt unvordenklich. Eine Gegenwart, die ihre temporalen Bestimmungen abgestreift hat, gewinnt für den, der in ihr ist, den Charakter des Ereignisses. Man muß sich vergessen, um dem Geforderten gewachsen zu sein. Daraus entspringt dann der Eindruck, daß man in der Lektüre eine Verwandlung durchlebt. [...] Dadurch konstituiert der Text eine jeweilige Bestimmtheit des lesenden Subjekts. [...]

IV INTERAKTION VON TEXT UND LESER

1. Was sind die Bedingungen der Interaktion von Text und Leser?
2. Welche Rolle spielt dabei die Asymmetrie und welche Funktion haben Leerstelle und Negation?
3. Was genau ist die Leerstelle?
4. Wie wirken Anschließbarkeit und *good continuation* bei der Vorstellungsbildung zusammen?

A Die Asymmetrie von Text und Leser

1. Bedingungen der Interaktion

[...] Das Lesen als eine vom Text gelenkte Aktivität koppelt den Verarbeitungsprozeß des Textes als Wirkung auf den Leser zurück. Dieses wechselseitige Einwirken aufeinander soll als Interaktion bezeichnet werden. [...]

Es gibt jedoch keine gemeinsame Interaktionsbasis, keine Erfahrungskongruenz zwischen Text und Leser. Den Studenten, die die *Ballade vom Ofensetzer* gelesen haben, war die Lebenswirklichkeit von Günter Kunert weitgehend fremd. Das bedeutet, es gibt eine →

[...] fundamentale Asymmetrie von Text und Leser, die sich in der mangelnden Gemeinsamkeit einer Situation und in der mangelnden Vorgegebenheit eines gemeinsamen Bezugsrahmens anzeigt. Hier wie dort aber ist der Mangel ein Antrieb, und das heißt, die Unbestimmtheitsgrade, die in der Asymmetrie von Text und Leser stecken, teilen mit der Kontingenz bzw. dem *no-thing* zwischenmenschlicher Interaktion die Funktion, Konstituens der Kommunikation zu sein. Die Unbestimmtheitsgrade der Asymmetrie, der Kontingenz und des *no-thing* sind daher nur verschiedne Formen einer konstitutiven Leere, durch die sich Interaktionsverhältnisse begründen. Diese Leere ist den genannten Verhältnissen jedoch nicht wie ein ontologisches Fundament vorgegeben, sondern bildet und verändert sich durch das herrschende Ungleichgewicht in dyadischer Interaktion bzw. in der Asymmetrie von Text und Leser. Das Gleichgewicht läßt sich nur über die Aufhebung des Mangels einpendeln, weshalb die konstitutive Leere ständig durch Projektionen besetzt wird. Die Interaktion scheitert, wenn die wechselseitigen Projektionen der Partner keine Veränderung erfahren bzw. wenn die Projektionen des Lesers sich widerstandslos dem Text überlagern.

Die im Text vorhandenen Steuerungsimpulse können einen kommunikativen Rahmen realisieren. Es entsteht zwar keine face-to-face-Situation, durch Leerstellen kann der Leser jedoch stimuliert werden, das Ausgesparte zu besetzen und damit von seinem Standpunkt aus die Kommunikation aufzunehmen.

[...] Denn es kennzeichnet die Leerstellen eines Systems, daß sie nicht durch das System selbst, sondern nur durch ein anderes System besetzt werden können. Geschieht dies, dann kommt im vorliegenden Falle die Konstitutionsaktivität in Gang, wodurch sich diese Enklaven als ein zentrales Umschaltelement der Interaktion von Text und Leser erweisen. Leerstellen regulieren daher die Vorstellungstätigkeit des Lesers, die nun zu Bedingungen des Textes in Anspruch genommen wird. Eine weitere Systemstelle im Text für diese Interaktion sind die verschiedenen Negationspotentiale, durch die bestimmte Durchstreichungen im Text erfolgen. Leerstellen und Negationspotentiale steuern den sich entfaltenden Kommunikationsvorgang auf unterschiedliche Weise. [...] Die Leerstellen sparen die Beziehungen zwischen den Darstellungsperspektiven des Textes aus und ziehen dadurch den Leser zur Koordination der Perspektiven in den Text hinein: sie bewirken die kontrollierte Betätigung des Lesers im Text. Die Negationspotentiale rufen Bekanntes oder Bestimmtes auf, um es durchzustreichen; als Durchgestrichenes jedoch bleibt es im Blick und verursacht angesichts seiner gelöschten Geltung Modifizierungen in der Einstellung: die Negationspotentiale bewirken damit die Situierung des Lesers zum Text. Durch die Leerstellen sowie die Negationen des Textes gewinnt die der Asymmetrie von Text und Leser entspringende Konstitutionsaktivität eine bestimmte Struktur, die den Interaktionsprozeß aussteuert. [...]

B   Antriebe der Konstitutionsaktivität

1. Vorüberlegung

[...] Die Nicht-Identität von Fiktion und Welt sowie von Fiktion und Empfänger ist die konstitutive Bedingung ihres kommunikativen Charakters. Die mangelnde Dekkung manifestiert sich in Unbestimmtheitsgraden, die zunächst weniger solche des Textes als vielmehr solche der im Lesen hergestellten Beziehung von Text und Leser sind. Unbestimmtheitsgrade dieser Art funktionieren als Kommunikationsantriebe und bedingen die ‚Formulierung' des Textes durch den Leser. Denn die Formulierung ist die essentielle Komponente eines Systems, von dem man nur eine unvollkommene Kenntnis hat. [...]
Zentrale Strukturen von Unbestimmtheit im Text sind seine Leerstellen wie auch seine Negationen. Sie gilt es als Kommunikationsbedingungen zu begreifen, da sie die Interaktion zwischen Text und Leser in Gang bringen und bis zu einem gewissen Grade regulieren. [...]

2. Die Leerstelle als ausgesparte Anschließbarkeit

Ergeben sich Leerstellen aus den Unbestimmtheitsbeträgen des Textes, so sollte man sie wohl Unbestimmtheitsstellen nennen, wie es Ingarden getan hatte. Leerstellen indes bezeichnen weniger eine Bestimmungslücke des intentionalen Gegenstandes bzw. der schematisierten Ansichten als vielmehr die Besetzbarkeit einer bestimmten Systemstelle im Text durch die Vorstellung des Lesers. Statt einer Komplettierungsnotwendigkeit zeigen sie eine Kombinationsnotwendigkeit an. Denn erst wenn die Schemata des Textes aufeinander bezogen werden, beginnt sich der imaginäre Gegenstand zu bilden, und diese vom Leser geforderte Operation besitzt in den Leerstellen ein zentrales Auslösemoment. Durch sie ist die im Text ausgesparte Anschließbarkeit seiner Segmente signalisiert. Folglich verkörpern sie die ‚Gelenke des Textes', denn sie funktionieren als die ‚gedachten Scharniere' der Darstellungsperspektiven und erweisen sich damit als Bedingung der jeweiligen Anschließbarkeit der Textsegmente aneinander. Indem die Leerstellen eine ausgesparte Beziehung anzeigen, geben sie die Beziehbarkeit der bezeichneten Positionen für die Vorstellungsakte des Lesers frei; sie ‚verschwinden', wenn eine solche Beziehung vorgestellt wird.
[...] So wird die Individualisierung der Redeabsicht in hohem Maße durch die Grade der beachteten Anschließbarkeit garantiert. Leerstellen indes unterbrechen diese Anschließbarkeit und signalisieren damit zweierlei: die ausgefallene Beziehung sowie die Erwartungen des habituellen Sprachgebrauchs, in dem Anschließbarkeit pragmatisch geregelt ist. Daraus ergeben sich verschiedene Funktionen, die Leerstellen in fiktionalen Texten zu erfüllen vermögen. Als Unterbrechung der Anschließbarkeit werden sie zum Kriterium dafür, die fiktionale Sprachverwendung von der alltäglichen abzuheben: Was in alltäglicher Sprachverwendung immer schon gegeben ist, muß in fiktionaler erst geleistet werden.
[...] so läuft die von Leerstellen unterbrochene Anschließbarkeit in fiktionalen Texten in eine entgegengesetzte Richtung. Sie eröffnen eine Möglichkeitsvielfalt, wodurch die Anschließbarkeit der Schemata zu einer Selektionsentscheidung des Lesers wird. [...] Leerstellen indes stecken nicht nur im Repertoire, sondern ebenso

in den Strategien. Der Text als perspektivisches Gebilde erfordert eine ständige Beziehung seiner Darstellungsperspektiven aufeinander. Da aber diese Perspektiven sich im Textgewebe durchschichten, gilt es, die Beziehung zwischen den verschiedenen Segmenten einer jeweiligen Perspektive sowie zwischen den Segmenten verschiedener Perspektiven im Lesevorgang unentwegt herzustellen. Oftmals stoßen diese Segmente unvermittelt aneinander. [...]

Die Kategorie der Anschließbarkeit ist nicht nur auf die Textbildung beschränkt, sie besitzt auch eine psychologische Relevanz, die sich in dem wahrnehmungspsychologischen Begriff der *good continuation* fassen läßt[142]. Dieser meint die konsistente Verbindung von Wahrnehmungsdaten zu einer Wahrnehmungsgestalt sowie das Anschließen von Wahrnehmungsgestalten aneinander. [...]

So bewirkt in der Regel die von Leerstellen unterbrochene *good continuation* eine verstärkte Kompositionsaktivität des Lesers, der nun die kontrafaktisch, oppositiv, kontrastiv, teleskopierend oder segmentierend angelegten Schemata – oftmals gegen eine entstehende Erwartung – kombinieren muß. Je nach dem Umfang der Leerstellenbeträge wird es zu einem entsprechenden Andrang der Vorstellungen kommen. [...]

In diesem Vorgang kommt die ästhetische Relevanz der Leerstelle zum Vorschein. Halten wir zunächst fest: Als Unterbrechung der *good continuation* hat sie einen entscheidenden Anteil an der Vorstellungsbildung. Diese gewinnt ihre Intensität dadurch, daß gebildete Vorstellungen wieder preisgegeben werden müssen. Folglich bewirkt es die Leerstelle, daß Vorstellungen ersten und zweiten Grades entstehen. Vorstellungen zweiten Grades sind solche, mit denen wir auf gebildete Vorstellungen reagieren. [...] der Leser soll einen *sense of discernment*[143] erwerben, und dazu gehört offenbar die Abstraktion vom eigenen Verhalten, um die für die Einsicht notwendige Distanz von seinen eigenen Orientierungen zu gewinnen. Vorstellungen zweiten Grades ergeben sich immer dann, wenn die von der Vorstellung ersten Grades geweckte Erwartung nicht eingelöst wird. Indem Leerstellen die *good continuation* unterbrechen, werden sie zur Bedingung für die Kollision von Vorstellungen in der Lektüre. Leerstellen vermögen daher im Prinzip durch die von ihnen ausgelöste Kollision der Vorstellungen die Vorstellungsbildung selbst zu erschweren. Dadurch werden sie ästhetisch relevant. [...]

Haben die Leerstellen durch die Unterbrechung der *good continuation* einen wichtigen Anteil an der von ihnen ausgelösten Kollision der Vorstellungen, so besagt dies, daß die Lebhaftigkeit unserer Vorstellung proportional zu den Leerstellenbeträgen ansteigt. [...]

Bedingen die ausgesparten Anschlüsse und die daraus resultierende Unterbrechung der *good continuation* eine Steigerung der Vorstellungstätigkeit, so erweist sich die Leerstelle im Text als eine elementare Kommunikationsbedingung. Diese kann dann von fiktionalen Texten in unterschiedlicher Weise genutzt werden [...].

3. Die funktionale Struktur der Leerstelle

[...] Leerstellen sind als ausgesparte Anschließbarkeit der Textsegmente zugleich die Bedingungen ihrer Beziehbarkeit. Als solche indes dürfen sie keinen bestimmten In-

---

[142] Begriff nach Aron Gurwitsch, in: *The Field of Consciousness*. Pittsburgh 1964, S. 150.
[143] Begrff nach John Preston, in: *The Created Self. The Reader's Role in Eighteenth-Century Fiction*. London 1970, S. 114.

halt haben; denn sie vermögen die geforderte Verbindbarkeit der Textsegmente nur anzuzeigen, nicht aber selbst vorzunehmen. Als sie selbst lassen sie sich daher auch nicht beschreiben, denn als ‚Pausen des Textes' sind sie nichts; doch diesem ‚nichts' entspringt ein wichtiger Antrieb der Konstitutionsaktivität des Lesers. Immer dort, wo Textsegmente unvermittelt aneinander stoßen, sitzen Leerstellen, die die erwartbare Geordnetheit des Textes unterbrechen. [...]

Iser weist dazu ausführlich auf die kommerzielle Nutzbarmachung der Leerstelle und der *good continuation* in Form des Fortsetzungsromans hin.

Um diese Struktur zu verdeutlichen, muß noch einmal daran erinnert werden, in welch unterschiedlicher Form die Textsegmente dem Leserblickpunkt gegeben sind. Ihre elementarste Form zeigen sie auf der Ebene der erzählten Geschichte. Da brechen Handlungsstränge ab und werden durch unvorhersehbare Ereignisse fortgeführt. Da gruppiert sich ein Erzählabschnitt um eine Person, um dann mit der abrupten Einführung neuer Personen fortgesetzt zu werden. Oft sind solche unvermittelten Zusammenstöße von Segmenten der erzählten Geschichte durch Kapitel markiert und damit deutlich voneinander abgesetzt – doch nicht, um zu trennen, sondern um das Auffinden der ausgesparten Beziehung anzuzeigen. [...]

Die strukturbildende Eigenschaft der Leerstelle wird u. a. darin wirksam, dass sie die Feldstruktur des Leserblickpunkts organisiert, im Feld verschiebbar ist und heterogene Segmente verbinden oder gleichschalten kann. Außerdem kann die Leerstelle das Wechselverhältnis von Thema und Horizont aktivieren. Als Sinninstruktion kann sie Beziehbarkeit, wechselseitige Auslegung und das Umspringen des Blickpunktes regeln. Die Negation als besonderer Typ Leerstelle zeigt, dass der Text etwas verschweigt, was er aber konturiert, also als Hohlform angibt, was der Leser erst formulieren muss (bei Kunert könnte es das Motiv des „Sich-Einmauerns" sein). Moderne Literatur zeigt häufig die primäre Negation des Themas und kann so wiederum die Vorstellungstätigkeit mobilisieren.

[Die Leerstelle -TS] gewinnt so den Charakter einer sich selbst regulierenden Struktur, die allerdings immer nur in der Wechselwirkung von Text und Leser zu funktionieren beginnt. Markiert der Ortswechsel der Leerstelle im Blickfeld des Lesers die aufeinander abgestimmten Teiloperationen der Struktur, so ist die Struktur der Leerstelle ein zentraler Konstitutionsmodus des Textes im Lesevorgang. Dadurch erweist sich die von der Leerstelle ausgelöste Aktivität zugleich als die Lenkung dieser Aktivität. So ermöglicht die Leerstelle die Beteiligung des Lesers am Vollzug des Textgeschehens. Beteiligung heißt im Blick auf diese Struktur, daß der Leser weniger von den manifestierten Positionen des Textes auszugehen habe als vielmehr von den Aktionen, die man auf diese ausüben kann. [...] Die Leerstelle macht die Struktur dynamisch, da sie bestimmte Offenheiten markiert, die sich nur durch die vom Leser zu leistende Strukturierung schließen lassen. In diesem Vorgang gewinnt die Struktur ihre Funktion. [...]

Soweit Wolfgang Iser.

Der Prozess, der sich beim Lesen abspielt, ist also keine geradlinige oder Ad-hoc-Bewegung. Er ist an die genannten Bedingungen und Strukturen geknüpft und verläuft in Phasen.

Nun wäre es hier sicher wünschenswert, die Rezeption von Günter Kunerts *Ballade vom Ofensetzer* wirkungsästhetisch schrittweise, wie oben erläutert, herzuleiten. Gleichzeitig ist offensichtlich geworden, dass das nicht möglich ist. Jeder Leser realisiert eine andere Aktstruktur des Textes. Jeder Leser konkretisiert die Unbestimmtheitsstellen oder die Leerstellen und Negationen anders. Selbst wenn primär eine gleiche Selektionsentscheidung getroffen wird (z. B. der Text ist doch keine Ballade), ist die sekundäre Entscheidung, die darauf basiert (was ist es denn?), schon verschieden. Aus dem zentralen Satz Isers, „Das Werk ist das Konstituiertsein des Textes im Bewußtsein des Lesers", spricht die zwingende Individualität eines Leseprozesses, gleich einem Fingerabdruck; mit keinem anderen identisch, wie jedes Bewusstsein einzigartig ist.

So bleibt also die letzte Aufgabe für Sie, lieber Leser. Nehmen Sie den Text von Günter Kunert ein letztes Mal her, oder vielleicht auch einen anderen, dem Sie ohne Vorleistung begegnen, und versuchen Sie, Ihre wichtigen Konkretisierungsleistungen während des Aktes, in dem Sie lesen, zu beschreiben.

Wenn auch sicher ein großer Teil der Konstitutionsaktivität automatisch und weniger bewusst abläuft, so kann man doch wichtige Stellen und Selektionsentscheidungen benennen. Man kann den individuellen Rezeptionsprozess als Zusammenspiel von Text- und Aktstruktur an vielen Stellen kenntlich machen, kann auf die Unbestimmtheitsstellen verweisen, die produktiv geworden sind, und die Vorstellungsbildungen nachempfinden.

Versuchen Sie es.

7 Schlussbemerkung

„Der Mensch begreift Bücher erst, wenn ihm ein gewisses Maß an Leben zuteil wurde."
Ezra Pound

Bücher existieren als Druckerzeugnisse geduldig und jahrzehntelang unangetastet in Regalen und Bibliotheken. Aber zu Kunstwerken können sie erst werden, indem man sie liest. Die Rolle, die der Leser spielt, für die Literaturkritik, die Literaturgeschichte, für die Kanonbildung und beim Aufzeigen von Lesarten ist eine zentrale und ihre Anerkennung wächst. Der Leser erst macht das Buch zum Weltgegenstand.

Und die Antwort auf die eingangs gestellte Frage, wer denn nun der Meister ist, der Autor oder der Leser, war vor der Arbeit mit diesem Buch sicher spontan und leichter zu entscheiden; natürlich ist der Dichter der Meister! – Aber jetzt? Der Leser hat in der Literaturwissenschaft aufgeholt, er steht jetzt ganz anders da.

„Die Freiheit des Lesers ist die Kehrseite seiner Absorbtion durch den Text, seines Rollenspiels und seiner Textfunktion. Der Leser kann eigenwillige Kontexte zum Text setzen; er kann willkürlich und experimentell unterschiedliche Perspektiven einnehmen, den Text satirisch, komisch, bloß historisch, sentimentalisch den Zeitabstand und die versunkene Welt genießend, nostalgisch, aus kritischem Stilinteresse, bloß stofflich, denunziativ, mit Laune, Wut und Empörung (also keinesfalls hermeneutisch textadäquat) usw. lesen"[144]. Er macht aus dem Buch, was er will, was ihm entspricht: *sein* Buch. Er kann gar nicht anders. Aus lauter solchen mehr oder weniger freien Aneignungen setzt sich die Weltliteratur zusammen.

Wenn uns nun tatsächlich beim Lesen von Literatur etwas geschieht, was uns auf keinem anderen Wege geschehen kann, rückt erneut die Frage in den Vordergrund, welche Bedeutung das Lesen für unser Leben hat.

Nimmt man sich einen Roman von Franz Kafka, eine Kurzgeschichte von Heinrich Böll, eine Fabel von Gotthold Ephraim Lessing oder eine Novelle von Heinrich von Kleist oder etwas anderes vor, was man noch nicht oder nur einmal vor sehr langer Zeit gelesen hat, oder versucht man, die individuellen Sinnvollzüge im Lesen auch an einem Dramentext oder an einem Gedicht zu erkennen, wird sicher kaum das Ineinandergreifen von Text- und Aktstruktur oder die Leerstelle als Signal spürbar.

Sicher wird sich auch kaum die Mehrschichtigkeit als System oder jedes einzelne Vorstellungsbild im Bewusstsein abbilden. Auch der Erwartungshorizont in seiner Komplexität oder die eingeschriebene implizite Leserrolle sind beim Lesen kaum wahrnehmbar. All das vollzieht sich weitgehend von selbst.

---

[144] Fischer Lexikon Literatur. Bd. II, S. 986f.

Das Ergebnis jedoch ist spürbar. Es ist ein Zuwachs an Erfahrung, an Kenntnis und ein Zuwachs an Übung darin, Verfügbares und Bekanntes mit Neuem zu konfrontieren und den eigenen Horizont umzubilden, und das in Bereichen, die uns niemals als reale Erfahrungen zur Verfügung stünden. Es werden uns Zeiten, Räume, Themen, Charaktere, Urteils- und Denkweisen zugemutet, denen wir uns real kaum so nähern könnten – oder wollten. Nun müssen wir sie in unseren Erfahrungshorizont integrieren und diesen dabei umstrukturieren, nach der Lektüre ist nichts wie vorher. *Wie* das abläuft, konnte Wolfgang Iser überzeugend als Prozess darstellen.

Was da für eine Welt im Kopf entstanden ist und was sie dem Leser bedeutet, ob und wie er sich darin zu erkennen vermag und wozu ihm das Erfahrene verhilft, weiß er nur selbst. Erkennbar ist ein solches individuelles Rezeptionsergebnis an den eigenen Thesen zur Interpretation, wie sie zu Günter Kunerts *Ballade vom Ofensetzer* im Kapitel 4.3 im rezeptionsästhetischen Deutungsansatz vorgestellt wurden.

Das Erarbeitete soll nun zum bewussteren Lesen ermuntern, es soll den mündigen Leser ermutigen, der Selbstgenügsamkeit der Textinterpretation nun ein Ende zu setzen. Dass Interpretation „ohne Reflexion auf ihre Annahmen und Interessen"[145] nicht mehr auskommt, steht jetzt sicher außer Frage.

Wie geht es weiter?
Die Rezeptionsästhetik bleibt als Theorie eine heterogene Konstruktion. Sie bedient sich verschiedener Ansätze aus Philosophie, Sprachwissenschaft, Pädagogik, Psychologie, Soziologie, Kommunikations- und Buchwissenschaft.
In diese Bereiche kann sie jetzt auch wieder münden, sie kann der philosophischen Hermeneutik dienen, indem sie Wahrnehmungsstrategien ausweist und praktische Phänomenologie versucht.
Die Rezeptionstheorie kann die Kommunikationswissenschaft um die Spezifik des Autor-Leser-Dialoges (deren Begegnung im Text) bereichern und sie kann die soziologische und pädagogische Psychologie, die dem Problem nachzugehen hat, warum die Lesebereitschaft zurückgeht, Einsichten liefern und Material bieten, um Lesertypologien zu profilieren. Damit könnte die Lesemotivation gezielter vorangebracht werden. Empirische Untersuchungen zum Verhältnis Persönlichkeitsprofil und Leseverhalten können an die Rezeptionstheorie anbinden.
Damit sind naheliegende Anknüpfungspunkte und Ausblicke empfohlen, das Literaturverzeichnis im Anhang kann eine erste Orientierung für weiterführende Lektüren geben.

„Denn das Verlangen zu lesen ist wie alle anderen Sehnsüchte, die unsere unglückliche Seele aufwühlen, der Analyse fähig."
Virginia Woolf, *Sir Thomas Browne.*

---

[145] Wolfgang Iser: *Der Akt des Lesens.* München 1994, S. 8.

8 Glossar

Alle Termini[146], die hier zusammengestellt sind, beziehen sich in ihrer Begriffsbestimmung auf den in diesem Buch dargestellten Zusammenhang und sind auf
ihren Geltungsrahmen innerhalb der Rezeptionstheorie konzentriert.

Aktualisierung
Rezeption als Aktualisierung meint das Verstehen und das Deuten eines Werkes auf der
Grundlage der Interessen und Gegebenheiten des jeweiligen Lesers in seiner Zeit. Das „aktuelle" Verstehen kann sich auf kulturelle Epochen wie auch auf einzelne Momente des Leser-
befindens beziehen und fällt entsprechend unterschiedlich aus.

Appellstruktur
Die Appellstruktur umfasst alle Wirkungsfaktoren eines Werkes, die die Aufmerksamkeit des
Lesers erregen und lenken können. Diese Textsignale sind die Unbestimmtheitsbeträge des
Textes, auf die der Rezipient beim Lesen reagiert. Hat der Text genügend Attraktionskraft,
antwortet der Leser mit seiner Interessenstruktur. Die Appellstruktur ist Auslöser für die In-
teraktion zwischen Text und Leser.

Applikation
Applikation, auch Anwendung, meint, den Text einer Situation anzupasssen. Einen Text zu
verstehen heißt, ihn auf die Gegenwart anzuwenden (ähnlich wie juristische Gesetze auf einen
Fall angewendet werden). Aus der Hermeneutik hergeleitet betont der Begriff für den Lese-
vorgang den Zusammenhang von *Verstehen, Auslegen und Anwenden.*
Applikation kann auch Aktualisierung bedeuten.

Ästhetik
Die ursprünglich als Lehre von der Erkenntnis durch sinnliche Wahrnehmung entwickelte
philosophische Richtung bezeichnet heute die Wissenschaft der Kunst, ihr Wesen, ihre Gesetze, ihre Gattungen und die Prinzipien ihrer Entstehung und Aufnahme. Das **ästhetische Objekt** ist Reflex und Korrelat des materiellen Kunstgegenstandes im Bewusstsein des Lesers.
Es spiegelt sowohl literarische (auch kulturelle, künstlerische) Normen wie die Leserindivi-
dualität. Der literarische Text besteht aus zwei Komponenten: dem Artefakt, der in Laut oder
Schrift materialisierten Ebene des Textes, und dem ästhetischen Objekt, das erst in der Rezeption generiert wird. Es konstituiert sich erst in der konkreten Interaktion zwischen Text
und einem Leser, der den Zeichen mit Hilfe seiner Sprachkompetenz und seiner eigenen Er-
fahrungswelt Bedeutungen zuordnen kann.

Autor
Der Autor ist der Verfasser eines Werkes der Literatur. Traditionell wird der Autor gedacht
als intentionales Subjekt, das einen bestimmten Sinn in einen Text hineinlegt und beabsich-

---

[146] Grundlage der Begriffsbestimmung bilden die Darstellungen in: Warning, Rainer (Hg.): *Rezeptionsästhetik.*
Theorie und Praxis. München 1993, in: *Fischer Lexikon Literatur.* Bd. I-III, Hg. Ulfert Ricklefs, Frankfurt a. M.
1996, und: *Grundzüge der Literaturwissenschaft.* Hg.: Heinz Ludwig Arnold und Heinrich Detering, dtv München 1996, und: Gero von Wilpert: *Sachwörterbuch der Literatur.* Stuttgart 1989.

tigt, dass ein Leser dem Text wiederum Sinn entnimmt.[147] Das Konzept des Autors als eines selbstmächtigen Schöpfers von autonomen Werken entstand gegen Ende des 18. Jahrhunderts, seitdem gilt der Bezug zum Autor als eines der diskursiven Merkmale literarischer Texte. Die Theorie und künstlerische Praxis der Moderne problematisiert dieses Dogma heftig.

Bild, poetisches
Terminologisch nicht fest umrissener, zusammenfassender Ausdruck für Metaphern und Vergleiche, die bildliche Elemente enthalten, sowie für die sprachliche Sichtbarmachung und Vergegenwärtigung von Anschauungen, Vorstellungen und Erkenntnissen.

Vorstellungsbildung
Die Vorstellungsbildung beim Lesen ist (nach Iser) die Erscheinungsweise eines imaginären Gegenstandes im Bewusstsein. Im Gegensatz zur Vorstellung eines zwar abwesenden, aber existierenden Gegenstandes fehlt dem zu imaginierenden Gegenstand fiktionaler Texte die Qualität empirisch vorhandener Existenz. Deshalb wird jedesmal ein einmaliger Gegenstand erzeugt, der aus der Konfrontation des (vorhandenen) Leserhorizonts mit dem neuen des Textes entsteht, indem der Leser auf die Textstruktur mit Konkretisation reagiert. So entstehen viele einzelne Vorstellungsbilder, die sich in kontinuierlichen Reihen fortsetzen. Jedes dieser Bilder erzeugt neue Bilder und so fort.

Code
Codes sind Vorschriften der Kommunikationstheorie für die Zuordnung eines Zeichenvorrats zu einem anderen, womit Übertragung von Informationen ermöglicht wird. Codes bilden die Grundlage für das Verstehen von Zeichen. In der vom Texturheber vorgenommenen **Codierung** von Informationen, Themen oder Gegenständen zum Text als **Code** und der vom Leser zu leistenden **Decodierung** spiegelt sich ein vereinfachtes Modell der schriftlichen Kommunikation. Literarische Texte können zwar wie alle ästhetischen Objekte noch als eine vom Autor codierte Information betrachtet werden, eine verbindliche Decodierung findet jedoch nicht statt.

Darstellungsästhetik
Die Darstellungsästhetik geht aus von einer Selbstzentriertheit des Werkes als ästhetisches Objekt. Diese Eigenmächtigkeit des Werkes, seine Autonomie und Souveränität gegenüber dem Interpreten, negiert die kommunikative Dialektik von Sprache und Rede und negiert ebenso die rezeptionsgeschichtlichen Wandlungen in der Sinn- und Bedeutungskonstituierung. Die formalistische Ästhetik sieht den Leser nur als wahrnehmendes Subjekt. Das bedeutet, dass für die Interpretation alle dem Werk immanenten formalen wie inhaltlichen Merkmale zur Verfügung stehen. Die Kontexte und Bedingungen von Werkentstehung und Rezeption bleiben unberücksichtigt.

---

[147] Ansätze des Poststrukturalismus stellen diese individualisierende Subjektposition in Frage, behandeln den Autor nicht als Urheber, sondern als Effekt der Texte, verkünden den „Tod des Autors" (Roland Barthes) oder analysieren die klassifikatorischen Effekte der Autorfunktion, die einer Gruppe von Texten ein konstantes Wertniveau, einen begrifflichen und theoretischen Zusammenhang , eine Kontinuität des Stils usw. zuschreiben (Michel Foucault). Vor allem Roland Barthes (*Der Tod des Autors* 1977) und *Michel Foucault* (*Was ist ein Autor?* 1979) haben den Begriff poststrukturalistisch und diskursgeschichtlich problematisiert.

Diskurs
(frz.: discours: Unterredung, Abhandlung) In der neueren literaturwissenschaftlichen Diskussion ist es die Bezeichnung für eine historische Gesamtheit effektiv geschehener Aussagen, denen eine spezifische Regelhaftigkeit immanent ist.
Diskurse fassen Texte nicht auf als eine Menge von Zeichen, die etwas bedeuten, sondern als materielle Praktiken, die die Gegenstände bilden, von denen sie sprechen und die sich bestimmen lassen über einen gemeinsamen Redegegenstand. Diese Praktiken schließen Vorschriften und Konventionen ein. Die Diskursanalyse fragt nach der Materialität solcher Aussageformationen, nicht nach sinnhaften Tiefendimensionen oder Autorsubjekten.
Dabei wird das Funktionieren des manifesten Diskurses beschrieben. Aspekte wie Ereignis, Serie, Regelhaftigkeit verdrängen dabei die Kategorien Autor, Leser, Text, Sinn und Interpretation. In der rezeptionstheoretischen Betrachtung lässt sich Sinn nicht auf diskursive Bedeutung reduzieren, wie sich auch die Bedeutung nicht versachlichen lässt.

Empirische Literaturwissenschaft
Die empirische Literaturwissenschaft ist eine Forschungsrichtung, die sich nicht mit der ästhetischen Qualität von Texten sondern ausschließlich mit ihren kommunikativen Funktionen und Rahmenbedingungen beschäftigt, sie bezieht Methoden der empirischen Sozialforschung mit ein.

Fiktionalität
Fiktionalität ist ein Merkmal der Literatur, welches das Erzählte als wirklich suggeriert. Fiktionalität ist Erdichtung, potenzielles Geschehen, das sich aus Bestandteilen der Wirklichkeit zusammensetzen kann (Haus, Regen, Trauer u. a.). **Fiktionale Texte** erheben keinen Anspruch auf Wirklichkeitsgehalt und Referenzialisierbarkeit, sie sind nicht im empirisch wirklichen Geschehen fundiert. Sie erzählen, was möglich oder was vorstellbar ist.

Hermeneutik
(griech.: hermeneúein; übersetzen, interpretieren, auslegen) Lehre der Voraussetzungen und methodischen Verfahrensweisen des richtigen Textverstehens. Das hermeneutische Lektüremodell begreift Texte und Textverhältnisse unter den Kategorien von Zusammenhang und Sinn. Auslegungen literarischer Texte sind historisch und sozial variabel. Mit dem **hermeneutischen Zirkel** werden die dynamischen Wechselbeziehungen zwischen Vorverständnis und Erwartungshorizont des Lesers und dem des Textes erfasst sowie die Veränderung durch das Lesen, die Horizontverschmelzung. Diese Veränderung eröffnet wiederum eine neue Qualität Vorverständnis usw., die sich spiralförmig fortsetzt. Der hermeneutische Zirkel ist keine Methode des Verstehens, sondern sein ontologisches Strukturmoment.

Horizontstruktur
Aufnehmen und Verstehen von literarischen Texten sind abhängig von den Voraussetzungen des Rezipienten, der verstehen will. Dazu zählen Erfahrungen wie der Wissens- und Erkenntnisstand sowie der Stand der Vorurteile. Sie prägen den **Erwartungshorizont**. (Damit ist gesagt, dass in jedem Text bestimmte Erwartungen über seine Aneignung enthalten sind, die sich auch auf das lesende Publikum übertragen lassen.) Der Begriff bezeichnet die Gesamtheit aller Erwartungen, mit denen ein Leser an die Lektüre eines neuen Textes tritt. Sinnverstehen ist eine Integrationsleistung des individuellen Bewusstseins, bei dem Neues mit bereits Vorhandenem verbunden wird. Diese **Horizontverschmelzung** ist die Gesamtheit und der ideal gedachte Endpunkt der dynamischen Beziehungen im Verstehensprozess. Die gegenwärtig vertrauten und die im Text vermittelten fremden Weltsichten verschmelzen in der Lektüre zu einem neuen Horizont des Lesers.

Intentionalität

Intentionalität ist die Zielgerichtetheit psychischer Phänomene (Denken, Lieben, Hoffen, Hassen u. a.) auf einen bestimmten Gegenstand, ein Objekt sprachlichen oder nicht-sprachlichen Inhalts. Der **intentionale Gegenstand** steht im Gegensatz zum realen Gegenstand, der vor dem Bewusstsein vollständig vorhanden und erkennbar ist. Er entsteht nur auf Veranlassung im Bewusstsein. Er erfordert die Zuordnung dinglicher Eigenschaften und der Aspektmannigfaltigkeit, die sich aus der Mehrschichtigkeit des Gebildes ergibt.[148] Jeder intentionale Gegenstand appelliert an seine Konkretisierung.

Konkretisation

Konkretisation bzw. Konkretisierung geschieht einem Werk in der Lektüre oder in der Aufführung. Das Werk ist an sich (nach R. Ingarden) „nur" ein schematisches Gebilde, seine Schichten enthalten Unbestimmtheitsstellen, die mit Konkretisationen unterschiedlich beseitigt, das heißt ausgefüllt werden. Das Ausfüllen der Textschemata (auch Ausfüllung von Unbestimmtheitsstellen) ist eine Selektions- und Sinnkonstitutionsleistung des Lesers. Die unbestimmte sachliche Bezogenheit des Kunstwerkes bedingt, dass der Wahrnehmende mit so viel Reaktionen antwortet, wie ihm zu erkennen möglich sind. Er aktiviert dabei alle seine verfügbaren Weltbezüge.

Leerstelle

Leerstellen sind Momente, Stellen semantischer Unbestimmtheit in einem Text, die an den Leser appellieren (Appellstruktur) und Kombinationsnotwendigkeit erzeugen. Durch das konkrete Ausfüllen der Leerstellen kann der Leser Textelemente aufeinander beziehen, die im Text nicht in offensichtlicher Beziehung stehen. Das Ausfüllen dieser Leerstellen ist (nicht nur historisch) variabel und individuell verschieden.

Leser

Ein Leser ist im engeren Sinn ein körperliches und geistiges Einzelwesen, dass über die Kulturtechnik verfügt, sich Schriftzeichen auf Trägermaterial als Sinn im eigenen Bewusstsein abzubilden. Nach unterschiedlichen Prinzipien und Zielvorstellungen sind Lesertypologien entworfen, die in ihrer Gesamtheit die Variabilität der Positionen zeigen, die ein Leser zum Text, im Text oder vor dem Text einnehmen kann.

Neben dem **realen Leser**, dem, der ein Werk tatsächlich liest, gibt es das Modell des **informierten Lesers**. Er verfügt über alle Voraussetzungen zum Texterschließen von der allgemeinen Lesebefähigung über die Fähigkeit des Texterschließens nach dem Prinzip der generativen Grammatik bis zum Beherrschen aller kulturellen Codes. Der **Archileser** (oder superreader) ist die Summe der Leser, die einen Text im Kern deckungsgleich erfasst. Dahinter steht die Vorstellung, dass kanonisierte Leserwartungen und Interpretationsfähigkeiten bei Lesern auch basisgleiche Realisierungen in der Rezeption entstehen lassen. Der **fiktive Leser** ist die in den Text eingeschriebene Leserfigur, die der Erzähler ansprechen kann. Er ist eine Projektion des Autors. Der **intendierte Leser** profiliert die Vorstellung, die der Autor von seinem oft zeitgenössischen Leser hat, daran können sich Thema, stilistische Ebene, Intention aber auch Begrifflichkeiten orientieren.

Der **ideale Leser** ist ein theoretisches Modell eines Rezipienten, der alle Bedeutungsebenen und Konkretisierungsangebote des Textes realisieren kann.

Der **implizite Leser** ist die beschriebene, im Akt des Lesens zu realisierende **Leserrolle** eines konkreten Textes. Er antwortet auf die Gesamtheit der in der Struktur des Textes angelegten Operationen (Textstruktur) mit seinen gedanklichen Konkretisationen (Aktstruktur).

---

[148] Mehrschichtigkeit meint hier eine Untergliederung in vier Schichten: Schicht der sprachlichen Lautgebilde, der Bedeutungseinheiten, der schematisierten Ansichten und der dargestellten Gegenständlichkeiten.

Leserprofil
Das Leserprofil ist die Synthese der Erkenntnisse über rezipierte Lektüren und alle den Leser prägenden Merkmale, zu einer bestimmten Zeit. Es umfasst Lektüremotivation und Lektürereaktion und damit eine Typologisierung hinsichtlich Faktoren wie bevorzugte Themen, Formen (Epochen) und Autoren, Art und Funktion des Lesens, Zuordnung, Gewichtung und Wertung des Gelesenen und den jeweils aktuellen Stellenwert einer Lektüre.

Negation
In der Wirkungsästhetik Wolfgang Isers meint der Begriff eine Aussparung im Textrepertoire. Ein Norm- oder Sinnsystem wird bewusst ausgehöhlt, wird in seiner Geltung nicht bestätigt oder entgegen der Lesererwartung verwendet. Der Leser behandelt diese Stellen wie Unbestimmtheitsstellen und reagiert mit Konkretisationen.

Phänomenologie
Die traditionelle Lehre von den Erscheinungen ist seit Anfang des 20. Jahrhunderts ein Begriff für universale Sinn- und Bedeutungsforschung. In der Literaturwissenschaft wird Phänomenologie als Wesensschau behandelt. Sie soll, was im Bewusstsein erfasst ist, als möglichst objektiven „Gegenstand" zeigen.

Produktionsästhetik
Die Produktionsästhetik ist die Deutung des Kunstwerkes über seinen Entstehungszusammenhang. Die produktionsästhetische Interpretation erfordert eine Kontextanalyse zu Autorsubjektivität, zu Prozess und zur Bedingtheit der Entstehung des Textes. Sie fragt nach Sprachhandlungsziel und Redeabsicht aus der Autorperspektive. Alle Aspekte, die die Textproduk-tion ausgelöst, beeinflusst und gesteuert haben und die potenziell zu Textmerkmalen geworden sind, können für die Text-Deutung aktiviert werden. Das Textverstehen wird in der Rezeption zur Rekonstruktion des Autor- und Entstehungshorizonts.

Rekonstruktion
Rekonstruktion bedeutet thematische Objektivierung des Textes (nach oder neben der Konkretisation). Die Varianten der Ausfüllung der Unbestimmtheitsstellen werden hier selektiert, bis eine „adäquate Konkretisation" als Rekonstruktion entsteht (nach Roman Ingarden), die die Vielfalt der Konkretisierungsvarianten auf textentsprechende Gegenstände reduziert. Rekonstruktion ist eine Form der Aktualisierung.

Rezeption
Im allgemeinsten Verständnis ist Rezeption Empfang, Aufnahme, Übernahme sowie geistig emotionale Aneignung. Hier ist sie begriffen als Interaktion zwischen Autor und Text auf der einen, Leser und Gesellschaft auf der anderen Seite. Im engeren Sinne ist Rezeption die Tätigkeit *Lesen*. Der **Rezeptionsprozess** vollzieht die eigentliche Konkretisation von nach Sinn und Bedeutung offenen Texten. Die Betrachtung dieses Prozesses geschieht mit Blick auf die gegebenen Normen, Regeln und Praktiken.

Rezeptionsästhetik
Die Rezeptionsästhetik ist eine Methode der Literaturanalyse und Interpretation, bei der die Textaneignung durch einen Leser im Vordergrund steht. Dabei wird ein Paradigmenwechsel angestrebt, der von der Analyse und Ausdeutung der Entstehungsbedingungen (produktionsästhetisch) und der des hermetischen Textgebildes (darstellungsästhetisch) absieht und die Realisierung von Textsinn und Textbedeutung durch den Leser betont.
Sie betrachtet Voraussetzungen, Verlauf und Folgen der Rezeption, nimmt die nähere Bestimmung der im Leseprozess wirkenden Komponenten vor (Autorvorgabe, Textmerkmale

und Rezeptionsbedingungen) und untersucht Leseleistung, Lesevermögen und Leseresultat. Sie beschreibt die Bedingungen und den Verlauf der Konkretisations- und Rekonstruktionsleistung des Lesers.

Rezeptionsforschung
Die Rezeptionsforschung beschäftigt sich mit Aneignung, Verarbeitung und Veränderungen in der Wahrnehmung von Textsinn und Bedeutung durch Leser in der Vergangenheit und Gegenwart.

Rezeptionsgeschichte
Die Rezeptionsgeschichte zeigt die sukzessive Entfaltung des im Werk angelegten Sinnpotenzials und die Begleitung seiner historischen Veränderungen. Basis dafür ist keine kanonisierte und fixierte Literaturgeschichte, sondern die erschließbare Horizontverschmelzung zwischen Werk und jeweiligen Lesern, wie sie zu jedem historischen Moment konkret besteht.

Rezeptionstheorie
Die Rezeptionstheorie versammelt Annahmen zu Reaktionen des Lesers auf einen Text. Sie bildet Hypothesen zum Lesegeschehen. Dabei umfasst sie Motivation, Vor- und Rahmenbedingungen des Lesens, den Leseprozess selbst, die Lesereaktion und die Textwirkung im Anschluss an die Lektüre.

Semiotik
Semiotik ist die allgemeine linguistisch-literaturwissenschaftliche Lehre von (sprachlichen) Zeichen. Sie umfasst vier Bereiche: die Semantik (untersucht die Bedeutung von Zeichen in Wort, Satz und Text), die Pragmatik (untersucht die Beziehung zwischen Zeichen und Benutzer), die Syntax (untersucht die Beziehungen der Zeichen untereinander) und die Sigmatik (untersucht das Verhältnis von Zeichen und Referent).

Sinn
Im Leseprozess entsteht Sinn, indem der Leser im Vollzug der Lektüre einen verstehbaren Zusammenhang der Textelemente erbringt. Dabei erzeugt die Rezeption eine ästhetisch-intellektuelle Erfahrung, die **Sinnkonstitution**. Diese ist an die inhaltlichen und strukturellen Merkmale des Textes gebunden. Löst sie sich vom Text ab, verselbständigt sich und bindet sich (nach „außen") an die lebensweltliche Erfahrung, wird der Sinn zur allgemeinen **Bedeutung.**

Strukturalismus
Der Untersuchungsgegenstand des Strukturalismus ist die „Bauweise" von Texten, ist demnach vor allem die Sprache als geschlossenes System arbiträrer Zeichen. Zeichen bedeuten nicht nur sich selbst, sie gewinnen erst in der Opposition zu anderen Zeichen ihre Bedeutung. Die Ermittlung dieser Zusammenhänge im Text unternimmt die strukturale Analyse. Sie fragt statt nach Sinn und Bedeutung eines Textes nach dem darin gegebenen System von Figuren und Konventionen, um aufzudecken, wie sie für Form und Bedeutung des Werkes verantwortlich sind.

Textanalyse
Die Textalalyse ist die Erklärung der Textstruktur (oder des Bedingungsverhältnisses zwischen Texteigenschaften auf der einen und Entstehungssituation bzw. Textwirkung auf der anderen Seite). Sie erbringt eine systematische Erläuterung der Texteigenschaften durch Bezug auf die zugrunde liegenden Schemata und Codes.

Textbeschreibung
Die deskriptive Wiedergabe des Gelesenen (was wie und wozu erzählt wurde) versteht sich als Textbeschreibung. Dabei wird der Gesamteindruck paraphrasiert, Hypothesen über Wirkungsstrategien können sich daraus ergeben.

Textinterpretation
Ausgehend von der Evidenz der ästhetischen und intellektuellen Erfahrung aus der Textanalyse ist die Textinterpretation eine erklärende Auslegung und Deutung von Texten nach sprachlichen, inhaltlichen und formalen Aspekten. Sie antwortet auf die Frage nach dem Sinn des Auszulegenden, seiner Bedeutung als Handlungszusammenhang und bezieht Verstehensvorgang und methodische Reflexion ein.

Textwelt
Eine Textwelt ist die entsprechend den Möglichkeiten der Fiktionalität entworfene Welt, in der sich Figuren bewegen, in der Dinge geschehen und von der erzählt wird.

Unbestimmtheit
Das Merkmal der Unbestimmtheit meint, dass ein Text nicht als Code identisch vom Autor aufgegeben und vom Leser empfangen wurde. Das *Un*-Bestimmte sind die Merkmale und Informationen des literarischen Textes, die er nicht vorgibt, die der Leser erbringen, entscheiden oder selbst hinzudenken muss. Diese Leser-Aktivität ist kaum steuerbar oder bestimmbar und dadurch liest jeder Leser das Werk anders. Unbestimmtheit ist daher eine Wirkungsbedingung von fiktionalen Texten gegenüber Sachtexten und gleichzeitig Zeichen ihrer metaphysischen Qualität und Bedingung für ihre Appellwirkung. Der Grad der Unbestimmtheit entscheidet oft über den Spielraum der Konkretisationsmöglichkeiten. Ein zu geringer Grad an Unbestimmtheit provoziert einen passiven, gelangweilten Leser, ein zu hoher Grad erschwert das Textverstehen. Mit **Unbestimmtheitsstellen** sind nach R. Ingarden die Stellen im Text zu bezeichnen, die einen Gegenstand, eine Situation o. ä. darstellen, ohne deren Eigenschaften oder Funktionen näher zu benennen. Nach W. Iser ist es ein Sammelbegriff für alle Erscheinungen der Unbestimmtheit im Text, an denen der Leser zum Mitvollzug der Sinnkonstitution aufgefordert wird (wie Leerstelle, Negation).

Wirkungsästhetik
Die Wirkungsästhetik betrachtet im weiteren Sinn Werke unter dem Aspekt der beabsichtigten oder tatsächlich nachvollziehbaren Wirkung, dem Resultat der Lektüre (von Erkenntnis über emotionales Engagement bis zur Handlungsmotivation). Die Kunstwissenschaft untersucht die intendierte Wirkung eines Werkes anhand seiner Wirkungssignale (von Katharsis bis Verfremdung). Im engeren Sinne ist damit nach Wolfgang Iser eine **Wirkungstheorie** gemeint, die die im unmittelbaren Geschehensprozess des Lesens wirkenden Strukturen (Text- und Aktstruktur, Appellstruktur, Leerstellen etc.) beschreibt.

9   Literaturverzeichnis

REZEPTIONSÄSTHETIK / REZEPTIONSTHEORIE

Aissen-Crewett, Maike: **Rezeption und ästhetische Erfahrung**: Lehren aus der Literaturwissenschaftlichen Rezeptionsästhetik für die bildende Kunst. Potsdam 1999.

Barthes, Roland: *Die Lust am Text*. Ü.: Traugott König, Frankfurt a.M. 1974.

Behrmann, Alfred: *Der Autor, das Publikum und die Kunst*. Nachdenken über Werke und Wirkungen. Berlin 1999.

Beilfuß, Wilfried: *Der literarische Rezeptionsprozeß*. Frankfurt a. M. u. a. 1987.

Blumenberg, Hans: *Die Lesbarkeit der Welt*. Frankfurt a. M. 1981.

Eco, Umberto: *Das offene Kunstwerk*. Frankfurt a. M. 1973.

Fügen, Hans Norbert: *Gesellschaft und Literatur*. Hamburg 1994.

Gadamer, Hans-Georg: *Wahrheit und Methode*. Grundzüge einer philosophischen Hermeneutik. Tübingen 1960.

Grimm, Gunter (Hg.): *Literatur und Leser*. Theorien und Modelle zur Rezeption literarischer Werke. Stuttgart 1975. (Beispielanalysen)

Iser, Wolfgang: *Der Akt des Lesens*. Theorie ästhetischer Wirkung. München 1976.

Iser, Wolfgang: *Der implizite Leser*. Kommunikationsformen des Romans von Bunyan bis Becket. München 1972.

Japp, Uwe: *Hermeneutik*. München 1977.

Jauß, Hans Robert: *Ästhetische Erfahrung und literarische Hermeneutik*. Frankfurt a. M. 1997.

Jens, Walter: *Die Kunst des Lesens*. Aus: *Text und Leser*. Zur Rezeption von Literatur. Hg.: Otto Schober, Stuttgart 1979.

Mustroph, Tom: *Lektüren*. Von der Autorintention hin zur freien Semiose. Schleiermacher – Gadamer – Iser – Derrida. Pynchon – Kundera – Jelinek. Marburg 2000.

Naumann, Manfred, **Schlenstedt**, Dieter, **Barck**, Karlheinz, **Kliche**, Dieter und **Lenzner**, Rosemarie: *Gesellschaft Literatur Lesen. Literaturrzeption in theoretischer Sicht*. Berlin und Weimar 1975.

Sartre, Jean-Paul: *Was ist Literatur?* Hg. und übers. von Traugott König, Reinbeck bei Hamburg 1981.

Sartre, Jean-Paul: *Was kann Literatur?* Hg. und übers. von Traugott König, Reinbeck bei Hamburg 1985.

Warning, Rainer (Hg.): *Rezeptionsästhetik. Theorie und Praxis.* München 1975.

Weinrich, Harald: *Literatur für Leser.* Essays und Aufsätze zur Literaturwissenschaft. München 1986.

LESERFORSCHUNG, (Lesepraxis, Lesersoziologie, -psychologie etc.)

Baumgärtner, Alfred Clemens (Hg.): *Lesen – Ein Handbuch.* Lesestoff, Leser und Leseverhalten, Lesewirkungen, Leseerziehung, Lesekultur. Verlag für Buchmarktforschung, Hamburg 1973.

Fügen, Hans Norbert: *Die Hauptrichtungen der Literatursoziologie und ihre Methoden.* Ein Beitrag zur literatursoziologischen Theorie. Bonn 1974.

Goldmann, Lucien: *Der genetische Strukturalismus in der Literatursoziologie.* In: *Alternative* 13, 1970, S. 50-60, und: *Soziologie des Romans.* Darmstadt, Neuwied 1970.

Grimm, Gunter (Hg.): *Literatur und Leser.* Theorien und Modelle zur Rezeption literarischer Werke. Stuttgart 1975.

Hillmann, Heinz: *Rezeption – empirisch.* In: Walter Müller-Seidel (Hg.): *Historizität in Sprach- und Literaturwissenschaft.* Vorträge und Berichte der Stuttgarter Germanistentagung 1972, München 1974, S. 433-447.

Killy, Walther: *Schreibweisen – Leseweisen.* München 1982.

Köpf, Gerhard (Hg.): *Rezeptionspragmatik.* Beiträge zur Praxis des Lesens. München 1981.

Köpf, Gerhard: *Lesertheorie und Lesertypologie.* Aus: *Gerhard Köpf: Friedrich Schiller: Der Verbrecher aus verlorener Ehre.* Geschichtlichkeit, Erzählstrategie und „republikanische Freiheit" des Lesers. München 1978.

Krumme, Detlef: *Lesemodelle.* Canetti, Grass, Höllerer. München, Wien 1983.

Manguel, Alberto: *Eine Geschichte des Lesens.* Berlin 1998.

Matejek, Norbert: *Leserlebnisse.* Ein Beitrag zur psychoanalytischen Rezeptionsforschung. Frankfurt a. M. 1993.

Popp, Helmut (Hg.): *Hauptfaktoren literarischen Lebens.* München 1980.

Schramm, Dick H.: *Norm und Normbrechung.* Die Rezeption literarischer Texte als Gegenstand empirischer Forschung. Braunschweig 1991.

Willenberg, Heiner: *Zur Psychologie literarischen Lesens*. Aus: Informationen zur Sprach- und Literaturrdidaktik. ISL 15, Paderborn 1978.

REZEPTIONSGESCHICHTE

Engelsing, Rolf: *Der Bürger als Leser*. Lesergeschichte in Deutschland 1500 - 1800. Stuttgart 1974, und: *Perioden der Lesergeschichte in der Neuzeit*. In: Engelsing: *Zur Sozialgeschichte deutscher Mittel- und Unterschichten*. Göttingen 1973, S. 112-154, und: *Analphabetentum und Lektüre*. Zur Sozialgeschichte des Lesens in Deutschland. (14. Jh. Bis 1920) Stuttgart 1973.

Jauß, Hans Robert: *Literaturgeschichte als Provokation*. es 418, Frankfurt a. M. 1970.

Nies, Fritz: *Der Leser der Romantik*. Ein ikonographischer Streifzug. In: *Romantik. Aufbruch zur Moderne*. Hg.: K. Maurer und W. Wehle. München 1991, S. 511ff.

Schön, Erich: *Der Verlust der Sinnlichkeit oder Die Verwandlung des Lesers*. Mentalitätswandel um 1800. Stuttgart 1987.

ALLGEMEINE LITERATURWISSENSCHAFT

Arnold, Heinz Ludwig und **Detering**, Heinrich (Hg.): *Grundzüge der Literaturwissenschaft*. München 1996.

Eagleton, Terry: *Einführung in die Literaturtheorie*. Stuttgart 1988.

Fricke, Harald und **Zymer**, Rüdiger: *Einübung in die Literaturwissenschaft*. Paderborn 1991.

Ricklefs, Ulfert (Hg.): *Fischer Lexikon Literatur*. Bd. I - III, Frankfurt a. M. 1996.

Schutte, Jürgen: *Einführung in die Literaturinterpretation*. Stuttgart, Weimar 1997.

TEXTANALYSE und INTERPRETATION

Asmuth, Bernhard: *Einführung in die Dramenanalyse*. Stuttgart 1990.

Barz, Irmhild, **Schröder**, Marianne, **Hämmer**, Karin und **Poethe**, Hannelore: *Wortbildung – praktisch und integrativ*. Leipziger Skripten Band II, Frankfurt a. M. 2002.

Burdorf, Dieter: *Einführung in die Gedichtanalyse*. Stuttgart, Weimar 1995.

Fix, Ulla, **Poethe**, Hannelore und **Yos**, Gabriele: *Textlinguistik und Stilistik für Einsteiger*. Leipziger Skripten Band I, Frankfurt a. M. 2001.

Fleischer, Wolfgang, **Michel**, Georg und **Starke**, Günter.: *Stilistik der deutschen Gegenwartssprache*. Frankfurt a. M. 1993.

Kayser, Wolfgang: *Kleine deutsche Versschule*. Tübingen 1992.

Lämmert, Eberhard: *Bauformen des Erzählens*. Stuttgart 1991.

Pfister, Manfred: *Das Drama. Theorie und Analyse*. München 1988.

Seidler, Herbert: *Grundfragen einer Wissenschaft von der Sprachkunst*. München 1978

Sowinski, Bernhard: *Stilistik. Stiltheorie und Stilanalysen*. Stuttgart 1991.

Stanzel, Franz K.: *Theorie des Erzählens*. Göttingen 1995

Stierle, Karlheinz: *Text als Handlung*. München 1975, *Die Struktur narrativer Texte*. 1977, *Die Einheit des Textes*. 1977, *Text als Handlung und Text als Werk*. 1981, *Was heißt Rezeption bei fiktionalen Texten?* 1975. *Dimensionen des Verstehens*. Konstanz 1990, *Werk und Diskurs*. München 1999.

Vogt, Jochen: *Aspekte erzählender Prosa*. Einführung in Erzähltechnik und Romantheorie. Opladen 1990.

GÜNTER KUNERT: WERKE

Schatten entziffern. Lyrik und Prosa 1950-1994. Hg.: Jochen Richter, Leipzig 1995.

Die Schreie der Fledermäuse. Geschichten, Gedichte, Aufsätze. Hg.: Dieter E. Zimmer, Carl Hanser Verlag, München Wien 1979.

Abtötungsverfahren. Gedichte. Carl Hanser Verlag, München Wien 1980.

Der Hai. Erzählungen und Kleine Prosa. Auswahl und Nachwort: Dietrich Bode, Stuttgart 1974.

Tagträume in Berlin und andernorts. Kleine Prosa, Erzählungen, Aufsätze. Carl Hanser Verlag, München Wien 1972.

Kramen in Fächern. Berlin und Weimar 1975.

Notizen in Kreide. Gedichte. Leipzig 1975.

GÜNTER KUNERT: ÜBER KUNST, GESELLSCHAFT UND GEGENWART

Vor der Sintflut. Das Gedicht als Arche Noah. Frankfurter Vorlesungen. München 1985.

Der Sturz vom Sockel. München 1992.

Leben und Schreiben. Pfaffenweiler 1983.

Diesseits des Erinnerns. Aufsätze. München Wien 1982.

Verspätete Monologe. München Wien 1981.

Warum Schreiben? Notizen zur Literatur. Hg.: Walter Höllerer, München Wien 1976.

Heinrich von Kleist – Ein Modell. (Vortrag G. Kunerts am 13. 11. 1977 anlässlich des 200. Geburtstages von Heinrich von Kleist) Hg.: Akademie der Künste, Berlin 1978.

Kunert, Günter u. a.: *Auf der Suche nach der wirklichen Freiheit.* Berlin (West) 1983.

ARBEITEN ÜBER GÜNTER KUNERT

Berkes, Peter: *Verfremdungen;* Parabeln von Brecht, Kafka und Kunert. Stuttgart 1988.

Durzak, Manfred (Hg.): *Studien zu Günter Kunerts literarischem Werk.* Bielefeld 1995.

Durzak, Manfred und **Steinecke**, Helmut (Hg.): Günter Kunert. Beiträge zu seinem Werk. München und Wien 1992, darin: **Matt**, Peter von: *Günter Kunert: Denkender Dichter.*

Emmerich, Wolfgang: *Kleine Literaturgeschichte der DDR.* Leipzig 1996.

Hinze, Dagmar: *Günter Kunert; Sinnstiftung durch Literatur.* Frankfurt a. M. u. a. 1996.

Kunert-Werkstatt. Materialien und Studien zu Günter Kunerts literarischem Werk. Hg.: Durzak, Manfred und Keune, Manfred, Bielefeld 1995.

Leipziger Skripten
Einführungs- und Übungsbücher aus dem Institut für Germanistik

Herausgegeben von Irmhild Barz, Heide Eilert, Ulla Fix
und Marianne Schröder

Band 1 Ulla Fix / Hannelore Poethe / Gabriele Yos: Textlinguistik und Stilistik für Einsteiger. Ein Lehr- und Arbeitsbuch. Unter Mitarbeit von Ruth Geier. 2., korrigierte Auflage. 2002.

Band 2 Irmhild Barz / Marianne Schröder / Karin Hämmer / Hannelore Poethe: Wortbildung – praktisch und integrativ. Ein Arbeitsbuch. 2., überarbeitete und ergänzte Auflage. 2003.

Band 3 Tina Simon: Rezeptionstheorie. Einführungs- und Arbeitsbuch. 2003.

Peter Lang · Europäischer Verlag der Wissenschaften

Ulla Fix / Hannelore Poethe / Gabriele Yos

Textlinguistik und Stilistik für Einsteiger

Ein Lehr- und Arbeitsbuch
Unter Mitarbeit von Ruth Geier

2., korrigierte Auflage

Frankfurt/M., Berlin, Bern, Bruxelles, New York, Oxford, Wien, 2002.
236 S., zahlr. Abb.
Leipziger Skripten. Einführungs- und Übungsbücher aus dem
Institut für Germanistik.
Herausgegeben von Irmhild Barz, Ulla Fix und Marianne Schröder. Bd. 1
ISBN 3-631-39888-X · br. € 24.50

Mit diesem Lehr- und Arbeitsbuch sollen Studierende in die beiden linguisti-
schen Teilgebiete eingeführt werden, die den Text zum Gegenstand haben.
Dabei sollen sowohl die engen Beziehungen zwischen beiden Disziplinen
als auch ihre jeweils eigenständigen Untersuchungsinteressen zum Ausdruck
kommen. Das Buch vermittelt Grundzüge von Text- und Stilauffassungen
und führt in die methodischen Grundlagen der Text- und Stilanalyse ein. An
ausgewählten Texten verschiedener Kommunikationsbereiche werden unterschiedliche Ansätze für Text- und Stilanalysen musterhaft vorgeführt. An
praktischen Bedürfnissen der Textproduktion und -rezeption orientiert ist
ein abschließendes Kapitel zum Umgang mit sprachlich-kommunikativen
Normen.

Aus dem Inhalt: Theoretische Grundlagen von Textlinguistik und Stilistik ·
Methodische Grundlagen der Text- und Stilanalyse · Analyseansätze und
Analysen · Zum Umgang mit sprachlich-kommunikativen Normen

Frankfurt/M · Berlin · Bern · Bruxelles · New York · Oxford · Wien
Auslieferung: Verlag Peter Lang AG
Moosstr. 1, CH-2542 Pieterlen
Telefax 00 41 (0) 32 / 376 17 27

*inklusive der in Deutschland gültigen Mehrwertsteuer
Preisänderungen vorbehalten

Homepage http://www.peterlang.de